Wie weiter mit

Theodor W. Adorno
Hannah Arendt
Émile Durkheim
Michel Foucault
Sigmund Freud
Niklas Luhmann?
Karl Marx
Max We

Hamburger Edition

Die Frage zu beantworten, wie es mit Luhmann weitergeht, suggeriert eine jener für die Soziologie eher langweiligen Fragestellungen, wie exegetisch und philologisch korrekt mit diesem Autor, dessen Werk bis heute, glaubt man gut informierten Bielefelder Kreisen, quantitativ noch kaum erschlossen ist, angemessen umzugehen sei. Diese Frage möchte ich nicht beantworten. Auf die Frage allerdings, wie sich die mit dem Namen Niklas Luhmanns verbundene systemtheoretische Soziologie weiter betreiben lasse, möchte ich schon eine eindeutige Antwort geben: *Wenn es weitergeht, kann es nur empirisch weitergehen.* Damit ist nicht gemeint, die von den kanonisierten Autoren der Systemtheorie vorgegebenen und kultivierten Diagnosen einer empirischen Prüfung zu unterziehen. Entscheidender ist vielmehr, das empirische Potential systemtheoretischen Denkens auszuloten und zu nutzen. Womöglich überraschend gehört zu diesem empirischen Potential jener soziologische Grundbegriff, dem man üblicherweise die größte Empirieferne nachsagt, der Begriff der Gesellschaft nämlich. Mir geht es darum, einen empiriefähigen Begriff der Gesellschaft so zu formulieren, dass sich daraus ein Mehrwert für die Forschung ableiten lässt.

Einschluss – Ausschluss

Um die Frage »Wie weiter mit Luhmann?« beantworten zu können, werde ich als Leitmotiv meiner Überlegungen die Frage folgendermaßen präzisieren: *Für welches Problem ist Luhmann eine Lösung?* Antwortrichtungen sind im soziologischen Theoriediskurs relativ eindeutig vorgegeben. Gerade an Luhmann freilich kann man studieren, in welchem Zustand sich dieser theoretische Diskurs derzeit befindet. Man muss nur in die eingeführten Lehrbücher unseres Faches schauen, um sich ein Bild darüber verschaffen zu können, welch eindeutiges Bild die eingeführten Unterscheidungen zu zeichnen in der Lage sind. Ich möchte dies an vier kurzen Beispielen erläutern:

- Luhmanns Theorie gilt als *Makrotheorie*, was zugleich bedeuten soll, dass seine Theorie für sogenannte *Mikrophänomene* offenbar kein Sensorium hat.
- Luhmanns Theorie gilt als *Systemtheorie*, was in der Systematik unserer Lehrbücher

zugleich bedeuten soll, dass es sich nicht um eine *Handlungstheorie* handelt.
- Die Luhmannsche Soziologie gilt als *theoretische* Soziologie, die offensichtlich nicht nur keinen Ort für, sondern auch kein Interesse an *Empirie* hat.
- Wenigstens bis vor kurzem galt Luhmanns Soziologie noch als *affirmativ*, womit vor allem gemeint war, dass es sich nicht um eine *kritische* Theorie gehandelt habe.

Diese vier hier sehr knapp wiedergegebenen und etwa für Lehrbuchzwecke durchaus handhabbaren Informationen über die Theorie Niklas Luhmanns benutzen Unterscheidungen, die selbst nicht weiter thematisiert werden. So gilt es als ausgemacht, dass sich Theorien danach unterscheiden, ob sie Mikro- oder Makroperspektiven einnehmen können. Sicherlich gibt es solche Theorien, was aber diese Unterscheidung bedeutet, ist damit noch nicht qualifiziert. Das Gleiche gilt für die scheinbar eindeutige Alternative, zwischen einer System- und einer Handlungsperspektive wählen zu müssen. Auch solche Texte, die diese Eindeutigkeit tatsächlich in Anspruch nehmen, gibt es. Was damit gesehen wird, wird dabei allerdings nicht gesehen. Die Unterscheidung von theoretischen und empirischen Perspektiven scheint für unser Fach geradezu eine identitätskonstituierende Bedeutung zu haben, als habe es jemals eine innovative Theorie des Soziologischen gegeben, die ohne Forschung, ohne Rekurs auf Forschung und ohne eine im tatsächlichen Wortsinne empirische Perspektive ausgekommen wäre. Man verwechselt dann hier womöglich die soziologische Textphilologie mit Theorieproduktion und theoretischer Innovation. Die Unterscheidung zwischen einer affirmativen und einer kritischen Perspektive schließlich verweist wenigstens auf eine gehaltvolle Figur, die in dieser Form freilich nur noch zu historisieren ist.

An diesen wenigen Sätzen kann man bereits beobachten, wie Beobachtung funktioniert: Man benutzt Unterscheidungen, Kontexturen, Dimensionen, die zugleich fast alles *einschließen* und fast alles *ausschließen*: Sie schließen alles *ein*, weil sie gewissermaßen alles repräsentieren, was man wissen kann – dass Theorie keine Empirie ist; dass man entweder über Systeme oder übers Handeln redet; dass man Mikro und Makro vermitteln muss; dass man entweder affirmativ oder kritisch ist. Man weiß dann also tatsächlich alles! Solche Unterscheidungen schließen damit aber auch fast alles *aus*, weil sie in der Unterscheidung ihrer selbst befangen und gefangen sind und damit Schlachten schlagen, von denen nicht per se ausgemacht ist, dass es sich um die entscheidenden Schlachten handelt. Was die soziologischen Theoriedebatten angeht, so scheinen sich die Debatten inzwischen nach den Lehrbüchern zu richten, statt diese nach jenen. Am schlimmsten übrigens finde ich versöhnende

Vermittlungsversuche zwischen den beiden Seiten solcher Unterscheidungen, wenn man etwa einen systemtheoretischen Anteil für die Gesellschaft, einen handlungstheoretischen für das Menschliche und einen kulturtheoretischen für die Toleranz zusammenfügt und sich so in den Lehrbüchern an allen Stellen wiederfinden kann.

Ich will nicht behaupten, dass sich mit Luhmann all diese Probleme lösen ließen, sondern dass eine Theorie des Zuschnitts der Luhmannschen Theorie dazu dienen kann, zu sehen, dass Unterscheidungen alles einschließen und alles ausschließen. Eine erste Antwort auf die Frage also, *für welches Problem Luhmann die Lösung sein könnte, lautet folgerichtig: sehen zu können, dass Sehen Einschließen und Ausschließen einschließt.*

Was diese Soziologie vor allem einschließt, ist sie selbst. Soziologie ist nach diesem Verständnis keine Beobachtung der Gesellschaft von außen. Sie ist als potentieller Gegenstand in sich selbst enthalten: Was in der Gesellschaft über die Gesellschaft gesagt wird, kann keine Beschreibung von außen sein, da diese Beschreibung ohne Zweifel in der Gesellschaft selbst stattfindet. Dies klingt auf den ersten Blick wie ein geradezu banaler Sachverhalt, doch er hat durchaus soziologische Konsequenzen, die in der Geschichte der Soziologie nicht unbeobachtet geblieben sind. Ich möchte dies an einigen wenigen Beispielen erläutern.

- *Max Weber* etwa hat das Problem der Verwobenheit von wissenschaftlicher Erkenntnis und gesellschaftlicher Position mit einem Appell an Wertfreiheit zu heilen versucht und das Problem dann am Ende über eine ästhetische Beschreibung eines Persönlichkeitsbegriffs gelöst, in dem sich die motivzentrierten Grundbegriffe seiner verstehenden Soziologie geradezu pathetisch bündeln.
- Die Wissenssoziologie *Karl Mannheims* stieß aufgrund der Diagnose der Seinsgebundenheit aller Perspektiven auf das Problem der Perspektive und konterte diese mit dem Gedanken der freischwebenden Intelligenz, mit der Konsequenz einer unrealistischen Selbstbeschreibung intellektueller Perspektiven.
- Die kritische Theorie *Max Horkheimers* und *Theodor W. Adornos* pochte auf Kritik, um die Interessengebundenheit des bürgerlichen Denkens zu dekuvrieren und damit die eigene Position geradezu geschichtsphilosophisch aufzuladen.
- Deren Nachfolger *Jürgen Habermas* hat sowohl theoretisch als auch empirisch auf Kommunikation umgestellt, stieß aber dann auf das Problem, dass Kommunikation nicht nur die Lösung, sondern auch das Problem sein kann, und musste die Einschränkung kommunikativer Handlungen auf die richtigen Motive in der vernünftigen Struktur von Kommunikation selbst aufheben.

- Die phänomenologische Wissenssoziologie von *Alfred Schütz* und später *Peter Berger* und *Thomas Luckmann* hat ebenfalls stets betont, dass der soziologische Beobachter der Gesellschaft den gleichen Mechanismen unterworfen sei wie sein Gegenstand. Vor allem Schütz hoffte, im Stile der Husserlschen Einklammerungstechnik dem Wissenschaftler die Fähigkeit zur Distanz zu ermöglichen.
- Und selbst das, was heute als sogenannte *erklärende Soziologie* firmiert, bearbeitet das Problem, indem es im Vertrauen auf die Metaphysik der deduktiv-normologischen Erklärung den subjektiven Faktor des Erkennens auszuschalten versucht.

Ein Herzstück der Luhmannschen Soziologie besteht darin, die *Standortgebundenheit,* die *Selbstreferentialität* jeglicher Position nicht nur als einen Mangel zu bemerken, der irgendwie theoretisch oder methodologisch unsichtbar gehalten oder entdramatisiert werden muss. Die Luhmannsche Soziologie versucht, diese Selbstreferentialität offensiv zu behaupten und sie sowohl auf der wissenschaftlichen Erkenntnis- als auch auf der Gegenstandsseite in ihrer empirischen Bedeutung darzustellen. Luhmanns grundlegende Unterscheidung zur Beschreibung seiner wissenschaftlichen Perspektive besteht also darin, zwischen der Soziologie und ihrem Gegenstand zu unterscheiden, um dabei mitzusehen, wie abhängig beide Seiten der Unterscheidung voneinander sind.

Schon an der soziologischen Theoriediskussion kann man demonstrieren, wie theoretische Sprecherpositionen zustande kommen, mit Hilfe von Unterscheidungen nämlich, die kaum etwas von sich wissen können, weil darin immer schon alles klar ist – und zwar *praktisch* klar. Worauf ich hinweisen möchte, ist nicht eine Kritik solchen Unterscheidens, die ja selbst wieder Unterscheidungen einführen und verwenden müsste. Worum es mir geht, ist die unvermeidliche Praxis des Unterscheidens. Das Besondere der Systemtheorie scheint mir zu sein, dass sie die Verwobenheit ihrer selbst mit ihrem Gegenstand eben nicht für einen Schönheitsfehler hält, sondern, um es in ästhetischen Kategorien auszudrücken, für den eigentlichen Clou ihrer Schönheit. Sie treibt deshalb die Paradoxie des Enthaltenseins in ihrem Gegenüber geradezu auf die Spitze und lässt alle Versuche früherer Soziologieversionen fahren, diese Paradoxie irgendwie aufzuheben – als Objektivität der Erkenntnis, als freischwebende Intelligenz, als Kritik oder als Verankerung in einer wie auch immer historisch und theoretisch heruntergebrochenen Vernunft. Der Effekt freilich lässt sich bisweilen als vor allem ästhetischer Effekt beobachten. Die Systemtheorie gebiert Luhmann-exegetische Texte, die das Spiel der Paradoxien des Meisters noch einmal zu überbieten trachten. Historisch fühlt man sich an jene Haltung erinnert, mit der man vor drei Jahrzehnten die (negative) Dialektik Adornos noch einmal auf sich selbst angewandt hatte. Ästhetisch sind sich die postklassische Epistemologie der Systemtheorie und die Dialektik Adornos nicht unähnlich – sowohl in ihrer ästhetischen Potenz als auch in ihrer ästhetisierten Karikatur.

Kommunikation

Ich habe meine erste Andeutung einer Antwort auf die Frage »Wie weiter mit Luhmann?« mit einem Hinweis auf den Gesellschaftsbegriff begonnen. Unter Gesellschaft ist aus dieser Perspektive weder die Summe aller Menschen oder ihrer Beziehungen zueinander noch eine wie auch immer geartete stabile Struktur gemeint, sondern nichts anderes als ein sich selbst ermöglichender, sich selbst reproduzierender, ereignishafter Zusammenhang von Kommunikationen. Eine der schönsten Zumutungen Luhmanns lautet denn auch: »Menschen können nicht kommunizieren. Nicht einmal das Bewußtsein kann kommunizieren. Nur die Kommunikation kann kommunizieren.«[1] Diese Formulierung stellt eine ironische Radi-

1 Niklas Luhmann, »Wie ist Bewußtsein an Kommunikation beteiligt?«, in: Hans Ulrich Gumbrecht/K. Ludwig Pfeiffer (Hg.), Materialität der Kommunikation, Frankfurt am Main 1988, S. 884.

kalisierung des Grundgedankens der Luhmannschen Systemtheorie dar. Das Soziale wird hier vorgestellt als ein komplexer Zusammenhang von Kommunikationsprozessen, in dem der Erfolg von Kommunikation theoretisch nicht als wirkliches Verstehen, als störungsfreie Übertragung vom Sender zum Empfänger oder gar als Verständigung modelliert wird. Das Entscheidende, geradezu empirische Kriterium von Luhmanns Kommunikationsbegriff besteht darin, auf die Anschlüsse des Nacheinanders von kommunikativen Akten zu verweisen. Es sind bei Luhmann weder Intentionen und Absichten noch eine irgendwie geartete, durch Strukturen festgelegte Logik, die Kommunikation bestimmen. Luhmann interessiert sich ausschließlich für die empirische Anschlussfähigkeit bzw. die empirische Anschlusslogik des Nacheinanders kommunikativer Akte. Der Sprecher, das Subjekt, das Individuum, seine Intentionen, Absichten, Wünsche und sein subjektiv gemeinter Sinn werden diesem Geschehen theoretisch nachgeordnet. Luhmann stellt sich Sprecher, Subjekte und Individuen, von denen wir vor kurzem noch gedacht haben, sie seien die Schöpfer jener Kommunikationsprozesse, als ein Resultat oder besser als eine Funktion solcher Prozesse vor.

Diese an George Herbert Mead erinnernde funktionalistische Handlungstheorie des Bewusstseins negiert keineswegs Akteure, Handelnde, Subjekte oder gar Menschen. Die theoretische Nachgeordnetheit des Akteurs meint nicht seine Geringschätzung, sondern versucht dem empirischen Umstand Rechnung zu tragen, dass uns Subjekte, Menschen, Individuen auch empirisch stets nur in Form ihrer Kopplung an, mit und durch Kommunikationsprozesse ansichtig sind. Was wir an solchen Trägern kommunikativer Handlungen unmittelbar sehen können, ist, dass sie in Kommunikation verstrickt sind. Diese Dezentrierung des Akteurs darf keineswegs nur als eine theoretische Figur gelesen werden. Sie hat erhebliche Konsequenzen für die empirische Modellierung beobachtbarer sozialer Situationen. Um hier eine zweite Version der Antwort auf meine Leitfrage, für welches Problem Luhmann die Lösung darstellen könnte, zu geben, müsste nun so formuliert werden: *Die Luhmannsche Theorie löst das Problem, dass der angebliche Urheber aller kommunikativen Handlungen außerhalb solcher Handlungen und außerhalb kommunikativer Prozesse, außerhalb des Anschlussgeschehens von Kommunikation an Kommunikation nicht vorkommt.*

Mit diesem Kommunikationsbegriff lässt sich vieles sehen, was derzeit in der soziologischen Theoriediskussion als sogenannter *practic turn* diskutiert wird.[2] Diese praxistheo-

2 Vgl. Andreas Reckwitz, »Grundelemente einer Theorie sozialer Praktiken. Eine sozialtheoretische

retische Perspektive, die sich etwa auf die Ethnomethodologie in der Tradition Garfinkels oder der amerikanischen Praxisphilosophie Theodore Schatzkis beruft, aber auch auf Pierre Bourdieus Praxissoziologie, setzt jene Grundannahme der bürgerlichen Genese der Soziologie, nämlich dass jeglichem sozialem Handeln ein subjektiv gemeinter Sinn eines konkreten Akteurs vorangehen muss, in Klammern. Solche Perspektiven promovieren eine reflexionsfreie Praxis, das heißt das Eingebettetsein von Handlungsprozessen in Routinen, Selbstverständlichkeiten, Settings ohne Reflexionsnotwendigkeit, in das schlicht Gewohnte und Typische. Sie entwickeln damit ein empirisch sensibles Instrumentarium dafür, wie selbstreferentiell sich soziale Prozesse ereignen. Die bürgerliche Genese der Soziologie hatte mit allen Mitteln versucht, solche reflexionsfreie Praxis wenn nicht zu übersehen, dann wenigstens als eine uneigentlichere Form des Handelns zu modellieren.[3] Der Rekurs auf das Handeln als Resultat eines je individuell formierten subjektiv gemeinten

Perspektive«, in: *Zeitschrift für Soziologie* 32 (2003), S. 282–301; Gregor Bongaerts, »Soziale Praxis und Verhalten – Überlegungen zum Practice Turn«, in: *Zeitschrift für Soziologie* 36 (2007), S. 246–260.

3 Vgl. dazu Armin Nassehi, Der soziologische Diskurs der Moderne, Frankfurt am Main 2006, S. 228ff.; ders., Soziologie. Zehn einführende Vorlesungen, Wiesbaden 2008, S. 29ff.

Sinns in der Tradition idealistischer Handlungstheorien hatte als Beginn unseres Faches sicher etwas Emanzipatorisches. Aus dieser grundbegrifflichen Formierung freilich ist ein Modell geworden, das man mit der Wirklichkeit zu verwechseln scheint. Noch einmal: Ich möchte nicht den emanzipatorischen Gehalt solcher Handlungsbegriffe negieren, sondern dafür plädieren, den empirischen Blick soziologischer Erkenntnismöglichkeiten auf jene Fälle auszuweiten, die gerade dadurch funktionieren, dass sie auf unmittelbare Reflexion und den Durchlauferhitzer des subjektiven Willens verzichten können. Welche der beiden Seiten, die reflexionsgesteuerte oder die reflexionsentlastete, der Normalfall ist, müsste noch genauer geprüft werden. Jedenfalls scheint Reflexion selbst ein Resultat sozialer Praxis zu sein, wie man bereits dem grundbegrifflichen Arsenal von George Herbert Meads Handlungstheorie entnehmen kann. Insofern schließt hier die Systemtheorie an einen Theoriebestand der Soziologie an, den sie bisweilen selbst nicht recht ernst zu nehmen scheint.

Intellektueller Kontext

Man wird die heutige Attraktivität dieser Art soziologischer Theorie nicht erschließen können, wenn man sie nicht in dem intellektuellen

Kontext beobachtet, in dem sie für die jüngere Generation erscheint, die ihre wissenschaftliche Sozialisation nicht mehr im Gestus der Kritik und der Politisierung der Gesellschaft genossen hat, sondern mit den Dezentrierungen, Dekonstruktionen, Paradoxien und vielfältigen Beerdigungen des Subjekts groß geworden ist, und für die vor allem das neuere französische Denken Foucaults, Derridas und der Postmoderne zur selbstverständlichen Denkfigur geworden ist. Wiewohl es nicht diese Wurzeln sind, auf die sich die Systemtheorie stützt – das sind eher die amerikanische Kybernetik, die General Systems Theory oder die Kognitionswissenschaft[4] –, radikalisiert und empirisiert die Systemtheorie doch exakt jene Denkfiguren.

Wie die poststrukturalistische Zeichentheorie auf die radikale Immanenz alles Bezeichnens hinweist, auf die unhintergehbare Gefangenschaft allen Sprechens in der Sprache und auf die Unbenennbarkeit der Welt außerhalb von Benennungen, so verweist die systemtheoretische Kommunikationstheorie darauf, dass Kommunikationsprozesse geschlossene Systeme bleiben, aus denen auszubrechen nur wieder Kommunikation hervorbringt.

4 Vgl. Niklas Luhmann, Soziale Systeme. Grundriß einer allgemeinen Theorie, Frankfurt am Main 1984, S. 15ff.

Unter einer Empirisierung jener zeichentheoretischen Denkfiguren ist exakt das gemeint, was ich zuvor als das Problem der Anschlussfähigkeit und der Anschlusslogik von Kommunikation beschrieben habe. Allein der Anschluss gilt hier als die Erfolgsbedingung für Kommunikation, so dass tatsächlich ein geradezu subjektloser Kommunikationsbegriff möglich ist, ohne das Subjekt selbst zu negieren.[5] Ähnlich wie wir aus der Literaturwissenschaft längst wissen, dass die Intention eines Autors, selbst wenn er sie mitteilt, eben nur eine Mitteilung ist, also wiederum Text, so kommt auch die Intervention eines Individuums im kommunikativen Geschehen der Gesellschaft nicht unmittelbar vor, sondern nur als Kommunikation, die von weiteren Kommunikationen abhängig ist. Diese Radikalisierung der Immanenz des Geschehens kommunikativer Anschlüsse ähnelt in der Tat der Dekonstruktion von Texten, ist dabei aber noch radikaler, weil es hier eben nicht nur um Texte geht, die der Dekonstruktivist abends nach getaner Arbeit ins Regal stellen kann, um danach ins richtige Leben zurückzukehren. Die Radikalität einer auf außerhalb von Texten und Büchern stattfindenden Realität zielenden *soziologischen* Systemtheorie kann an sich selbst beobachten, dass die Immanenz

5 Ebenda, S. 191ff.; ders., Die Gesellschaft der Gesellschaft, Frankfurt am Main 1997, S. 190ff.

nie aufhört und dass sich der dekonstruierende Gegenstand vierundzwanzig Stunden am Tag selbst wieder neu hervorbringt, und zwar durch die Praxis seiner selbst.

Für welches Problem ist Luhmann eine Lösung? Eine weitere Antwortkomponente lautet, *dass mit Luhmann die Ambivalenz der Kommunikation, ihre eigentümliche Doppeldeutigkeit auf den Begriff gebracht werden kann.* Diese Ambivalenz besteht einerseits darin, dass Kommunikation bindet und verbindet. Andererseits aber macht sie in aller Radikalität auf die Distanz der Kommunikanden aufmerksam. Kommunikation ist nur dort wahrscheinlich, wo sich Sprecher immer schon in einer unaufhebbaren Distanz zueinander befinden. Denn ohne Distanz, ohne die wechselseitige Intransparenz von Bewusstseinen, ohne das, was Luhmann im Anschluss an Talcott Parsons »doppelte Kontingenz« nennt, besteht kein Anlass für Kommunikation.[6] Und selbst wenn Kommunikation begonnen hat und sich die Kommunikanden wechselseitig ihres Verstehens versichern, besteht der Verlauf der Kommunikation darin, dass sie immer weitergeht, nie zu einem eigenen Ende kommen kann. Sie kann natürlich enden, aber nie aus eigener Kraft, weder durch erzielten Konsens oder letzten Dissens, weder durch erschöpfende Behandlung eines Themas noch

6 Vgl. Luhmann, Soziale Systeme, S. 148ff.

durch sonstige Erfüllung. Und wenn ein Ende von Kommunikationsprozessen in der Kommunikation vorkommt, dann eben nur, indem es wiederum kommuniziert wird, was das Ende hinauszögert, weil Kommunikation anschließt. Gerade deshalb taugt Kommunikation nicht als Medium der Versöhnung und Verständigung, gar als Vehikel der Erlösung und der Übereinstimmung – und ist doch das einzige Medium, in dem wenigstens der Horizont von Versöhnung und Verständigung aufscheinen kann. Hier übrigens sind sich die Habermassche und die Luhmannsche Kommunikationstheorie viel näher, als es zunächst den Anschein hat. Auch bei Habermas wird nicht über Versöhnung und Verständigung als Faktizität gehandelt, sondern als ein Horizont, den man mit Luhmann freilich nicht in den Potentialen der Sprache auffinden würde, sondern im Erleben ihrer Nichterlebbarkeit.

Die Soziologie hatte stets ein unbändiges Vertrauen in Kommunikation, in die Kraft der kommunikativen Verflüssigung, wie man sagte. Ehen und Partnerschaften, Erziehung und Kunst, Politik und Religion wurden radikalen Verständigungsprozessen ausgesetzt – mit der Konsequenz, dass jeder bewusste Konsentierungsversuch den Dissens, den Widerspruch, die Kritik und die Unabgeschlossenheit geradezu anzieht. Mir ist es nicht darum zu tun, die emanzipatorischen, die generationstypischen Erfolge einer Kritik einer allzu sehr auf

Vermeidung von Kritik und Geltungsansprüchen gebauten Sozialordnung zu verleugnen. Worum es mir geht, ist lediglich zu zeigen, wie der Luhmannsche Kommunikationsbegriff seinen eigenen Ausgangspunkt tiefer hängt. Kommunikation wird nicht nur als *Lösung*, sondern auch als *Problem* behandelt, das heißt im funktionalistischen Sinne: als ein Bezugshorizont für den Aufbau sozialer Ordnung. Dann lässt sich sehen, dass Kommunikation bei aller semantischen Präferierung von Versöhnung, Verständigung und Verstehen und ihrer Kritik ein Distanzmedium ist. Vielleicht lässt sich deshalb Gemeinsamkeit und Übereinstimmung, vielleicht sogar: Versöhnung, nur schweigend erreichen, durch bloße wechselseitige Wahrnehmung, vielleicht wirklich nur als Mimesis. Das Problem ist nur, dass man zuvor durchs Purgatorium der Kommunikation muss. Und das trennt eher, setzt die Kommunikanden in Differenz, als dass es sie vereinigt. Und das Schweigen wird wieder Kommunikationsanlässe bieten, es gibt also *kein Entrinnen*.

Kein Entrinnen

Vielleicht ist das das Entscheidende: dass es kein Entrinnen gibt. Würde man die soziologische Theorieentwicklung in Generationsgestalten beobachten wollen, würde man in der Phase der ersten Konsolidierung, also in ihrer *klassischen Phase*, einen doppelten Emanzipationseffekt ausmachen können. Es ist dies zum einen die Etablierung einer Perspektive, die sich für die soziale Genese individueller Motive, Geltungsansprüche und Sinnverarbeitungsregeln interessiert. Andererseits erzielt soziologisches Denken seinen emanzipatorischen Charakter auch daher, dass der Akteur ins Zentrum des Geschehens gerückt wird: als Handelnder, der selbst hervorbringt, was ihn hervorbringt. Eine zweite, vielleicht könnte man sie *Kritikgeneration* nennen, kapriziert sich dann nicht nur auf den Akteur, sondern darauf, wie sich dessen Geltungsansprüche strukturwirksam durchsetzen lassen. Zu dieser Generation gehört ebenso die neomarxistische Idee, dass eine andere Welt möglich ist, als auch die sozialtechnologische Planungseuphorie, die eine andere Welt nicht nur beschreibt, sondern gleich erzeugen will. Beide Generationen setzen auf Zukunft. Sie setzen aufs Überschreiten. *Sie setzen darauf, dass es ein Entrinnen gibt.*

Womöglich repräsentiert die Luhmannsche Soziologie, vielleicht sogar ungewollt, in eigentümlicher Parallelität zum konstruktivistischen und dekonstruktivistischen Denken jene generationstypische Erfahrung, *dass es tatsächlich kein Entrinnen gibt.* Aber ein Entrinnen woraus? Aus Schicksal, Macht, aus der Wiederkehr des immer Gleichen? Nein, viel schlichter: Die neue generationstypische Erfahrung scheint an sich selbst zu erleben, dass es kein Entrinnen aus der eigenen Perspektive, aus der eigenen Sprecherposition, aus der eigenen Praxis gibt. Man könnte dies Phänomen eine *Kulturalisierung* nennen, ein Phänomen, das tatsächlich alles mit allem kommensurabel, vergleichbar, unterscheidbar werden lässt und es damit auf gleicher Augenhöhe positioniert. Aus der Aufwertung kritischer Geltungsansprüche wird die Aufwertung des authentischen Redens. Aus dem Vorrang des Arguments wird der Vorrang der Performanz, des Ästhetischen, der Inszenierung. Es scheint eine generationstypische Erfahrung zu sein, dass wir uns daran gewöhnt haben, uns auch an andere Versionen zu gewöhnen.[7]

Für welches Problem ist Luhmann die Lösung? Der nun vierte Antwortversuch lautet: *Luhmann ist die Lösung für das Problem, die Unhintergehbarkeit von Perspektiven beschreiben zu können.* Dies ist sehr abstrakt formuliert. Ich möchte deshalb ein Beispiel aus meiner eigenen Forschungspraxis wenigstens andeuten, um zu zeigen, was mit dem Problem der Un-

7 Vgl. dazu Irmhild Saake/Armin Nassehi, »Die Kulturalisierung der Ethik. Eine zeitdiagnostische Anwendung des Luhmannschen Kulturbegriffs«, in: Günter Burkart/Gunter Runkel (Hg.), Luhmann und die Kulturtheorie, Frankfurt am Main 2004; Nassehi, Soziologie, S. 143ff.

hintergehbarkeit von Perspektiven gemeint sein könnte. Man stelle sich vor, ein todkranker Patient äußere auf einer Krebsstation einen expliziten Suizidwunsch mit der Bitte um Unterstützung. Es ist dies keiner der Fälle, die üblicherweise öffentlich diskutiert werden. Unser vorgestellter Patient ist bei vollem Bewusstsein und selbst in der Lage, Hand an sich zu legen. Ein solcher Suizidwunsch ruft unterschiedliche Perspektiven auf den Plan. Diese unterschiedlichen Perspektiven sehen in diesem eindeutigen Fall ganz unterschiedliche empirische Anschlussmöglichkeiten und -notwendigkeiten. Ein somatischer Arzt wird zunächst dem Patienten versichern, was noch zu tun sei, ob kurativ oder palliativ, und dass es deshalb wenigstens aus medizinischer Sicht für einen Suizid keinen guten Grund gibt. Ein psychiatrischer Arzt dagegen wird sehr wahrscheinlich zu dem Ergebnis kommen, dass der geäußerte freie Wille des Patienten kein freier Wille sein kann, denn sonst würde er sich nicht gegen ihn selbst richten. Man wird also aus dieser Perspektive einen einstweiligen Pathologieverdacht äußern. Ein hinzugezogener Jurist dagegen wird bis zum Beweis des Gegenteils den frei geäußerten Willen des Patienten als Ausdruck seiner subjektiven Rechte ansehen und ihn gegen Pathologisierung verteidigen. Aus der Perspektive des Pflegepersonals erscheint der Suizidwunsch womöglich als Kritik an medizinischer Praxis, während ein Seelsorger sich auf biographische Sucharbeit begeben wird oder durch geeignetes Schweigen dem Patienten Gelegenheit verschaffen möchte, seinen Wunsch zu überdenken. Aus der Perspektive der wirtschaftlichen Leitung des Krankenhauses erscheint der Fall womöglich als Marketingproblem, die Klinik in der Öffentlichkeit als eine Institution dastehen zu lassen, die ihren Aufgaben nicht gewachsen ist. Aus dieser Perspektive wird man womöglich die wirtschaftlichen Folgen einer Rufschädigung im Blick haben. Aus der Perspektive der Angehörigen werden die Äußerungen des Patienten im Lichte langfristiger gemeinsamer Erfahrungen oder Kommunikationsblockaden wahrgenommen.

Was ich beschrieben habe, ist zwar ein dramatischer Fall, aber eine für eine moderne Gesellschaft geradezu undramatische Konstellation. Was hier sichtbar wird, ist die Gleichzeitigkeit unterschiedlicher Kontexte, die unhintergehbar nicht aufeinander abbildbar sind. In diesem Fall auf die »richtige« Perspektive zu kommen, ist nicht nur schwierig, sondern schlicht unmöglich, denn den hier holzschnittartig präsentierten Sprechern stehen jeweils nur jene Perspektiven zur Verfügung, die sie gewissermaßen als den Ballast ihrer gesellschaftlichen Herkunft mitschleppen und aus dem sie kaum entrinnen können. Ein Jurist, der nicht auf die Autonomie des Willens des Rechtssubjekts pocht, wäre ebenso erklärungsbedürftig wie ein Psychiater, der als Arbeitshypothese nicht zunächst einen generellen Pathologieverdacht hegen würde. Man könnte diesen Fall im Sinne etwa von Max Webers unterschiedlichen kulturellen Wertsphären diskutieren oder im Sinne einer professionssoziologischen Perspektive die Arbeitsteiligkeit organisatorischer Kontexte betonen. Für die empirische Modellierung wären dies sicherlich probate Tools, um das beschriebene Setting soziologisch würdigen zu können. Was mit einer Perspektive wie der Luhmannschen Soziologie freilich noch dazukommt, ist die hier empiriefähig gemachte Idee der *Gesellschaft.* Sie erst ermöglicht es, die Gleichzeitigkeit von Kontexten auf den Begriff zu bringen. Eine Perspektive auf Gesellschaft zeugt davon, wie sehr konkrete Situationen von jenen Potentialen und Limitationen zehren, die in einer Gesellschaft vorkommen. Erst vor diesem Hintergrund einer radikal auf funktionale Differenzierung verweisenden Perspektive dürfte auch empirisch deutlich werden, dass der beschriebene Kontext in seiner konkreten Praxisform gerade mit der Differenz der Perspektiven umgehen muss und fast schon aus strukturellen Gründen nicht in der Lage ist, diese unterschiedlichen Perspektiven vorschnell etwa ethisch oder professionsethisch oder mit Rekurs auf Tradition zu integrieren.

An einem solchen Beispiel lässt sich exemplarisch zeigen, welche Folgen es hat, den Gesellschaftsbegriff von seinen an gemeinsamen

Normen und Werten, an einer gemeinsamen Moral oder an kultureller Integration orientierten Fassung zu befreien. Der Luhmannsche Begriff der Gesellschaft hat sich von jenem 19.-Jahrhundert-Derivat einer politisch integrierten, normativ und werthaft gebändigten und kulturell integrierten Gesellschaft zu einem operativen Begriff gewandelt, dessen begriffliches Bezugsproblem nicht mehr die Suche nach Integration ist, sondern die Suche nach Bezugsproblemen und ihren Lösungen, wie sie praktisch nebeneinander vorkommen.[8] Meine eigene Erfahrung in solchen interdisziplinären Kontexten besteht darin, dass es allein die Soziologie vermag, die Differenz der Perspektiven systematisch auf den Begriff zu bringen. Mit Luhmann steht ein Instrumentarium zur Verfügung, das sich tatsächlich für die empirischen Anschlussfähigkeiten nicht aufeinander abbildbarer und nicht miteinander harmonisierbarer Perspektiven interessiert, nicht freilich um diese Differenz entweder zu feiern oder bloß logisch abzuleiten. Das wirklich Aufregende besteht vielmehr darin, wie sich trotz der radikalen Unterschiedlichkeit solcher Perspektiven stets und immer wieder Praxisformen finden, die eben nicht permanent und systematisch und ein für alle Mal integrieren, sondern in je konkreten Gegenwarten je konkrete Anschlussmöglichkeiten generieren.

8 Vgl. Nassehi, Der soziologische Diskurs, S. 310ff.

Die Theorie funktionaler Differenzierung der Gesellschaft kann als das dienstälteste Konzept soziologischer Gesellschaftstheorie gelten. Das Neue, was sich aus Luhmanns Gesellschaftstheorie und seiner Weiterentwicklung für empirische Forschung gewinnen lässt, ist die Idee, sich die operative Herstellung von Anschlussfähigkeit im Lichte der Gleichzeitigkeit unterschiedlicher Kontexte anzusehen. Gesellschaft ist dann übrigens kein Makrophänomen mehr. Gesellschaft ist dann auch kein empirieferner Begriff mehr, denn gerade die Unentrinnbarkeit der Perspektiven lässt sich letztlich nur gesellschaftlich erklären.[9]

Darin übrigens ist Luhmann, bzw. die Luhmannsche Soziologie, vielleicht der einzige legitime Nachfolger der Marxschen Theorie, deren besondere Potenz darin bestand, Orte und Perspektiven in der Gesellschaft zu benennen. Die Marxsche Theorie konnte beschreiben, warum von wem wie gesprochen und gehandelt wurde. Das Faszinierende an der Marxschen Theorie erscheint heute aus der historischen Distanz vor allem darin, dass man hier einerseits konkrete Situa-

9 Vgl. Luhmann, Die Gesellschaft der Gesellschaft, S. 595ff.; Armin Nassehi, »Die Theorie funktionaler Differenzierung im Horizont ihrer Kritik«, in: *Zeitschrift für Soziologie* 33 (2004), S. 98–118.

tionen beschreiben konnte, andererseits diese konkreten Situationen stets auf abwesende, aber gleichzeitig unmittelbar wirksame gesellschaftliche Kontexte verwiesen haben. Das Marxsche Denken war in der Lage, Bezugsprobleme zu entdecken, Bezugsprobleme, die hinter dem Rücken der Akteure auch ohne und gegen deren Einsicht wirksam waren. Das Marxsche Denken war also ein funktionalistisches Denken, allerdings noch ein Funktionalismus der alten Art, der nicht ohne Grund über Jahrzehnte eine schlechte Presse genoss.

Unter einem Funktionalismus ist eine Methode zu verstehen, die bei der Beobachtung von sozialen Phänomenen eine Relationierung von Problem und Problemlösung vornimmt. Das funktionalistische Denken geht zunächst von der Lösung aus. Man sieht sich an, was geschieht, und fragt sich, für welches Problem dieses Geschehen eine Lösung ist – ganz ähnlich meiner Frage, für welches Problem die Luhmannsche Theorie eine Lösung ist. Der traditionelle Funktionalismus lebte von Top-down-Logiken. Wiewohl alle klassischen funktionalistischen Theorien von empirischen, vor allem ethnologischen Beobachtungen ausgegangen sind, wurden ihre Problemformulierungen später reifiziert und ihres empirischen Gehaltes entkleidet. Man denke etwa an Bronislaw Malinowskis oberstes Bezugsproblem der normativen Integration gesellschaftlicher Ordnung oder an Claude Lévi-Strauss' Bezugsproblem der anthropologischen Bedürfnisbefriedigung. Für den soziologischen Kontext ist sicherlich das AGIL-Schema von Talcott Parsons stilbildend gewesen. Alle diese Formen wurden empirisch gewonnen, aber ihre Empirizität wurde dann in der Forschungspraxis und in der philologischen und exegetischen Theoriekommentierungsliteratur vergessen. Dagegen haben vor allem zwei Soziologen opponiert: Niklas Luhmann und Pierre Bourdieu.

Bereits Luhmanns früher Umstellung der strukturell-funktionalen Theorie auf eine funktional-strukturelle Perspektive verdanken wir die Idee, die Funktionen offenzuhalten, das heißt nicht an einem feststehenden Funktionenset festzuhalten.[10] Dieser Funktionalismus geht zunächst von konkreten empirischen Phänomenen, das heißt in dieser Sprache: von Funktionserfüllungen aus, um sich von dort die dazugehörigen Bezugsprobleme zu erschließen. Es geht hier also explizit darum, die Frage zu beantworten, für welches Problem konkrete empirische Phänomene eine Lösung darstellen. Der Charme dieser Denkfigur liegt meines Erachtens in ihrer Einfachheit. Die einzigen methodischen Mittel, die für die Analyse vonnöten sind, sind Versuche der Relationierung von Problemlösung und Kontext.

10 Vgl. Niklas Luhmann, Soziologische Aufklärung. Aufsätze zur Theorie sozialer Systeme, Opladen 1970, S. 31ff. und S. 113ff.

An meinem kleinen Beispiel über die unterschiedlichen Perspektiven unterschiedlicher Akteurskonstellationen in Bezug auf den Suizidwunsch eines Patienten lässt sich dies verdeutlichen. Die unterschiedlichen Perspektiven sind zwar der konkreten Situation geschuldet, stammen aber aus je unterschiedlichen gesellschaftlichen Kontexten, die jeweils unterschiedliche konkrete Probleme zu lösen haben. Diese Lösungen sind nur aus den jeweiligen funktionssystemspezifischen und organisatorischen Problemlösungskontexten verstehbar. Eine in diesem Sinne funktionalistische Perspektive identifiziert Probleme nicht durch Engführung an einem allgemeinen begrifflichen Gerüst, sondern durch Relationierung unterschiedlicher Wirklichkeiten in einer konkreten Situation. Diese äquivalenzfunktionalistische Perspektive vermag nicht nur, äquivalente Funktionen bzw. äquivalente Funktionserfüllungen gewissermaßen hypothetisch miteinander zu vergleichen, sondern sie stößt mit einem empirischen Blick tatsächlich auf empirisch gleichzeitige Äquivalente, aber darin auf radikal unterschiedliche Funktionen und ihre Problemlösungen. Dies ist es, was eine an Luhmann geschulte empirische Forschungsperspektive in die Lage versetzt, auch Gesellschaftstheorie empirisch zu betreiben, oder umgekehrt: empirische Beobachtungen an einer gesellschaftstheoretischen Perspektive zu schulen und zu präzisieren. Dezidiert möchte ich damit die Frage »Wie weiter mit Luhmann?« in die Richtung beantworten, sich von der alleinigen begrifflich-systematisch-philologisch-exegetischen Analyse des systemtheoretischen Inventars zu entfernen und stattdessen die empirischen Potentiale einer in der angedeuteten Weise arbeitenden funktionalistischen Methode zu betreiben.

Was hier mit der systemtheoretischen Methode möglich wäre, lässt sich wenigstens ästhetisch an Pierre Bourdieu lernen. Auch Bourdieus Theorie entstammt zunächst der Kritik an einem starken Strukturalismus, der über seinen Erfolg vergessen zu haben scheint, dass das Strukturmodell nicht identisch ist mit der Wirklichkeit.[11] Wenn auch Bourdieu seinerseits allzu ökonomisch/strukturalistisch argumentiert, indem er überall die Überarbeitung eines ökonomisch modellierten Knappheitsproblems vermutet, verdankt die Soziologie diesem französischen Soziologen methodisch eine sehr einfache, aber durchaus weitreichende Idee (oder sollte man besser sagen: *Haltung*?). Gerade weil Bourdieu nicht in erster Linie begriffliche Ableitungsdiskurse betreibt, kann er anerkennen, dass es den Leuten um etwas geht. Selbst wenn hinter ihrem Rücken womöglich ganz andere Kräfte walten, er-

11 Vgl. Pierre Bourdieu, Sozialer Sinn. Kritik der theoretischen Vernunft, Frankfurt am Main 1987, S. 75.

kennt Bourdieu an, dass handelnde Individuen paradoxerweise zumeist *gar nicht anders können*, aber doch etwas *dafür tun müssen*. Die schöne Formulierung von Bourdieu, Individuen seien Ausgeburten von Feldern,[12] meint genau das: dass das, was in konkreten Praxisfeldern geschieht, auch praktisch geschehen muss und seinen Sinn, seinen sozialen Sinn, eben durch jene praktische Gegenwart erhält, in der es geschieht. Bourdieus Begriff der *illusio* meint dabei keineswegs eine Art Verblendung, sondern jene funktionalistische Idee, nach der sich die Situation nicht nach den Motiven richtet, sondern diese nach jenen. Bourdieus soziologische Haltung lebt davon, die Praxisgegenwart in ihrer Gegenwart, das heißt auch in ihren Kontexten, ihren inneren Zugzwängen und ihrer konkreten Problemlösungskapazität ernst zu nehmen. Die etwas kryptische Formulierung einer »Theorie des Eingeborenseins«[13] zielt auf das Ereignishafte, Unüberbietbare, Unentrinnbare der konkreten ereignishaften Praxisgegenwart.[14]

12 Vgl. Pierre Bourdieu/Loïc J. D. Wacquant, Reflexive Anthropologie, Frankfurt am Main 1996, S. 138.

13 Bourdieu, Sozialer Sinn, S. 40.

14 Vgl. dazu Irmhild Saake, »Theorien der Empirie. Zur Spiegelbildlichkeit der Bourdieuschen Theorie der Praxis und der Luhmannschen Systemtheorie«, in: Armin Nassehi/Gerd Nollmann (Hg.), Bourdieu und Luhmann. Ein Theorienvergleich, Frankfurt am Main 2004, S. 85–117.

Ich habe kurz auf Bourdieu rekurriert, um den Gedanken der Praxisgegenwart stark zu machen. In der Idee der Praxisgegenwart treffen sich Bourdieus praxeologische und Luhmanns ereignistheoretische Perspektiven. Von dieser Idee der Praxisgegenwart her lässt sich jener erneuerte Funktionalismus, mit dem es mit Luhmann weitergeht, genauer beschreiben. Dieser Funktionalismus setzt an beiden Seiten an: *am Problem und an der Lösung.* Er will verstehen, wie sich konkrete Praxen, konkrete Praxisgegenwarten als Lösungen darstellen, zu denen das passende Problem zu finden ist. Dieser Funktionalismus setzt – noch stärker als in Bourdieus allzu ökonomisch/strukturalistischer Perspektive auf Knappheit – darauf, *beide Seiten kontingent zu setzen.* Weder das Problem noch die Lösung dürfen dem forschenden Blick bereits zuvor eindeutig bekannt sein.

Darin ist dieser Funktionalismus tatsächlich ein interpretatives Verfahren. Indem sich empirische Bezugsprobleme nicht dem Material selbst, also dem beobachtenden Handeln entnehmen lassen, entsteht hier ein funktionalistischer Zirkel.[15] Dieser ist ähnlich wie der

15 Vgl. Armin Nassehi, »Rethinking Functionalism. Zur Empiriefähigkeit systemtheoretischer Soziologie«, in: Herbert Kalthoff/Stefan Hirschauer/Gesa Lindemann (Hg.), Theoretische Empirie. Die Relevanz qualitativer Forschung, Frankfurt am Main 2008 (im Druck).

hermeneutische Zirkel gebaut, der darauf abgestellt hat, dass das Verstehen durch den Verstehenden verstanden werden muss und damit unaufhebbar zirkulär wird. Um diesem Problem zu begegnen, werden in der interpretativen Sozialforschung vor allem *Techniken* empfohlen, um dem Zirkel zu entgehen oder ihn wenigstens methodisch kontrollieren zu können. Dagegen ist nichts einzuwenden, wenn zu dieser Technik auch die Einsicht gehört, dass soziologisches Wissen bei der Interpretation von Daten nicht wegzuinterpretieren, sondern mitzuinterpretieren ist. Ernst Cassirer hat in seinem frühen Buch »Substanzbegriff und Funktionsbegriff« betont, *man sehe nicht Gegenstände, sondern man sehe Gegenstände, weil man gegenständlich sehe.*[16] So gilt auch für eine soziologische Perspektive, dass sie eben nur eine Perspektive ist, die aber über sich selbst reflektieren kann, was sie zu sehen bekommt. Der funktionalistische Zirkel lässt sich damit also nicht technisch, nicht methodologisch auflösen, sondern schlicht dadurch, dass ein soziologischer Funktionalismus sich dafür offenhält, beide Seiten der funktionalistischen Grundunterscheidung von Problem und Problemlösung in den Blick zu nehmen.

16 Vgl. Ernst Cassirer, Substanzbegriff und Funktionsbegriff. Untersuchungen über die Grundfragen der Erkenntniskritik, Hamburg 2000, S. 328.

Gegenwarten

Ich habe Luhmann als legitimen Nachfolger des Marxschen Denkens bezeichnet, deren Stärke darin besteht, einerseits Orte und Sprecherpositionen innerhalb der Gesellschaft beschreiben zu können, andererseits einen systematischen Zusammenhang dieser Orte angeben zu können. Bei aller Stärke einer solchen »Verortungstheorie« bleibt sie jedoch für die Beschreibung der modernen Gesellschaft insofern unterkomplex, als sie Gesellschaft als *einen* Kontext ansieht, als *eine* Gegenwart, als *einen* Problem-Lösungs-Zusammenhang. Alles, was in der Gesellschaft geschieht, auf *einen* Grundwiderspruch zurückführen zu wollen, führt fast automatisch in die Fallstricke eines Funktionalismus, der nur die eine der beiden Seiten, nämlich die Seite der Funktionserfüllung kontingent setzt. Was wir dagegen brauchen, ist eine *konsistente* Beschreibung einer *inkonsistenten* Gesellschaft – nicht freilich im Sinne Adornos, der die Antinomie der Welt gegen die Konsistenzzwänge des begrifflichen Denkens ausspielt. Mit einer konsistenten Beschreibung einer inkonsistenten Gesellschaft meine ich vielmehr, dass der Konsistenzzwang einer soziologischen/wissenschaftlichen Beschreibung durch die Inkonsistenz einer funktional differenzierten Gesellschaft nicht in Frage gestellt wird. Die Stärke einer empirisierten systemtheoretischen Soziologie wird dann nicht nur darin bestehen, überhaupt den Begriff und ein Verständnis von Gesellschaft für empirische Forschung nutzbar machen zu können. Sie stellt zusätzlich von einer phantasmatischen *Gegenwart einer Gesellschaft* um auf die Idee einer *Gesellschaft der Gegenwarten.* Sie ist als Erbin etwa des Marxschen Denkens daran interessiert, den systematischen Zusammenhang der Orte innerhalb der Gesellschaft, sagen wir besser: *den systematischen Zusammenhang unterschiedlicher Gegenwarten in der einen Gesellschaft* auf den Begriff zu bringen und daraus ein spezifisches Verständnis für konkrete empirische Situationen abzuleiten.

Der Zusammenhang der Gegenwarten einer *Gesellschaft der Gegenwarten* liegt in ihrer erstaunlichen Entkoppelung. Diese Entkoppelung wird vor allem dann und dort deutlich, wenn und wo diese unterschiedlichen Perspektiven aufeinandertreffen und konkrete Praxissettings praktisch hervorbringen. Mein illustratives Beispiel sollte dies wenigstens andeuten. Es geht darum, einen Sinn dafür zu entwickeln, dass die Struktur der Gesellschaft sich in konkreten Situationen durchsetzt und stabilisiert. Nur in dieser Weise empirisch kann der Gesellschaftsbegriff als das Symbol des empiriefernsten Begriffs des soziologischen Arsenals von einem Substanz- zu einem Relationsbegriff, von einem Aggregat- zu einem Prozessbegriff, von einem Struktur- zu einem Funktionsbegriff aufgewertet werden.

Für welches Problem nun ist Luhmann die Lösung?

Die Soziologie scheint die Idee der Gesellschaft verloren zu haben. Am erfolgreichsten und am professionellsten ist sie in begrenzten Perspektiven von kleinen Praxisräumen etwa in der Ethnomethodologie, in komplizierten Erklärungen von einfachen Zusammenhängen in der quantitativen Sozialforschung, in provinziellem Einlassen auf die authentische Erfahrung ihrer Gesprächspartner in der qualitativen Sozialforschung. Gut ist die Soziologie tatsächlich in der Beschreibung von Gegenwarten. Was ihr verloren gegangen ist, ist eine systematische Beobachtung des Zusammenhangs dieser Gegenwarten, eben einer, wie ich es nenne, *Gesellschaft der Gegenwarten*. Die Luhmannsche Soziologie ist insofern die *Lösung für zwei Probleme*: einerseits von Gesellschaft nicht mehr in den großen Sätzen geschichtsphilosophischer Dimensionen oder aber irgendwie normativ zusammengehaltener Projekte zu sprechen, deren Zusammenhalt dann zumeist politische Semantiken in Anspruch nimmt; andererseits diese Gegenwarten als Teil *einer* Gesellschaft zu beschreiben.

Darin übrigens hat eine Soziologie im Luhmann-Style das Zeug dazu, wirklich kritische Theorie zu sein. Max Horkheimer hat vor 70 Jahren die Kritische Theorie als eine Theorie beschrieben, die in der Lage sein soll, ihre eigene Seinsgebundenheit anzuerkennen und Kritik auf realistische Beine zu stellen.[17] Welche Ironie, dass die Kritik der Gesamtgesellschaft, die darin nach Gesamtprinzipien sucht und die Gesellschaft fast nur politisch adressiert, in diesem Sinne *traditionelle Theorie* geworden ist. *Kritisch* wäre eine Soziologie, die ihren eigenen Ort mitsieht, ihren eigenen wissenschaftlichen und gesellschaftlichen Ort. Schon dies ist eine empirische Perspektive, die dann auch ihrer praktischen Empirisierung harrt. Mit diesem Gedanken habe ich begonnen – mit diesem Gedanken schließe ich.

Epilog

Wenn auch nicht alles, was ich hier mit dem Label »Luhmann« oder »Luhmannsche Soziologie« belegt habe, in Luhmanns Texten selbst aufzufinden ist oder mutmaßlich von ihm genauso gesehen würde, dann ist das nur ein Hinweis darauf, dass Luhmanns Soziologie selbst vorbei ist, dass es mit ihr aber weitergehen kann.

17 Vgl. Max Horkheimer, Traditionelle und Kritische Theorie (1937), Frankfurt am Main 1973.

Armin Nassehi, Prof. Dr. phil., studierte Erziehungswissenschaften, Philosophie und Soziologie an den Universitäten Münster und Hagen. Von 1986 bis 1994 war er Stipendiat und wissenschaftlicher Mitarbeiter an der Universität Münster; nach Abschluss der Habilitation 1994 wirkte Armin Nassehi bis 1997 als Oberassistent und Privatdozent an der Universität Münster; seit 1998 Inhaber eines Lehrstuhls für Soziologie in München.

Forschungsschwerpunkte:
Soziologische Theorie, Kultursoziologie, Politische Soziologie.

Ausgewählte Veröffentlichungen:
»Soziologie. Zehn einführende Vorlesungen«, Wiesbaden 2008; »Der soziologische Diskurs der Moderne«, Frankfurt am Main 2006; »Die paradoxe Einheit von Inklusion und Exklusion. Ein systemtheoretischer Blick auf die ›Phänomene‹«, in: Heinz Bude/Andreas Willisch (Hg.), Das Problem der Exklusion. Ausgegrenzte, Entbehrliche, Überflüssige, Hamburg 2006, S. 46–69; »Differenzierungseliten in der ›Gesellschaft der Gegenwarten‹«, in: Herfried Münkler u.a. (Hg.), Deutschlands Eliten im Wandel, Frankfurt am Main u.a. 2006, S. 255–273; Hg. (zus. mit Gerd Nollmann), »Bourdieu und Luhmann. Ein Theorienvergleich«, Frankfurt am Main 2004; »Geschlossenheit und Offenheit. Studien zur Theorie der modernen Gesellschaft«, Frankfurt am Main 2003.

Niklas Luhmann, geboren am 8. Dezember 1927 in Lüneburg, gilt als einer der namhaftesten Vertreter der soziologischen Systemtheorie.

Luhmann studierte Rechtswissenschaften an der Universität Freiburg, schloss an der Universität Münster seine Promotion sowie seine Habilitation ab. Von 1954 bis 1962 war er in der öffentlichen Verwaltung des Landes Niedersachsen tätig. In dieser Zeit war er 1960/1961 zu Studien an der amerikanischen Harvard University beurlaubt, wo er mit Talcott Parsons zusammentraf, mit dessen soziologischem »Struktur-Funktionalismus« er sich intensiv auseinandersetzte.

Nach seiner Arbeit am Forschungsinstitut der Hochschule für Verwaltungswissenschaften in Speyer (1962–1965) wurde er Abteilungsleiter an der Sozialforschungsstelle Dortmund. Innerhalb eines Semesters holte Luhmann an der Universität Münster Promotion und Habilitation für Soziologie nach und erhielt 1968 an der Universität Bielefeld den Lehrstuhl für Soziologie.

Luhmann wurde 1993 emeritiert und starb am 6. November 1998 in Oerlinghausen.

Hamburger Institut für Sozialforschung (Hg.)
»Wie weiter mit …?«

www.Hamburger-Edition.de
Gestaltung: Jan Enns/Wilfried Gandras
Foto: ullstein bild – Teutopress
Satz: Dörlemann Satz, Lemförde
Druck und Bindung: Langebartels Druck, Hamburg
Printed in Germany
ISBN 978-3-936096-97-2 (8 Bände)

Wie weiter mit

Theodor W. Adorno
Hannah Arendt
Émile Durkheim
Michel Foucault
Sigmund Freud
Niklas Luhmann
Karl Marx?
Max Weber

Hamburger Edition

Im Jahre 1942 veröffentlichte der damals 32 Jahre alte Paul Sweezy in den USA ein Buch mit dem Titel »Theorie der kapitalistischen Entwicklung«, in dem er die gesamte Geschichte der sich auf Marx berufenden Debatten über die Bewegungsgesetze des Kapitalismus resümierte. Er bezog sich auf Lenins »Die Entwicklung des Kapitalismus in Russland« (1896–1899), auf Kautskys Überlegungen zur »Agrarfrage« (1899), beschrieb die Entwicklung, die mit Rudolf Hilferdings bedeutendem Werk über das »Finanzkapital« (1910), Rosa Luxemburgs Analyse »Die Akkumulation des Kapitals« (1913), und Nikolai Bucharins Abhandlung »Imperialismus und Weltwirtschaft« (1915) gekennzeichnet werden konnte, und ordnete die Arbeiten von Fritz Sternberg »Der Imperialismus« (1926), von Henryk Grossmann »Das Akkumulations- und Zusammenbruchsgesetz des kapitalistischen Systems« (1929) und Otto Bauer »Zwischen zwei Weltkriegen?« (1936) ein, die allesamt das Rätsel der als Imperialismus bezeichneten Stufe der kapitalistischen Entwicklung zu entschlüsseln trachteten.

Das dann 1970 in der Intellektualisierungsphase der Studentenbewegung bei Suhrkamp in deutscher Übersetzung erschienene Buch[1] ist nicht nur wegen seiner mustergültigen Klarheit zu rühmen, es handelt sich bei dieser unter dem Eindruck des New Deals in den USA geschriebenen Rekonstruktion um die wohl erste aus dem marxistischen Lager kommende Absetzung von der Marxschen Krisenauffassung, derzufolge Disproportinalitäts- und Unterkonsumptionskrisen im Rahmen der kapitalistischen Wirtschaftsweise unüberwindlich seien. Sweezy gestand der von Keynes begründeten Strategie antizyklischer Staatseingriffe eine mögliche Wirksamkeit für die Sicherung der inneren Stabilität der kapitalistischen Entwicklung zu und überantwortete die Auflösung und Überwindung des Kapitalismus einer externen Determinante: nämlich der größeren ökonomischen Durchsetzungskraft der Sowjetunion und der Länder, von denen man erwarten konnte, dass

1 Paul M. Sweezy, The Theory of Capitalist Development. Principles of Marxian Political Economy (1942); dt.: Theorie der kapitalistischen Entwicklung. Eine analytische Studie über die Prinzipien der Marxschen Sozialökonomie, Frankfurt am Main 1970.

sie bei Kriegsende dem leuchtenden sowjetischen Beispiel folgen würden. Deren »Überzeugungskraft« könnte für Sweezy sogar einen friedlichen Übergang zum Sozialismus in den USA möglich machen.

Mit dieser Auffassung, dass der Kapitalismus nicht an seinen endemischen Widersprüchen, sondern an der Überzeugungskraft einer sozialistischen Alternative zugrunde gehen würde, bezeichnete »Die Theorie der kapitalistischen Entwicklung«, so Perry Anderson in seiner nach wie vor lesenswerten Schrift aus der Mitte der 1970er Jahre »Über den westlichen Marxismus«,[2] das Ende eines intellektuellen Zeitalters.

Heute können wir das Ende dieses Endes konstatieren. Was Sweezy 1942 vor Augen stand, war einerseits die Etablierung der Sowjetunion als großer weltpolitischer Alternative zu den USA, was sich am Ende des Zweiten Weltkriegs bewahrheitete, und andererseits die Entwicklung des reinen besitzindividualistischen zu einem wohlfahrtsstaatlichen, auf garantiertem Sozialeigentum sich gründenden Kapitalismus. Schweden, Deutschland, aber im Grunde die gesamte OECD-Welt belegen diese Transformation des Kapitalismus im Kapitalismus. Beide Entwicklungen gehören zweifellos dem 20. Jahrhundert an, das wir hinter

2 Perry Anderson, Über den westlichen Marxismus, Frankfurt am Main 1978.

uns gelassen haben. Sicher jedenfalls ist der definitive Untergang des Sozialismus sowjetischen Typs, in Frage steht freilich, ob nicht auch der koordinierte Kapitalismus der Nachkriegszeit Geschichte geworden ist.

Wir haben heute das Ende der tragischen Illusion einer großen Alternative zum Kapitalismus zu verstehen, die, wie François Furet mit aufwühlender Folgerichtigkeit dargelegt hat, sich dem Hass des Bürgers auf sich selbst verdankte.[3] Stalin war mit seiner Politik des Verrats der teuflische Dirigent dieses bürgerlichen Selbsthasses. Es durfte nicht sein, dass heroische Arbeiteraufstände wie beispielsweise der Hamburger von 1923 nur eine Inszenierung für ganz andere Zwecke gewesen waren, denn wer die kommunistische Partei einer solch bösartigen Intrige beschuldigte, arbeitete nur dem Klassenfeind in die Hände, der doch am Ende (»Wer vom Kapitalismus schweigt, darf vom Faschismus nicht reden«) ein Regime des Mordes und des Krieges zu verantworten hatte.

Grundlage für die ubiquitäre Vermutung von Verrat in den eigenen Reihen war nicht nur eine bestimmte Praxis der Machtausübung, sondern immer auch eine bestimmte Form ihrer Legitimation durch den Primat eines von Marx und Lenin sich herleitenden

3 François Furet, Das Ende einer Illusion. Der Kommunismus im 20. Jahrhundert, München 1996.

Textes. Dahinter steckte die Vorstellung, dass es eine von bürgerlichen Ideologen natürlich bestrittene Wahrheit über den Kapitalismus gibt, die in den Texten von Marx niedergelegt ist. Es ist ein performativer, nicht bloß informativer Schriftgebrauch,[4] der einen auf Marx zurückgehenden Marxismus begründet. Theorie heißt Exegese und Praxis Applikation der exegetisch gewonnenen Erkenntnisse. Daran erkennt man, ob jemand ein richtiger Marxist ist oder Marx nur wie einen Autor neben anderen behandelt.

Daher hängen die Auseinandersetzungen innerhalb des Marxismus immer mit der Autorisierung bestimmter Textteile aus der Sammlung der Texte von Marx zusammen. Offenbar gibt es nicht einen Autor mit dem Namen Marx, sondern mehrere, die sich diesen Namen teilen und wie in einem Streitgespräch miteinander verwickelt sind, das nicht aufzuhören scheint.[5]

Auf diese dem Marxismus eigene Form der Legitimation am Text ist deshalb hinzuweisen, weil man daran den Unterschied zwischen der

4 Zu dieser für die Phänomenologie von Religionen und religionsähnlichen Vergemeinschaftungen wichtigen Unterscheidung Jan Assmann, Monotheismus und die Sprache der Religion, Wien 2006, S. 46ff.

5 Hans-Joachim Lenger, Marx zufolge. Die unmögliche Revolution, Bielefeld 2004, S. 7.

tragischen Illusion des Kommunismus und der effektiven Revision des sozialdemokratischen Wohlfahrtskapitalismus klarmachen kann. Wer Marx mit Keynes liest, vertritt keinen Primat des Textes, sondern einen der Praxis. Es geht, mit dem späten Foucault gesprochen, dann nicht um die Rationalität eines Gesellschaftsentwurfs, sondern um die Kunst einer Regierungsweise.[6] Für den sozialdemokratischen Wohlfahrtsstaat gab es nie einen gültigen Ursprungstext, sondern nur eine Folge praktikabler Revisionen, die in Richtung einer Anrechtserweiterung für die Mehrheit der abhängig beschäftigten Staatsbürger gingen.

Es ist nicht zu verhehlen, dass sich daraus ein gewisses Selbstmisstrauen sozialdemokratischer Politik ergab. Man kann schlecht an Marx glauben und gleichzeitig Keynes folgen. Gewiss: Gemeinsam ist dem Theoretiker des Kommunismus wie dem der Sozialdemokratie das von Joan Robinson herausgestellte Paradox, dass der einzelne Kapitalist im Dienste seiner Rendite immer nur die Kosten für die eingesetzte Arbeitskraft reduzieren will – Gewinnsteigerung durch Personalabbau –, bei den mitkonkurrierenden anderen Kapitalisten aber erwartet, dass sie das gerade nicht tun, weil sonst die Nachfrage für die von allen auf den Markt geworfenen Produkte nicht aus-

6 Gemeint ist der Foucault der Gouvernementalitäts-Analysen.

reicht.[7] Der einzelne Kapitalist reduziert also systematisch die Nachfrage, die er für den Absatz seiner Waren braucht, und sägt daher ununterbrochen an dem Ast, auf dem er sitzt. Die private Aneignung des kollektiv erwirtschafteten Mehrwerts besiegelt Marx zufolge den Untergang des Kapitalismus, Keynes sieht darin indes einen Ansatzpunkt für gezielte Gegensteuerungen des ideellen staatlichen Gesamtkapitalisten. Die typische sozialdemokratische Verwirrung rührt daher, dass man sich, wenn's gut geht, von der Steuerbarkeit, und wenn es nicht gut geht, von der Nicht-Steuerbarkeit des Kapitalismus überzeugt zeigt.[8]

Aber das ist womöglich doch alles Schnee von gestern. Kehren wir im Zeitalter der Globalisierung nicht zum puren Kapitalismus zurück, von dessen Überwindung sich Sweezy beeindruckt sah? Es gibt keinen real existierenden Sozialismus mehr, der dem Kapitalismus als großer Gegenspieler Einhalt gebieten würde. Und als maßgeblicher Interpret der innerkapitalistischen Spielregeln ist der Mäßiger Keynes längst durch den Anarchisten Milton Friedman ersetzt worden. Die Botschaft des Monetarismus, der trotz gewisser neokeyne-

7 Joan Robinson, The Accumulation of Capital, London 1956, S. 78.

8 An den Arbeiten von Fritz W. Scharpf ist diese sich selbst verborgen bleibende sozialdemokratische Ambivalenz exemplarisch zu studieren.

sianischer Anwandlungen in der Politik der amerikanischen Notenbank das neoklassische Denken beherrscht, besagt, dass man zwar die Geldmenge steuern kann, sonst aber soll man, wenn man die kapitalistische Dynamik in Gang halten will, nichts steuern.[9] Schon gar nicht soll der fehlerfeindliche Staat in den fehlerfreundlichen Markt intervenieren. Im Gegenteil: Bei der Erledigung der notwendigen Staatsaufgaben sollen die Prinzipien des Marktes gelten. Ein »new public management« revolutioniert die öffentliche Verwaltung, die sich schlank und kundenorientiert gibt. Öffentliche Unternehmen werden privatisiert, die Kommunen entledigen sich des sozialen Wohnungsbaus und die Bildungsangebote werden kommerzialisiert. Der »Aktivierende Wohlfahrtsstaat« stellt vom Schutz durch Kollektivrechte auf die Mobilisierung von individueller Beschäftigungsfähigkeit um.

9 Zwar muss man heute die reine Lehre der Geldmengenpolitik als gescheitert ansehen, aber genau aus dem Grunde, weshalb auch die keynesianische Ausgabenpolitik an ihre Grenzen gestoßen ist: Durch die Deregulierung der Finanzmärkte sind »hybride« Produkte entstanden, die geldähnliche Funktionen ausüben, ohne aber in operativen Geldmengen begreifbar oder durch zinspolitische Regulierungen beherrschbar zu sein. Es sieht so aus, als ob die Zentralbanken, gleichviel, welcher ökonomischen »Philosophie« sie folgen, der dezentralen Effekte der Finanzmärkte einfach nicht mehr Herr werden.

Hat Marx nicht doch auf den Punkt gebracht, worunter wir alle, ob es uns nun gut, schlecht oder mittelmäßig geht, im Kapitalismus leiden?

Die spontane Evidenz

Die Beschreibungen von Marx sind in der Tat von einer ungeheuren spontanen Evidenz. Die Phänomene der Globalisierung sind ohne diesen modischen Begriff bei ihm scharf ins Auge gefasst. Aber nicht als richtungslose, unzurechenbare und anonyme Vorgänge, sondern als Machenschaften von Agenten, die von der Gier des Kapitals getrieben sind. »Der Bedürfnisse nach einem stets ausgedehnteren Absatz für ihre Produkte«, so heißt es im »Kommunistischen Manifest« von notabene 1848, »jagt die Bourgeoisie über die ganze Erdkugel. Überall muß sie sich einnisten, überall anbauen, überall Verbindungen herstellen.«[10] Was ein Autor wie Manuel Castells[11] in unseren Tagen die neuartige, eine nächste Etappe der gesellschaftlichen Entwicklung kennzeichnende Netzwerkgesellschaft genannt hat, ist

10 Karl Marx/Friedrich Engels, Manifest der Kommunistischen Partei (1848), Stuttgart 1969, S. 27.

11 Manuel Castells, Die Netzwerkgesellschaft. Das Informationszeitalter: Wirtschaft. Gesellschaft. Kultur, Opladen 2001.

hier bereits in klaren Worten vorhergesehen. Mit dem Unterschied, dass bei Marx »Charaktermasken« auftreten, die gleichwohl von Fleisch und Blut sind. Man kann sich den kapitalistischen Bourgeois in seinem Kontor, mit dem starren Blick auf den Rechner oder in der VIP-Lounge eines geostrategisch günstig gelegenen Flughafens vorstellen. In den Worten des Programmtextes aus der Mitte des 19. Jahrhunderts: »Die Bourgeoisie hat durch die Exploitation des Weltmarkts die Produktion und Konsumption aller Länder kosmopolitisch gestaltet. Sie hat zum großen Bedauern der Reaktionäre den nationalen Boden der Industrie unter den Füßen weggezogen. Die uralten nationalen Industrien sind vernichtet worden und werden noch täglich vernichtet. Sie werden verdrängt durch neue Industrien, deren Einführung eine Lebensfrage für alle zivilisierten Nationen wird, durch Industrien, die nicht mehr einheimische Rohstoffe, sondern den entlegensten Zonen angehörige Rohstoffe verarbeiten und deren Fabrikate nicht nur im Lande selbst, sondern in allen Weltteilen zugleich verbraucht werden. An die Stelle der alten, durch Landeserzeugnisse befriedigten Bedürfnisse treten neue, welche die Produkte der entferntesten Länder und Klimate zu ihrer Befriedigung erheischen. An die Stelle der alten lokalen und nationalen Selbstgenügsamkeit und Abgeschlossenheit tritt ein allseitiger Verkehr, eine allseitige Abhängigkeit der

Nationen voneinander. Und wie in der materiellen, so auch in der geistigen Produktion. […] Die nationale Einseitigkeit und Beschränktheit wird mehr und mehr unmöglich, und aus den vielen nationalen und lokalen Literaturen bildet sich eine Weltliteratur.«[12]

Das sind die wesentlichen Stichworte der gegenwärtigen Situation: Transnationalisierung der Produktionsketten,[13] Standardisierung der Konsummuster,[14] Ersetzung von alten nationalen durch neue internationale Industrien,[15] allseitige Interdependenz der Volkswirtschaften,[16] Isomorphie der institutionellen Muster,[17] Kosmopolitisierung der kulturellen Bezugsräume.[18] Volvos sind mit Fordmotoren bestückt, Nike wirbt mit Bildern aus Südafrika, SAP ver-

12 Marx/Engels, Manifest, S. 27f.

13 Ulrich Jürgens (Hg.), New Product Development and Production Networks. Global Industrial Experience, Berlin u.a. 2000.

14 George Ritzer, Die McDonaldisierung der Gesellschaft, Frankfurt am Main 1997.

15 Robert B. Reich, Die neue Weltwirtschaft. Das Ende der nationalen Ökonomie, Frankfurt am Main/Berlin 1993.

16 C. Christian von Weizsäcker, Logik der Globalisierung, Göttingen 1999.

17 John W. Meyer, Weltkultur. Wie die westlichen Prinzipien die Welt durchdringen, Frankfurt am Main 2005.

18 Ulf Hannerz, »Notes on the Global Ecumene«, in: *Public Culture* 1 (1989), 2, S. 66–75.

drängt Grundig, das Internet inkludiert China in die weltweite Kommunikation, Module für den BA in Produktdesign können in Lund, Genua oder Tampere erworben werden, es gibt Läden für Worldmusic, Magazine für postkoloniale Literatur und das von der UNESCO in Obhut genommene immaterielle Kulturerbe. So schafft sich die Bourgeoisie eine Welt nach ihrem Bilde.

In dieser Welt herrscht der Trübsinn einer Akkumulation ohne Ziel und Ende. Die zivilisatorisch so folgenreiche Umwandlung von unberechenbaren Leidenschaften in kalkulierbare Interessen[19] hat im Kapitalismus zur Institutionalisierung eines vulgären Liberalismus geführt, dem nichts heilig und alles gefügig ist. Die Hauptsache ist, dass sich ein Geschäft damit machen lässt. Der gemeine hartnäckige Trieb des Einverleibens und Gleichmachens bringt freilich ein spezifisches Ressentiment gegen das Eigenständige und Eigensinnige mit sich. Die dem Kapitalismus Unterworfenen und Hörigen fürchten untergründig, dass die Götter das nicht mit sich machen lassen. Deshalb müssen gerade diejenigen, die sich in erhabener Indifferenz dem ökonomischen Motiv und dem investiven Zwang verweigern, stigmatisiert und exkludiert werden. Wer die

19 Albert Hirschman, Leidenschaften und Interessen. Politische Begründungen des Kapitalismus vor seinem Sieg, Frankfurt am Main 1980.

Spielregeln des Kapitalismus nicht akzeptiert, soll auch von den Annehmlichkeiten der uns allen auferlegten Gemeinheit nicht profitieren dürfen.

Marx kann aber nicht nur plausible Beschreibungen unserer gegenwärtigen Situation liefern, er kann auch Erklärungen für diese unvermeidlichen Prozesse anbieten. Es gibt einen Motor der Entgrenzung. Dahinter steckt nämlich das sich verselbständigende Kapital, das auf seiner Suche nach Selbstverwertung keinen Halt kennt. Weder territorial noch sozial oder temporal. Doch das Kapital glättet nicht nur den globalen Raum, es spaltet ihn gleichzeitig auch. Denn in dem Maße, wie die nationalen Volkswirtschaften weltweit voneinander abhängig werden und die Lebenszuschnitte der Menschen sich angleichen, zerbricht die ständisch gegliederte Gesellschaft in zwei große feindliche Lager und läuft die Geschichte auf einen letzten Kampf zu.

Das hängt mit dem immanenten Krisencharakter des Kapitalverhältnisses zusammen. Nach der Logik des Kapitals werden erstens die Arbeitskräfte mit der Zeit zu »bloßem Zubehör der Maschine«,[20] was den Anteil des fixen zuungunsten des variablen Kapitals immer weiter steigen lässt, und zweitens wird der ihnen vorenthaltene Mehrwert in einem stetig wachsenden Anlagekapital gespeichert,

20 Marx/Engels, Manifest, S. 31.

was ein sich verschärfendes Missverhältnis zwischen Warenangebot und Nachfragemitteln mit sich bringt. Beides zusammengenommen, der »tendenzielle Fall der Profitrate« und die zunehmende Unterkonsumption, bringen das System langfristig, nämlich dann, wenn die Globalisierung die Vermarktlichung der Weltgesellschaft vollendet hat, zum Platzen. Davor retten auch keine Inseln der Produktivität. Denn gerade wegen der unaufhörlichen Steigerung der Produktivität können die Produktivkräfte gesellschaftlich nicht sinnvoll genutzt werden. Nach dem Wesensgesetz des Kapitals regelt sich die Produktion nach Verwertbarkeit und Absetzbarkeit und nicht nach den Bedürfnissen der arbeitenden Bevölkerung, die mit den Produkten ihrer Arbeit befriedigt werden könnten. Im Gegenteil, die Beschäftigung ist weltweit infolge der konkurrenzgetriebenen Rationalisierung rückläufig, was einen Spalt zwischen diejenigen treibt, die sich der weiteren Steigerung der Produktivität widmen, und diejenigen, die als »überschüssige Bevölkerung« ausrangiert werden.[21] Irgendwann vermögen auch keine Kriege oder Inflationen mehr das Kapital periodisch zu vernichten. Dann führen die Schwächen der Kapitalrenditen und die »Epidemien der Überproduktion« zu ei-

21 Heinz Bude/Andreas Willisch (Hg.), Das Problem der Exklusion. Ausgegrenzte, Entbehrliche, Überflüssige, Hamburg 2006.

nem »bald versteckten, bald offenen Kampf«[22] zwischen den profitierenden Kapitalisten und den ausgebeuteten Arbeitern, der entweder mit der revolutionären Umgestaltung der ganzen Gesellschaft oder mit dem gemeinsamen Untergang der kämpfenden Klassen endet. Am Ende heißt es »Sozialismus oder Barbarei«.

Wenn man die Dinge so sieht, lautet die Antwort auf die Frage »Wie weiter mit Marx?«: Rückkehr zu Marx. Zu dem Marx, der begriffen hat, wie das verheerende Wirken des Kapitals den Gang der Geschichte auf die Spitze einer letzten Entscheidung treibt.

Indes, dass in mittlerer Sicht eine revolutionäre Situation entsteht, kann man sich heute nicht vorstellen. Es wäre ein wirklichkeitsblinder Sektenglaube, wollte man das Ausbrechen einer Revolution nach dem Muster einer endzeitlichen Entscheidung erwarten. Noch immer bieten sich dem vagabundierenden Anlagekapital genug profitable Anlagechancen, noch ist der Weltmarkt bei weitem nicht ausgeschöpft, noch sind die Staaten als intervenierende Akteure dämpfend, regulierend und stimulierend tätig. Trotzdem trifft sich die Marxsche Krisendiagnose mit herrschenden Ängsten in der Gegenwartsgesellschaft.

Das Klassentheorem lässt sich mit unerwarteten Verwerfungen in der Sozialstruktur in Verbindung bringen, die einstmals privi-

22 Marx/Engels, Manifest, S. 30.

legierte oder protegierte oder nur saturierte Gruppen abrutschen lässt oder doch mit Deklassierung bedrohen. Neue Gewinnchancen bringen andere Statusgruppen mit ihren Siegesgewissheiten und Zukunftserwartungen nach vorne und verweisen wieder andere, die sich bisher zu den Stützen der Gesellschaft zählten, auf zweite und dritte Plätze. Die gefallenen Engel der »New Economy« können davon ein Lied singen, genauso wie die mittleren Karrieren in den staatlichen Verwaltungen, die sich mit einem rapiden Wechsel in den Managementauffassungen des öffentlichen Sektors konfrontiert sehen. Man ist deshalb geneigt, den Satz zu unterschreiben, dass die fortwährende Umwälzung der Produktion, die ununterbrochene Erschütterung aller gesellschaftlichen Zustände und eine ewige Unsicherheit und Bewegung unsere Epoche auszeichne. Zu der Angst, der oder die nächste Verlierer/in im Kampf um sozialen Abstieg zu sein, liest man bei Marx,[23] dass die bisherigen kleinen Mittelstände, also die mittelständischen Unternehmer, Kaufleute und Rentner, so wie die Bauern und Handwerker über lang oder kurz ins Proletariat hinabfallen, teils dadurch, dass ihr kleines Kapital für die Konkurrenz mit den großen Blockbustern nicht ausreicht, teils dadurch, dass ihre Geschicklichkeit und ihre Kompetenz von neuen Pro-

23 Ebenda, S. 32.

duktionsweisen und Organistionslogiken entwertet wird. Wer ist sich heute schon sicher, dass einem das nicht passieren kann?

Auch das Überproduktionstheorem fällt heute auf fruchtbaren Boden. Die viel beschworene Globalisierung bringt nämlich den beängstigenden Widerspruch mit sich, dass man als Konsument von der unglaublichen Ausweitung des Warenangebots und der verschärften Preiskonkurrenz zwischen den Anbietern aus aller Herren Länder ungemein profitiert, der Produzent für die Arbeit jedoch ebenfalls globale Preise fürchten muss. Und man fragt sich natürlich, wohin das alles führen soll. Auf welchem Lohnniveau wird sich die Industriearbeit einpendeln, auf welchem die Netzarbeit, was bekommen deutsche Ingenieure, wenn es genauso gute aus Tschechien, aus Korea oder Mosambik gibt? Dass die hungrigen Füchse aus den Schwellenländern diese Entwicklungen positiver beurteilen als die satten Löwen bei uns, versteht sich von selbst. Aber die Angst, dass alles den Bach runtergeht, weil der Kapitalismus ein Zuviel an Waren, an Wünschen und Welten erzeugt, kann sich durchaus auf Marx und seine eschatologische Krisenauffassung beziehen.

Es ist aber insgesamt eine Evidenz ohne Hoffnung. Wer heute mit Marx seiner Empörung und seinem Unbehagen Ausdruck verleiht, operiert mit einem halbierten Marx. Nämlich mit einem Marx der Krisendiagnose, die bei diesem deshalb so unmissverständlich ausfällt, weil er von der transitorischen Bedeutung der »Bourgeois-Epoche« absolut überzeugt war. Es muss alles so kommen, an die Stelle der mit religiösen und politischen Illusionen verhüllten Knechtung tritt die offene, unverschämte, direkte und dürre Ausbeutung,[24] damit der Platz für den Auftritt des Proletariats geschaffen wird, dem die kommende Epoche der Geschichte gehört. Wenn allerdings keine »große Alternative« mehr vorstellbar ist, wenn man einsehen muss – wie das Beispiel der Pensionsfonds, die mit dem Rentenvermögen der Arbeiterklasse operieren, schlagend vor Augen führt –, dass die Opfer des Kapitalismus immer auch gleichzeitig seine Nutznießer sind, dann fällt man mit Marx in das unglückliche Bewusstsein eines Wissens ohne Praxis und einer Einsicht ohne Relevanz.

Die unangemessene Erweiterung

Marx spricht freilich aus bestimmten Gründen nicht von Kapitalismus, sondern von der bürgerlichen Gesellschaft oder von der Epoche der Bourgeoisie. Sein Gegenstand ist das Kapital mit seiner widersprüchlichen Logik,

24 Ebenda, S. 26.

nicht der Kapitalismus mit seiner irrationalen Rationalität. »Das Kapital«, um bei den Formulierungen aus dem »Kommunistischen Manifest« zu bleiben, »ist ein gemeinschaftliches Produkt und kann nur durch eine gemeinsame Tätigkeit vieler Mitglieder, ja in letzter Instanz nur durch die gemeinsame Tätigkeit aller Mitglieder der Gesellschaft in Bewegung gesetzt werden.«[25] Das »Kapital« ist also der große Singular, der die gemeinsame Tätigkeit aller Mitglieder der Gesellschaft einbezieht, aber nach einer Logik des Wesens sich unterwirft. Gesellschaftliche Realisierungsbedingungen, kollektive Gegeninstanzen und pfadabhängige Ausgestaltungen sind demgegenüber unwesentlich und dienen nur der Entfaltung seiner unaufhaltsamen Negativität.[26]

Der Begriff des Kapitals steht im Zentrum von Marx' Systementwurf. Nach dem Vorbild Hegels wird in der Form des Systems das Ganze auf ein Wesen oder Prinzip zurückgeführt, das sich in den einzelnen Momenten oder Ebenen reflektiert. Systemdenker versprechen die Lösung des Rätsels, weshalb die Differenziertheit im Einzelnen die Abhängigkeit vom Allgemeinen mit sich bringt. Was als isoliert erscheint, wird als notwendiges Mo-

25 Ebenda, S. 39.

26 Vgl. Karl Marx, »Ökonomisch-philosophische Manuskripte« (1844), in: MEW, Ergänzungsband 1, Berlin 1968, S. 465–588, S. 587.

ment in der Bewegung des Ganzen aufgewiesen. So handelt es sich bei der Theorie des Kapitals nicht bloß um eine Systematik der verschiedenen Aspekte des Wirtschaftens unter den Bedingungen eines relativ autonomen Wirtschaftssystems, sondern um die gedankliche Entfaltung eines in sich schlüssigen Zusammenhangs, der die Begriffe der Produktion und des Tausches, der Ware und des Wertes, des Geldes und des monetären Zeichens als notwendige Bestandteile eines widersprüchlichen und zu seiner Selbstauflösung treibenden Systems erfasst.

Das unglückliche Bewusstsein, das sich Aufschluss darüber erhofft, wieso immer alles weitergeht, wo doch das Ganze dem Untergang geweiht ist, muss sich von Marx enttäuscht sehen. Marx fragt nicht danach, was die Gesellschaft trotzdem noch zusammenhält, sondern, an welchem grundlegenden Widerspruch sie unausweichlich zugrunde geht. Der Übergang vom Kapital zum Kapitalismus, von der Logik des Widerspruchs zur Teilhabe an einer rationalen Irrationalität bezeichnet das Problem Max Webers. Diese Weberianische Problemfassung ist allerdings für den »westlichen Marxismus«, den man mit Denkpositionen von Lukács, Gramsci, Marcuse, Althusser, Poulantzas, vor allem aber von Adorno und Habermas in Verbindung bringt und, wie Richard Rorty abschätzig gesagt hat, für die daraus hervorgegangene »kulturelle

Linke« bestimmend geworden. In Abstoßung vom fatalen geschichtsphilosophischen Automatismus der klassischen Tradition ging es um die Erforschung der gesellschaftlichen Strukturen, die die irrationale Rationalität einer von Klassenkämpfen, Tauschverhältnissen und Kapitalakkumulationen beherrschten Gesellschaft verstehbar machen könnten. Es galt nicht, wie für Lenin, Luxemburg und die anderen, den Imperialismus und die historische Irregularität der russischen Revolution zu entschlüsseln, sondern den Faschismus und die Katastrophe einer Stillstellung oder Verblendung der Massen durch Einstimmung in ihre Selbstunterdrückung.

Konzepte wie die der »hegemonialen Kultur«, der »Kulturindustrie«, der »ideologischen Staatsapparate« oder der »Kolonisierung der Lebenswelt« sind dann konstitutiv für eine marxistische Gesellschaftsanalyse, die nicht bei einer politökonomischen Rekonstruktion einer Basis stehen bleibt, sondern in den analytischen Rahmen den notwendigen Schein von Ideologie, die sozialisatorische Zurichtung der Gesellschaftsmitglieder und die »repressive Entsublimierung« der Subjekte mit einbezieht.

Diese Erweiterung der Perspektive impliziert freilich genau genommen eine Verschiebung der Fragestellung. Aus der Marxschen Logik des Widerspruchs wird eine Webersche von Motivierung, Sozialisierung und Mobilisierung. Die Überbauproblematik rückt ins

Zentrum einer marxistischen Gesellschaftsanalyse, die die Formierung gefügiger, fungibler und affirmativer Subjektivitäten begreifen will. Und zwar nicht nur im Sinne der Repression eines gegenläufigen Willens, sondern in erster Linie im Sinne der Stimulation einer freudigen Beteiligung. Die Frage nach der spezifischen Rationalität der evidenten Irrationalität des Kapitalismus betrifft nicht den ökonomischen Kreislauf der Verwertung, sondern die soziologischen und sozialpsychologischen Prozesse der Vergesellschaftung. Der Ort der Widersprüche liegt dann nicht im Kapital-, sondern im Subjektverhältnis. An den Pathologien des »eindimensionalen Menschen«, am »Charakter des Verbauten«[27] der gesellschaftlichen Verhältnisse unter dem »Identitätszwang«, an den »Legitimationsproblemen des Spätkapitalismus« zeigen sich die Konflikte und Widersprüche, unter denen die Menschen im Kapitalismus leiden.

Um diesen Stil der Gesellschaftsanalyse zu verfeinern, muss Marx mit Freud und Lacan, mit Baudelaire und Beckett, mit Ferdinand de Saussure und George Herbert Mead aufgefüllt werden. Man lässt die Ökonomie auf sich beruhen und versucht sich in analytischer Sozialpsychologie, entwirft eine materialistische Sprachtheorie oder betreibt aufwendige und

27 Theodor W. Adorno, Einleitung in die Soziologie (1968), Frankfurt am Main 1993, S. 52.

ausgiebige Diskursanalysen, die sich der Ökonomie des Begehrens, der Zeichen, des Wissens oder der Aufmerksamkeit widmen. Aber was dann Ökonomie noch heißt, wie sich die Logik des Widerspruchs im Kapitalverhältnis in die Logik der Teilhabe im Subjektverhältnis vermittelt, bleibt im Unklaren. Durch eine folgenreiche Verschiebung der Fragestellung ist Marx zu einem Theoretiker der kapitalistischen Gesellschaft geworden. Man hat dem marxistischen Denken unter dem Einfluss von Weber seine Basis in der Ökonomie und seine Hoffnung auf die Geschichte genommen. Übrig geblieben ist eine Endlosanalyse der Gesellschaft, die aus vielen Widersprüchen besteht, nicht aber an dem einen zerbricht.

Ein für den »westlichen Marxismus« wesentliches Theoriestück, das die Teilhabe im Widerspruch erklären soll, ist die Analogiesetzung von Warenform und Gesellschaftsform. In der Ware selbst, so etwa Helmut Reichelt in seiner Adorno folgenden Analyse der logischen Struktur des Kapitalbegriffs, ist der ganze Kapitalismus angelegt.[28] Denn das Vergleichen des Unvergleichlichen unterwirft alles und jedes dem Identitätszwang. Nichts kann sich aus sich behaupten, es sei denn, es lässt sich darauf ein, beurteilt, einsortiert und

28 Helmut Reichelt, Zur logischen Struktur des Kapitalbegriffs bei Karl Marx, Frankfurt am Main/Wien 1970, S. 262.

festgestellt zu werden. So wird die Eifersucht aller gegen alle geschürt, die sämtliche Energien des Anders- und Selbstseins aufbraucht. Mit Kant lässt sich dann feststellen, dass der aus der Vergleichung gewonnene Preis der Ware über die unvergleichliche Würde des Einzelnen triumphiert.[29] Von da aus werden die aus dem Widerspruchstheorem von Gebrauchs- und Tauschwert abgeleiteten Analogieschlüsse genauso unbeherrsch- wie unübersehbar. Man bedient sich der Analogie zwischen Kapital und linguistischem Zeichen (Alfred Rossi-Landi), zwischen Kapital und Geist (Alfred Sohn-Rethel), Kapital und Unbewusstem (Gilles Deleuze und Félix Guattarri) und zuletzt zwischen Kapital und Prestige (Pierre Bourdieu). So verschieben sich bei einem weberianisierten Marx die Akzente von einer Logik einseitiger Ausbeutung zu einer der allseitigen Angleichung.

Richard Rorty kann seine Verachtung für diese Verwässerung eines Modells einer ebenso gnadenlosen wie siegesgewissen Kritik des gegenwärtigen Zeitalters kaum im Zaum halten: »Die Erben der Neuen Linken der sechziger Jahre haben in den Hochschulen eine kulturelle Linke geschaffen. Viele ihrer Vertreter spezialisieren sich auf eine sogenannte ›Politik der Differenz‹ oder der ›Identität‹ oder der

29 Immanuel Kant, Metaphysik der Sitten, Werkausgabe, Bd. VII, Frankfurt am Main 1996, S. 68.

›Anerkennung‹. Diese kulturelle Linke beschäftigt sich mehr mit dem Stigma als mit dem Geld, mehr mit tiefliegenden und verborgenen psychosexuellen Motiven als mit prosaischer und offensichtlicher Habsucht.«[30]

Eine solche Denunziation der kulturellen Linken insinuiert die Rückkehr zu einer wahren, eigentlichen und richtigen Linken, die sich die ursprünglichen Einsichten von Marx in die Ökonomie des Kapitalismus wieder zu eigen macht, welche die Gesetze des Geldes und die Motive der Habsucht ans Licht bringt. Links daran wäre eine Theorie des Krisen, Tendenzen und Bewegungsgesetze des Kapitalismus, der am Ende für die Miseren verantwortlich ist, die wir in den furiosen Zeiten einer »Neuen Ökonomie« vergessen zu haben schienen. Aber, so muss man dann fragen, stimmt das alles, was Marx über die Krisenhaftigkeit unseres Kapitalismus behauptet?

Der falsche Glaube

Obwohl die Proletarisierung der Massen und die Konfrontation der Klassen ausgeblieben ist, kann man sicherlich nicht sagen, dass Marx

30 Richard Rorty, Stolz auf unser Land. Die amerikanische Linke und der Patriotismus, Frankfurt am Main 1999, S. 75.

vollkommen unrecht hat. Nur handelt es sich gerade nicht um eine rein ökonomische, wertneutral wissenschaftliche und reflexiv offene Analyse der kapitalistischen Wirtschaftsweise und Gesellschaftsformation. Der Ansatzpunkt seiner Kritik der Politischen Ökonomie ist vielmehr ein parteiischer und moralischer. Nicht Funktion und Äquilibration sind die Kategorien der Marxschen Theorie, sondern Widerspruch, Konflikt und Spaltung. Es geht um die Suche nach einem objektiven Grund für die vielfältigen, unübersichtlichen und widersprüchlichen Formen der subjektiven Empörung in der Epoche der Bourgeoisie. Die Antwort darauf gibt die Arbeitswertlehre, die die Substanz von Ansprüchen an gesellschaftlicher Teilhabe in der durchschnittlichen Dauer der geleisteten Arbeit ausmacht. An der Verausgabung einer bestimmten Energie in der Arbeit bemisst sich, was dem Einzelnen, der als Repräsentant einer Kategorie gesellschaftlich in Erscheinung tritt, zusteht. Der Wert dieser Verausgabung ist im Prinzip unabhängig davon, welche im Preis sich ausdrückende Anerkennung ein durch diese Arbeit hergestelltes Produkt auf dem Markt erzielt. Auch wenn man etwas produziert, was die Leute nicht haben wollen, was ihnen also nichts wert ist, hat das seinen Wert aufgrund der Arbeit, die ein Produzent in die Produktion gesteckt hat. Wie sich gleichwohl in der Produktion erarbeitete Werte in auf dem Markt schwankenden Preisen niederschlagen, bezeichnet in der Marxschen Theorie das Transformationsproblem, an dessen Tücken Generationen von Marx-Exegeten gescheitert sind.

Marx greift bekanntlich das Problem Ricardos auf,[31] der Arbeit einerseits als »Grund« der Wertschöpfung und andererseits als »Maß« der Wertvergleichung fassen wollte. Die mit der Mehrwerttheorie gegebene Lösung des Rätsels von einseitiger Akkumulation trotz allseitiger Äquivalenz bestand in der Klärung des besonderen Warencharakters der Arbeit. Der Mehrwert resultiert daraus, dass der Kaufpreis der Arbeit, die Waren produziert, geringer ist als der Kaufpreis der produzierten Waren. Die Arbeit schöpft also mehr Wert, als in ihrer Bewertung zum Ausdruck kommt. Der Markt ist eine abhängige Funktion des Verwertungsprozesses und keine eigenständige Sphäre der Wertvergleichung und Wertbestimmung.

Die Grenznutzentheorie denkt genau andersherum: Sie macht den Wert einer Ware von der Marktakzeptanz abhängig, und zwar im Prinzip unabhängig von dem Aufwand, der zur Produktion dieses Produkts notwendig

31 Weshalb ihn Paul Samuelson, »The normative and positivistic inferioriy of Marx's values paradigm«, in: *Southern Economic Journal* 49 (1982), S. 1–18, in einer Würdigung aus Anlass des 100-jährigen Jubiläums des Erscheinens des »Kapitals« als einen »minor post-Ricardian« bezeichnete.

war. Dann lassen sich allerdings auch nicht auf der Basis von materieller Arbeit gesellschaftliche Teilhaberechte begründen. Der Wert des arbeiterlichen Engagements wird abhängig von der unternehmerischen Initiative, die ein Produkt als Ware auf einem Markt positioniert. Es ist dann einfach das Spiel von Angebot und Nachfrage, das sich im Preis reflektiert, der den Wert einer Ware ausmacht.

Marx will nicht akzeptieren, dass mit der Einwilligung des doppelt freien Lohnarbeiters, gegen Lohn Eigentum für andere zu produzieren, sich jede Berechtigung für Empörung erübrigt. Es ist doch nicht in Ordnung, dass diejenigen, die in ihrer Mehrheit die Werte einer Gesellschaft produzieren, auf die Verwendung des von ihnen geschaffenen Mehrwerts, den die Kapitalisten als legitimen Gewinn einstecken, keinen Einfluss mehr haben. Sie sozialisieren sich »naturwüchsig« in der Fabriksozialisation, werden aber am folgenreichen Ausdruck dieser durch den Produktionsprozess herbeigeführten Vergesellschaftung aufgrund der Privatisierung von Investitionsentscheidungen und Anlagestrategien systematisch gehindert. Es besteht mit den Worten von Claus Offe aus dem Jahre 1972 eine »institutionalisierte Nicht-Relevanz des mit der Kapitalakkumulation inkompatiblen konkreten Bedürfnisses oder, anders ausgedrückt: die Abwesenheit eines praktisch folgenreichen Begriffs von den konkreten gesellschaftlichen Folgen der Kapitalverwertung«.[32]

Einfluss kann wie bei Offe politische »Organisation und Planung«, aber auch gemäß den Imperativen gewerkschaftlicher Politik materielle Beteiligung oder symbolische Berücksichtigung heißen. In der Regel wollen die arbeitenden Massen alles drei: einen höheren Lohn, weil die unablässige Produktivitätssteigerung auf ihrem Rücken ausgetragen wird, einen Ausdruck ihrer Bedeutung, denn schließlich schaffen sie die Werte, von denen alle profitieren, und nicht zuletzt die politische Kontrolle der »verwilderten« Verwertung. Jedenfalls besteht eine Berechtigung, die Stimme zu erheben und den Anteil einzuklagen.

Marx denkt in Begriffen von Substanz, Identität und Idealität, um der Arbeiterklasse zum legitimen Ausdruck zu verhelfen. Vor diesem Hintergrund versteht sich sein moralischer Kommentar zum Kapitalismus: Die kapitalistische Wirtschaftsweise ist »inhuman«, »ungerecht« und »ineffizient«.[33] »Inhuman«, weil sie den Menschen seiner wesentlichen Kreativität beraubt. Dem sich in der Arbeit selbst verwirklichenden Menschen wird auf-

32 Claus Offe, »Spätkapitalismus«, in: ders., Strukturprobleme des kapitalistischen Staates, Frankfurt am Main 1972, S. 7–25, hier S. 15f.

33 Vgl. Jon Elster, Making Sense of Marx, Cambridge 1985, S. 513ff.

grund der Kapitallogik sein Produkt enteignet und dadurch wird er seiner selbst entfremdet. Es zählt nicht das individuelle Arbeitsvermögen, sondern allein die standardisierte Arbeitskraft. Die kapitalistische Produktionsweise verewigt die Verkehrung von Subjekt und Objekt, weil die gesamte Kreativität der Arbeit nur der Produktivität des Kapitals dient.

Das Andere der bürgerlichen Gesellschaft ist daher eine Gesellschaft allseitig kreativer Menschen, die sich ihre Zwecke selbst setzen und sich in ihren Produkten wiedererkennen. In Abstoßung von seiner Existenz als Ware für andere wird der Mensch ein Wesen für sich. So offenbart die Marxsche Kritik an den verkehrten Verhältnissen ein implizites Künstlerideal, das den Menschen auf die Arbeit und den Einzelnen auf seine Selbstverwirklichung festlegt.

Der Kommunismus ist dann der vollendete Individualismus, der das Prinzip einer transparenten Menschheit auf die Spitze treibt. Darin ist der Mensch ein absolut immanentes Wesen, das nichts anderes als sein Werk ist und in der werktätigen Gemeinschaft alles und jedes zu seinem Werk macht. Diese »monistische Sehnsucht«[34] überführt den Marxismus freilich eines identitären Humanismus, der aus der Weigerung eines Denkens ent-

34 Ernesto Laclau/Chantal Mouffe, Hegemonie und radikale Demokratie. Zur Dekonstruktion des Marxismus, Wien 1991, S. 34.

steht, einen anderen Ursprung als sich selbst zu haben.

Gegen diese humanistische »Ideologie« und zentristische »Metaphysik« des Marxismus haben untreue Denker wie Althusser oder Derrida die Überdetermination oder die Schrift gesetzt, um das Gespenstische der marxistischen Hoffnung auf eine erfüllte Gegenwart denkbar zu machen. Demnach gibt es kein inneres Prinzip, das für die Erzeugung des konstitutiven Widerspruchs wie für dessen Aufhebung in einer höheren Einheit verantwortlich wäre. Im Gegenzug zum humanistischen Einheitsdenken, das sich im Vorwurf der Inhumanität der kapitalistischen Welt verbirgt, ist aus dem westlichen Marxismus ein Denken der revolutionären Kontingenz entstanden, die nicht Resultat einer logischen Kumulation, sondern Effekt einer vielfältigen Aufsprengung der gesellschaftlichen Verhältnisse ist. »Die einsame Stunde der ›letzten Instanz‹ schlägt nie«, schreibt Althusser, »weder im ersten noch im letzten Augenblick.«[35] Zu denken ist vielmehr ein anderer Begriff der Kollektivität, der nicht auf das Gespenst einer anderen Klasse fixiert ist, sondern das Versprechen einer neuen und anderen Welt beglaubigt.

Wenn der Vorwurf der Inhumanität sich als der »scheinbar gesunde Ursprung des unge-

35 Louis Althusser, Für Marx, Frankfurt am Main 1968, S. 81.

sündesten Totalitarismus«[36] entpuppt, so kann man sich doch wenigstens an dem der Ungerechtigkeit der Verhältnisse festhalten. Als »ungerecht« erscheint die kapitalistische Wirtschaftsweise, weil sie eine Verteilung nach falschen Kriterien vornimmt. Diejenigen, die in der unmittelbaren Produktion tätig sind, bekommen am wenigsten; die mittelbar Produktiven in Zirkulation und Verwaltung schon mehr; und die ganz und gar Unproduktiven, die sich um Produktentwicklung und Markterschließung kümmern, am meisten. In dieser Denkweise verbirgt sich das Ideal einer hierarchisch geordneten Teilhabe auf laboristischer Grundlage. Die Staffelung der Produktionsfunktionen soll eine Prioritätenlistung der Anrechte ergeben. Die Arbeiter an der produktiven Basis sollen gezielt bevorzugt und die Agenten des zierenden Überbaus dürfen getrost vernachlässigt werden.

So stellt sich das Andere des Kapitalismus als eine Pyramide der Gerechtigkeit dar, wo die Ausgebeuteten über ihre Ausbeuter herrschen. Diese einfache Umkehrung der Werte bedeutet aber gerade nicht eine Durchmischung der Funktionen, Vervielfältigung der Bezüge und eine Lockerung der Fixierungen. Statt der Schönheit der Komplexität wird der

36 So die Formulierung des »heiligen« Maurice Blanchot, Die uneingestehbare Gemeinschaft, Berlin 2007, S. 11 (französisch 1983).

Moral der Übersichtlichkeit der Vorzug gegeben. Die kommunistische Gerechtigkeit verwandelt die Ausgebeuteten und Entrechteten in privilegierte Akteure, die die Geschichte der Menschheit auf ihrer Seite haben. Schnell wird daraus eine Lizenz für die Rache des Volkes, die so lange nicht ermüdet wie noch Spuren der verhassten Bourgeoisie auszumachen sind. Nicht »komplexe Gleichheit« (Michael Walzer), sondern gerechte Ungleichheit ist der Maßstab einer kommunistischen Einrichtung der Welt.

Das kapitalistische Produktionsverhältnis ist freilich nicht nur »inhuman« und »ungerecht«, sondern zudem noch »ineffizient«. »Ineffizient«, weil es nicht möglich macht, was es möglich machen könnte. Und zwar nicht nur im Sinne der Erweiterung von Möglichkeiten (dass sich aus der fortschreitenden Intensivierung der Produktion eine Reduktion der Arbeitszeit für die arbeitende Bevölkerung ergeben könnte), sondern auch im Sinne der Einschränkung von Möglichkeiten (dass der intelligente Einsatz von Technologien eine schonende Verwendung der nicht erneuerbaren ökologischen Ressourcen ermöglichen könnte). Vor allem jedoch betrifft die kapitalistische Ineffizienz das Massenphänomen der Armut. Zwar sind die ganz wenigen Länder, in denen Armut mehr oder weniger unbekannt sind, sämtlich kapitalistischer Art, aber gleichzeitig ist in der kapitalistischen Wirtschaftsweise eine prinzipielle Sperre eingebaut, die sie daran hindert, der aufgrund der hochgefahrenen Produktivität möglichen Überwindung der Armut im Weltmaßstab näher zu kommen.

Kommunismus bedeutet dann eine Welt ohne Armut mit viel freier Zeit und pfleglichem Umgang mit der Natur. Es ist das Ideal einer völlig ausgeschöpften Lebensweise, bei der nichts vergeudet wird, aber auch nichts überbordet. Sosehr es einleuchtet, das Verwirklichte am Verwirklichbaren zu messen, so wenig anziehend wirkt die Vorstellung einer Welt vollkommener ökologischer, ökonomischer und sozialer Effizienz. Von der bloßen Lust am Tausch ohne den Zwang zum Gewinn jedenfalls, worin man bis heute das schillernde Ideal einer sozialen Ökonomie sieht,[37] ist keine Spur.

Es ist also ein Unterschied zu machen zwischen einer moralischen Artikulation, die die funktionale Subordination der Arbeiterklasse in Frage stellt, und einer rationalen Totalisierung, die eine Gesellschaft vorstellt, die den Arbeiter in seine richtige Position bringt. Im ersten Fall geht es um die Freilassung einer gesellschaftlich zugerichteten Subjektivität in

37 Etwa der von nicht westlichen Formen des Wirtschaftens begeisterte Serge Latouche, Die Unvernunft der ökonomischen Vernunft, Zürich/Berlin 2004.

die geschichtliche Offenheit, im zweiten um das Beharren auf einer rechtmäßigen Substanz.

Falsch ist der Glaube an eine Kritik der Politischen Ökonomie, die im Gegenzug die Gesellschaft konstruiert, in der die Arbeiterklasse die ihr zustehende Macht übernimmt. Sie tut dies im Pathos der Gleichheit, welche die im Kapitalverhältnis zementierte Ungleichheit der Lüge überführen will. Sie handelt sich damit aber eine bestimmte Ideologie der Egalität ein, die sich gegen eine Welt von Differenzen und Dissonanzen aufwirft. Die Entwicklung des Sozialismus in seiner realhistorischen Gestalt hat das Entstehen einer Politik des Ressentiments auf Basis einer solchen Ideologie der Egalität vor Augen geführt, die genau die Freiheit verurteilt, die man heimlich begehrt. »Staatskapitalismus« als der richtige Sozialismus mit sozialistischem Leistungswettbewerb und humanistischem Arbeitszwang. Es gibt offenbar eine egalitaristische Moral der Ohnmacht, die von Hass, Neid und Feindseligkeit geprägt ist. Sie begründet einen Terror der Gleichheit, der nicht dulden kann, dass Einzelne sich herausheben und ihre Sache machen. Die Geschichte des Sozialismus handelt vom bösen Blick der Gleichheit, der alle Projekte der Freiheit zunichte gemacht hat.

Die notwendige Treue

Ist Marx überhaupt ein Denker der Gleichheit? Jenseits des »Reichs der Notwendigkeit« soll doch das »Reich der Freiheit« liegen. Marx gibt sich über den Zusammenhang dieser beiden »Reiche« an der berühmten Stelle aus dem dritten Band des »Kapitals« durchaus realistisch: Der »Stoffwechsel mit der Natur«, der den Menschen als Naturwesen bestimmt, bleibt immer ein »Reich der Notwendigkeit«. »Jenseits desselben beginnt die menschliche Kraftentwicklung, die sich als Selbstzweck gilt, das wahre Reich der Freiheit, das aber nur auf jenem Reich der Notwendigkeit als seiner Basis aufblühen kann. Die Verkürzung des Arbeitstags ist die Grundbedingung.«[38] Aber das Ziel und die Voraussetzung der Selbstzweckwerdung des Menschen ist die ungeahnte Freiheit und nicht die hochgerechnete Gleichheit. Es fragt sich nur, wo und wie sich das »wahre Reich der Freiheit« zeigt.

Von Marx aus stellt sich die Frage einer Konkurrenz von Freiheit und Gleichheit gar nicht. Die Gleichheit ist ein diagnostisches Prinzip, das der Identifizierung der strukturellen Ungleichheit von »Kapital« und »Arbeit« im Kapitalverhältnis dient, aber sie ist kein ontologisches Prinzip für die Ordnung der Ge-

38 Karl Marx, Das Kapital, Bd. 3, in: MEW, Bd. 25, Berlin 1964, S. 828.

sellschaft. Das ist die Freiheit, die die Gleichheit überhaupt erst möglich macht.

Das ist deshalb so schwierig zu verstehen, weil der Marxsche Freiheitsbegriff nicht auf einzelne Personen, sondern auf die Freiheit einer Welt bezogen ist. Freiheit liegt für Marx jenseits der von Isaiah Berlin gemachten Unterscheidung von »Freiheit von etwas« (von den äußeren Zwängen des Staates oder von den inneren meiner Begierden und Ängste) und »Freiheit zu etwas«, die die Freiheit einer Selbstverpflichtung meint.[39] Marx spricht von Freiheit als einem ontologischen und nicht mehr nur persönlichen Prinzip, wenn es um den »Sprung« in eine andere Welt geht. Erst dann kann Freiheit als zugleich begründete wie begründende Erfahrung gedacht werden. Sie berührt das Absolute, bei dem kein Ding unmöglich ist.

Dieser absolute Freiheitsbegriff läuft bei Marx unter dem Begriff der Revolution. Der revolutionäre Sprung bestreitet die Endgültigkeit des Bestehenden und zielt auf die Umstülpung der Welt, so wie sie ist. Sie bringt das

39 Isaiah Berlin, »Zwei Freiheitsbegriffe«, in: ders., Freiheit. Vier Versuche, Frankfurt am Main 1995, S. 197–256 (englisch 1969), wobei man konzidieren muss, dass Berlins »positiver Freiheitsbegriff« so weit weg vom Marxschen Freiheitsbegriff, der diesen im Übrigen zeitlebens beschäftigt hat, nicht entfernt ist.

Mögliche gegen das Wirkliche in Anschlag, aber nicht nur in Gedanken, sondern in Worten und Taten.

Hierin folgt Marx dem neuen Revolutionsbegriff der Französischen Revolution mit seinen drei Elementen. Seit dem Bastillesturm am 14. Juli 1789 bedeutet »Revolution« erstens eine regenerative Staatsumwälzung, welche das System der politischen Repräsentation umwirft; sie vollzieht sich zweitens als gewalttätiger Ausdruck des souveränen Volkes, das sich in diesem Akt als Ursprung aller legitimen Gewalt setzt; und sie markiert drittens den Beginn einer in Gedanken erfassten neuen Ära, die ein bisher unbekanntes Kapitel der Geschichte aufschlägt.[40]

Nur wenn man beides zusammen sieht, die Mehrwerttheorie und die Revolutionstheorie, wird das spezifische Denkmodell von Marx deutlich. Marx begreift aus der Logik des Kapitals das unrettbare Verlorensein der Epoche der Bourgeoisie und aus der Logik der Revolution den rettenden Sprung aus dem geschlossenen Kreis der Kapitalverwertung. Die Kritik der Politischen Ökonomie belegt den

40 Siehe dazu nach wie vor Karl Griewank, Der neuzeitliche Revolutionsbegriff, Hamburg 1992 (zuerst 1954), S. 187ff., der die Antwort des Grafen Liancourt auf eine Frage von Ludwig XVI. in der Nacht nach dem 14. Juli 1789 zitiert: »C'est une révolte« – »Non, Sire, c'est une révolution.« (S. 189)

notwendigen Untergang eines herrschenden Kollektivzusammenhangs und die Einsicht in den dynamischen Charakter der menschlichen Geschichte den möglichen Aufgang eines neuen und anderen Kollektivverständnisses. In einem präzisen Sinne ist Marx daher kein Gesellschaftstheoretiker, sondern ein Geschichtsphilosoph. Seine Frage ist nicht, wie die Menschen in eine bestimmte Gesellschaft gezwungen werden, sondern auf welcher Grundlage und mit welchem Recht sie von ihr los- und zu sich selbst kommen. Es ist, mit Bruno Latour gesprochen, die Frage der Kollektivität, nicht die der Gesellschaftlichkeit,[41] die Marx beschäftigt.

Die Revolution ruft ein »Wir« auf, das die Wahl hat und aufs Ganze geht. Die revolutionäre Frage lautet demgemäß: »Wie wollen wir leben?«

Das »Wir« allerdings ist gespalten in »Freie und Sklaven, Patrizier und Plebejer, Barone

41 Für Bruno Latour beruht diese Unterscheidung auf der Frage, ob man die Dezentriertheit der Gesellschaft achselzuckend hinnimmt oder ob man mit der Vorstellung eines Kollektivs die Existenz von Mittlern verbindet, die durch Übersetzungen und Verschiebungen, durch Umdefinitionen und Umfunktionierungen, durch Abweichung und Verrat eine Mitte des gemeinsamen Lebenszusammenhangs herstellen können. (Wir sind nie modern gewesen. Versuch einer symmetrischen Anthropologie, Berlin 1995, S. 111ff.)

und Leibeigene, Zunftbürger und Gesell, kurz, Unterdrücker und Unterdrückte«.[42] Es gibt keinen Weg des rationalen Ausgleichs – weder »aggregativ« durch Verfahren der Aushandlung von Interessen noch »deliberativ« auf dem Wege freier öffentlicher Diskussion. Die Geschichte des Hegemoniebegriffs von Rosa Luxemburg über Antonio Gramsci bis hin zu Ernesto Laclau und Chantal Mouffe bezeugt den für ein von Marx herkommendes Denken konstitutiven und irreduziblen Charakter des revolutionären Antagonismus. Hegemonie ist ein strategischer Begriff, nur lässt sich nicht vorweg bestimmen, wer sich in einer konkreten Situation wie gegenübersteht. Es gibt keinen Akteur jenseits der Situation und keine Intervention von außerhalb des Spiels. Das revolutionäre »Wir« behauptet sich in einem konstitutiven Akt, ohne sich vorweg als »Wir« erkennen zu können.

Und der »Wille« dieses »Wirs« versperrt sich dem reinen Wissen. Der revolutionäre »Wille« ist immer auf einen besonderen Kontext bezogen, von dem er seine Richtung und seine Stärke gewinnt. Dieser Kontext ist uneinholbar durch ein Wissen, das immer schon weiß, was Sache ist. Zumal die Re-Politisierung immer durch eine Phase der Ent-Politisierung hindurchgeht. Dabei ist das »Unentscheid-

42 Marx/Engels, Manifest, S. 23.

bare«, wie Derrida unterstreicht,[43] nie das Gegenteil der Entscheidung, sondern die Bedingung einer Entscheidung, die sich nicht aus einem Wissen ableiten lässt. Daher ist der revolutionäre »Wille« nicht im Allgemeinen zentriert, er ist vielmehr von Verirrungen bedroht und auf Umwege angewiesen.

Schließlich gibt es kein »Leben« ohne Brüche. Die Zeitlichkeit der Existenz produziert abgründige Ungleichzeitigkeiten im Miteinander (»Generationen«) und imaginäre Gleichstimmigkeiten im Gegeneinander (»Nationen«). Wo die Einheit über die Vielfalt und wie die Vielfalt über die Einheit dominiert, ist unklar. Das »Leben« lebt sich nicht nach einem generellen Zuschnitt – und trotzdem kann es nicht auf die Idee eines gerechten Anteils verzichten. Anteil jedoch wovon, wenn das Ganze nicht vorstellbar ist? Wer erwirbt sich wie welche Anrechte? Und welchen Anteil haben die Anteillosen?

In unseren modernen Gesellschaften gibt es Teile, die Fürsprecher haben und die man zu Partnern machen muss, und solche, die nichts repräsentieren und zu nichts nutze sind. Diese »Überflüssigen«[44] sind keine Ge-

43 Jacques Derrida, Marx & Sons, Frankfurt am Main 2004, S. 63.

44 Heinz Bude/Andreas Willisch (Hg.), Exklusion. Die Debatte über die »Überflüssigen«, Frankfurt am Main 2008.

winner und keine Verlierer, sondern sie stellen das Spiel insgesamt in Frage, weil sie das Unmessbare in die Bestimmung des Maßes einführen. Der Althusser-Schüler Jacques Rancière lässt die Politik dort beginnen, wo man aufhört, Gewinne und Verluste auszugleichen, und sich stattdessen damit beschäftigt, die Anteile am Gemeinsamen zu verteilen, und offenbart damit die revolutionäre Rhetorik eines emphatischen Begriffs von Politik.[45] Es lässt sich in Zeiten der Revolution kein rationales Schema der Umverteilung begründen, aber eine Gerechtigkeit der anderen Art zum Ausdruck bringen.

Für Marx ist die Freiheit zur Negation der Grund der Geschichte. In der Revolution wird nicht eine Gesellschaft neu geordnet, es zeigt sich vielmehr die Wahl eines Kollektivs. Was zeigt sich da? »Im Feuer der Offenbarung«, schreibt Jakob Taubes 1947 über den abendländischen Apokalyptiker Karl Marx, »ist die Stimme Gottes hörbar, aber kein Gott sichtbar.«[46] Die Revolution bringt nicht die Sichtbarkeit einer neuen Gesellschaft, sondern die Hörbarkeit eines anderen Seins.

Wie dieses andere Sein hörbar wird, welche Idee von Zugehörigkeit es verspricht, darüber

45 Jacques Rancière, Das Unvernehmen. Politik und Philosophie, Frankfurt am Main 2002, S. 18.

46 Jakob Taubes, Abendländische Eschatologie, Bern 1947, S. 7.

streiten sich Ideen radikaler Politik. Die von Hardt und Negri beispielsweise vertretene »postpolitische« Vision des Nomadismus spielt mit der Vorstellung einer zentrumslosen Souveränität in der verstreuten Masse, die von Chantal Mouffe propagierte Strategie bindender Allianzen hofft auf eine »Pluralisierung« von Hegemonie. Ob die Revolution heute als »Exodus« oder als »Stellungskrieg«[47] gedacht werden kann, was Freiheit ist, steht in Frage.

Marx' Gespenster, so Jacques Derrida,[48] geben keine Ruhe. Sie flüstern uns verführerisch, gebieterisch und gefährlich zu: »Proletarier aller Länder vereinigt Euch!«

47 Chantal Mouffe, Exodus und Stellungskrieg. Die Zukunft radikaler Politik, Wien 2005.

48 Jacques Derrida, Marx' Gespenster. Der verschuldete Staat, die Trauerarbeit und die neue Internationale, Frankfurt am Main 1995.

Heinz Bude, Prof. Dr. phil., studierte Soziologie, Philosophie und Psychologie an der Universitäten Tübingen und Berlin.

Von 1978 bis 1983 arbeitete er als wissenschaftlicher Mitarbeiter am Psychologischen Institut der FU Berlin, danach als Projektmitarbeiter sowie Habilitationsstipendiat der Deutschen Forschungsgemeinschaft. Mitarbeiter im Hamburger Institut für Sozialforschung seit 1992 und dort seit 1997 Leiter des Arbeitsbereichs »Die Gesellschaft der Bundesrepublik«. Inhaber des Lehrstuhls für Makrosoziologie an der Universität Kassel seit 2000.

Forschungsschwerpunkte:
Generations-, Exklusions- und Unternehmerforschung.

Ausgewählte Veröffentlichungen:
»Die Ausgeschlossenen. Das Ende vom Traum einer gerechten Gesellschaft«, München 2008; zus. mit Andreas Willisch (Hg.), »Exklusion. Die Debatten über die ›Überflüssigen‹«, Frankfurt am Main 2008; zus. mit Andreas Willisch (Hg.), »Das Problem der Exklusion. Ausgegrenzte, Entbehrliche, Überflüssige«, Hamburg 2006; »Zumutungen und Anrechte. Zur Aktualität einiger Motive des Subsidiaritätsgedankens«, in: *Mittelweg 36*, 15. Jg. (2006), Heft 5; S. 26–40; »Gläubig – Ungläubig«, in: Stephan Lessenich/Frank Nullmeier (Hg.), Deutschland – eine gespaltene Gesellschaft, Frankfurt am Main u.a. 2006, S. 295–312.

Karl Marx, geboren am 5. Mai 1818 in Trier, Philosoph und Nationalökonom, studierte ab 1835 zunächst Rechtswissenschaften, später vorwiegend Philosophie.

Unter dem Einfluss von Feuerbachs anthropologischem Materialismus wandte er sich von Hegels idealistischer Philosophie ab und entwickelte seine Auffassung des historischen Materialismus. 1843 ging er nach Paris, wo auch die Zusammenarbeit mit Friedrich Engels begann. Nach der Ausweisung aus Frankreich siedelte Marx 1845 nach Brüssel über. 1848 erschien das »Kommunistische Manifest« im Auftrag des »Bundes der Kommunisten«. Im selben Jahr wurde er aus Belgien ausgewiesen, lebte für kurze Zeit in Köln und seit 1849 bis zu seinem Tod am 14. März 1883 in London.

In den letzten Lebensjahren fand Marx seine Anerkennung als führender Vertreter des wissenschaftlichen Sozialismus bzw. Kommunismus. Zusammen mit Friedrich Engels gilt er als Begründer des Marxismus.

Hamburger Institut für Sozialforschung (Hg.)
»Wie weiter mit …?«

www.Hamburger-Edition.de
Gestaltung: Jan Enns/Wilfried Gandras
Foto: ullstein bild – Granger Collection
Satz: Dörlemann Satz, Lemförde
Druck und Bindung: Langebartels Druck, Hamburg
Printed in Germany
ISBN 978-3-936096-97-2 (8 Bände)

Wie weiter mit

Theodor W. Adorno
Hannah Arendt
Émile Durkheim
Michel Foucault?
Sigmund Freud
Niklas Luhmann
Karl Marx
Max Weber

Hamburger Edition

Wie weiter mit ...? In dieser Frage scheint ein Problem oder zumindest eine Sorge anzuklingen. Kann es mit Freud, mit Adorno, mit Luhmann, mit Foucault und mit all den andern intellektuellen *heros* des vergangenen Jahrhunderts noch »weitergehen«? Können wir uns noch auf ihre längst ausgelesenen Bücher und ihre alten Theorien beziehen – Stoff für Proseminare und Zwischenprüfungen, aber doch nicht für intellektuelle Projekte der Gegenwart? In einer Welt mit technischen und medialen Möglichkeiten, aber auch mit politischen Konstellationen und Problemen, von denen unsere Helden noch nichts wissen konnten?

Ich soll in diesem Prozess das Urteil zu Foucault fällen – oder eher als sein Anwalt auftreten? Sagen wir, ich übernehme das Amt des Pflichtverteidigers, dem sein Mandant durchaus sympathisch wurde. Was also wäre zu seiner Verteidigung zu sagen? Zuerst vielleicht, dass Foucault – zusammen übrigens mit Luhmann als den beiden Jüngsten unserer in Frage gestellten Helden – trotz seines frühen Todes 1984 einige Vorteile der späten Geburt im Jahr 1926 auf seiner Seite hat. Er erlebte noch die erste islamische Revolution, 1978/79 in Teheran als Berichterstatter für den *Corriere de la Sera*; er sah in Polen mit eigenen Augen, wie die Solidarność die ersten tiefen Risse ins Fundament des real existierenden Sozialismus trieb – und er konnte 1983 einen Interviewer noch (ironisch?) fragen: »Was heißt Postmoderne?«, um anzufügen: »Ich bin nicht auf dem Laufenden.«[1] Foucault lebte bis an die Grenze jener Umbrüche, die unsere Welt von der vergangenen des 20. Jahrhunderts trennt. Bloß fünf Jahre vor dem Fall der Mauer starb er – nicht etwa wie Roland Barthes unter einem Auto, dem Befreiungsversprechen der 1950er Jahre, sondern an jenem Virus, welches das paradoxe, tatsächlich postmoderne Ende der sogenannten Sexuellen Revolution bedeutete, *deren* Befreiungsversprechen Foucault ebenso mit einem sardonischen Lachen quittierte, wie er selbst seine Befreiung als Homosexueller aus den allerschlimmsten gesellschaftlichen Zwän-

1 Michel Foucault, »Strukturalismus und Poststrukturalismus«, in: ders., Schriften in vier Bänden. Dits et Ecrits, Band IV: 1980–88, hrsg. von Daniel Defert und François Ewald unter Mitarbeit von Jacques Lagrange, Frankfurt am Main 2005, S. 521–555, S. 541.

gen dieser Revolution verdankte[2]: Er starb an Aids, das zumindest für eine Zeit lang wie ein weiterer tiefer Einschnitt wirkte, der die heutige Zeit von jener der glücklichen 1960er Jahre entfernte.

Menschen erheben sich

Andere Züge, die deutlich werden, wenn man näher an Foucault herantritt, haben nicht so direkt mit seinen Lebensdaten zu tun. Im Vergleich mit anderen Intellektuellen des 20. Jahrhunderts war Foucault zumindest in einer kurzen Phase von 1970 bis etwa 1976 erstaunlich militant, schien sehr viel Zeit zu haben, um politische Basisarbeit für Strafgefangene zu leisten, riskierte Polizeigewalt und erlebte Verhaftungen und war durch sein öffentliches Engagement mit dem Megaphon und billig produzierten Informationsblättchen für Gefangene zumindest nicht unbeteiligt an den rund 35 Aufständen und Meutereien, die in den frühen 1970er Jahren das französische Strafsystem erschütterten. Später galten seine Auftritte in der Öffentlichkeit einem zum Tod verurteilten spanischen Anarchisten, den vietnamesischen

2 Zur Bedeutung von Foucaults Homosexualität für all seine Arbeiten siehe Didier Eribon, Foucault und seine Zeitgenossen, München 1998, S. 29–81.

Boat-People oder der Gewerkschaft Solidarność, und seine publizistischen Arbeiten galten – allerdings aus größerer Distanz – jenen, die er die »iranischen Massen« nannte.

Sagen wir es so: Auch wenn das mehrheitlich vergangene Auseinandersetzungen sind, und auch wenn man nicht mit jedem politischen Urteil Foucaults einig sein mag – seine politische Konsequenz bleibt beeindruckend. Denn ganz ohne Zweifel war dies die Konsequenz eines Intellektuellen, eines Wissenschaftlers und Philosophen: Es ist das Beharren darauf, dass das Schreiben und die Wirklichkeit etwas miteinander zu tun haben. Dieses Engagement war nicht vom angeblichen Wissen um den Gang der Weltgeschichte getragen (wie der Marxismus es noch zu garantieren schien), ja nicht einmal vom Wissen um wahr oder falsch oder von einem wie auch immer gearteten Wissen vom Allgemeinen – Foucault scherte sich keinen Deut ums Allgemeine. Das klang 1979 in einem Zeitungsartikel über die iranische Revolution (die damals schon eine Richtung einschlug, die er nicht mehr billigte) folgendermaßen: »Menschen erheben sich, das ist eine Tatsache. Auf diesem Wege gelangt die Subjektivität (nicht die der großen Männer, sondern jedes beliebigen Menschen) in die Geschichte und haucht ihr Leben ein. Ein Strafgefangener setzt sein Leben gegen die allzu harte Strafe; ein Irrer will nicht mehr eingesperrt und seiner Rechte beraubt werden; ein Volk stellt sich gegen das Regime, das es unterdrückt. Dadurch wird der Gefangene nicht unschuldig, der Irre nicht gesund und das Volk nicht der versprochenen Zukunft teilhaftig. Und niemand muss solidarisch mit ihnen sein. Niemand muss glauben, diese wirren Stimmen sängen schöner als andere und sagten die letztgültige Wahrheit. Es genügt, dass sie da sind und alles sie zum Schweigen zu bringen versucht, damit es sinnvoll ist, sie anzuhören und verstehen zu wollen, was sie sagen. Eine Frage der Moral? Ganz sicher eine Frage der Realität. Daran ändern auch all die Enttäuschungen der Geschichte nichts. Weil es solche Stimmen gibt, hat die Zeit des Menschen nicht die Form der Evolution, sondern die der ›Geschichte‹.«[3]

Diese Passage – für mein Empfinden vielleicht die wichtigste seines ganzen Werks – ist aus verschiedenen Gründen bemerkenswert. Man erkennt leicht, dass Foucault hier seine großen Themen anspricht (die Geschichte des Wahnsinns, die Geschichte des Gefängnisses) und dass er jeden Bezug auf eine diese Stimmen einholende, sie überwölbende Wahrheit ablehnt. Es geht nicht darum, dass wir die

3 Michel Foucault, »Nutzlos, sich zu erheben«, in: ders., Schriften in vier Bänden. Dits et Ecrits, Band III: 1976–1979, hrsg. von Daniel Defert und François Ewald unter Mitarbeit von Jacques Lagrange, Frankfurt am Main 2003, S. 987–992, Zitat S. 991.

Stimmen der Wahnsinnigen, der Eingesperrten oder der Unterdrückten nur vernehmen müssten, um die in ihnen verborgene Wahrheit zu hören und den künftigen Gang der Geschichte aus ihnen entziffern zu können, denn es gibt diese Wahrheit nicht. Eine Geschichte der Wahnsinnigen und der Eingesperrten zu schreiben und nicht etwa jene des »Proletariats«, bedeutete schon 1961, als »Wahnsinn und Gesellschaft« erschien, den dezidierten Bruch mit Marx' hegelianischem Geschichtsbild. Vielleicht schreibt Foucault auch deshalb »Geschichte« in Anführungszeichen: wie wenn das Wort noch durch Formen eines Gebrauchs belastet wäre, welchen er, ohne auf diesen Begriff verzichten zu können, eine eigene entgegensetzen muss. Warum also soll man auf diese Stimmen hören? Man muss auf sie hören, weil sie da sind, weil sie die Wirklichkeit prägen und weil sich in ihnen Subjekte manifestieren und genau *damit* – und *nur* damit – das ausmachen, was wir »Geschichte« nennen, oder genauer: was Foucault Geschichte nennt.

Auf die Abgrenzung gegenüber der »Evolution« komme ich zurück; hier ist nur festzuhalten, dass dieser politische Nominalismus Foucaults, der den Einzelnen sehen will, ohne dessen Stimme mehr Gewicht und Wahrheit zu verleihen als anderen und ohne zu glauben, in solchen Stimmen die falschen Obertöne des Allgemeinen vernehmen zu können, uns heute zweifellos näher ist als etwa die längst verblichenen Versprechen des dialektischen Materialismus, gegen den Foucault noch anschreiben musste. Diese konsequente und konsistente Zurückweisung der Großen Wahrheit führt keineswegs in den Zynismus oder zu intellektuellem Desinteresse an der Welt der Menschen. Man muss vielmehr für die Rechte dieser Menschen eintreten, so Foucault, »wenn man heute gegen das Abhacken von Händen ist und gestern gegen die Folter des Savak war«.[4] Sein Eintreten für die Menschen (nicht: »den« Menschen) ist vielleicht ein erster Punkt, den man festhalten sollte.

Ein offenes Werk

Wenn es sich darum handelt, Foucault als jemanden einzuschätzen, mit dem es allenfalls weitergehen könnte, sind allerdings seine Texte wichtiger als sein politisches Engagement, sosehr uns dieses auch Respekt abnötigt. Das gesamte Korpus dieser Schriften, wie es heute immer noch unabgeschlossen vor uns liegt – noch immer sind Vorlesungen zu edieren –, bietet nicht nur ein Bild beeindruckender Pro-

4 Foucault, »Nutzlos, sich zu erheben«, S. 990 (der Savak war der gefürchtete Geheimdienst des Schahs).

duktivität, sondern verstärkt vor allem den Eindruck eines Denkens, das uneinheitlich und unruhig war, das Widersprüche oder zumindest konzeptionelle Spannungen zuließ und das sich auch ständig veränderte, ohne seine Grundlinien zu verlassen. Diese Offenheit des Foucaultschen Werks ist weder »typisch französisch« und noch viel weniger sogenannt postmodern. Sie ist Ausdruck seiner bewussten Haltung, keine Theorie, kein »System« entwickeln zu wollen, ja dezidiert *nicht* systematisch zu denken und den Kopf offenzuhalten für Neues. Man hat Foucault fälschlicherweise dem Strukturalismus zugeordnet oder gesagt, seine Diskursanalyse sei eine »Methode«, gar eine starre, die ahistorisch funktioniere.[5] Doch diese Einschätzung ist doppelt falsch. Zum einen hat er seine methodischen Werkzeuge immer wieder verändert. So bemerkt er einmal: »Ich versuche, meine Instrumente über die Objekte zu korrigieren, die ich damit zu entdecken glaube, und dann zeigt das korrigierte Instrument, dass die von mir definierten Objekte nicht ganz so sind, wie ich gedacht hatte. So taste ich mich voran und stolpere von Buch zu Buch.«[6] Zum andern

5 Klassisch formulierte diesen Vorwurf Alfred Schmidt, Geschichte und Struktur. Fragen einer marxistischen Historik, München 1971.

6 Michel Foucault, »Macht und Wissen«, in: ders., Schriften, Band III: 1976–1979, S. 515–534, S. 522.

aber ist Foucault unsystematisch, weil er, ganz im Gegensatz zu den Strukturalisten, nicht nur immer historisch gearbeitet hat – alles, was Foucault zu sagen hatte, war stets aus einer Konfrontation mit historischem Material gewonnen –, sondern vor allem, weil er einen speziellen Begriff von Geschichte hatte. Die Geschichte selbst zeigte für ihn wenig Ordnung und Regelmäßigkeit, und er verwendete daher immer der Sache, manchmal auch dem Namen nach ein Konzept von Geschichte bzw. von historischem Arbeiten, das er »Genealogie« nannte.

Auch politisch verfolgte Foucault alles andere als eine klare Linie. Einige wenige Jahre lang war er Mitglied der Kommunistischen Partei Frankreichs, bis er 1954 wieder austrat und später kommentierte: »Ein ›nietzscheanischer Kommunist‹ sein, das war natürlich nicht praktikabel und, wenn Sie so wollen, lächerlich. Ich wusste das wohl.«[7] Später haben seine eminenten Kollegen am Collège de France seinen politischen Aktivismus für die Strafgefangenen wohl ähnlich eingeschätzt: Ein *militant* als Professor an der angesehensten französischen Bildungsanstalt ...?! Dazu kommt, dass Foucaults Verhältnis zur marxistischen Linken äußerst konfliktreich war. Er

7 Michel Foucault, Der Mensch ist ein Erfahrungstier. Gespräch mit Ducio Trombadori, Frankfurt am Main 1996, S. 39.

kritisiere Marx scharf, ohne aufzuhören, sich auf ihn zu beziehen; er lachte über die linken Revolutionsträume, um die Staatsmacht oft radikaler zu kritisieren als die Maoisten, er lehnte Sartres Marxismus ab und traf sich mit ihm – der auch Foucaults »Philosophie« scharf ablehnte – auf politischen Meetings. Solche Spannungen eines Denkens, das sich nicht in politische Schubladen pressen ließ, manifestierten sich nicht zuletzt in einer zweisemestrigen Vorlesungsreihe zur »Geschichte der Gouvernementalität« 1978/79, in der er seinem Publikum zwei sehr politische, dem linken Zeitgeist deutlich entgegenstehende Fragen stellte: erstens die Frage nach dem Regieren als einer unumgänglichen Notwendigkeit und zweitens die Frage nach der Freiheit, wie der Liberalismus sie aufgeworfen hatte.

Damit sind die Themen bezeichnet, die ich kurz beleuchten möchte: Diskursanalyse, Gouvernementalität, Genealogie. Es wird sich dabei auch zeigen, dass das Stichwort »Evolution«, das in der zitierten Passage zur iranischen Revolution auftaucht, dort nicht zufällig erschienen ist, sondern als Hinweis darauf zu lesen ist, dass Foucault eine nie laut ausgesprochene, dennoch aber unübersehbare Neigung verspürte, sich methodologisch auf die Naturwissenschaften zu beziehen. Was das bedeutet, werden wir sehen; die »Evolution« jedenfalls wird uns wiederbegegnen – und mit ihr auch Darwin.

Diskursanalyse

Warum kann oder soll es weitergehen mit der Foucaultschen Diskursanalyse? Der Begriff ist reichlich abgedroschen, jeder versteht etwas anderes darunter; Linguisten und Soziologen haben Foucaults Anregungen zu Methoden verstetigt, die sich zum Teil weit weg von dem bewegen, was man, wenn man mir den Ausdruck gestattet, seine Intention nennen könnte. Generell gab und gibt es diverse Versuche und Projekte, Foucaults in methodischer Hinsicht tatsächlich reichlich vage Diskursanalyse in zwei Richtungen hin handhabbar zu machen.

Erstens wird gesagt, Diskursanalyse sei eigentlich eine Art Hermeneutik. Sie setze hermeneutisches Verstehen schon bei der Bildung des Textkorpus voraus, könne sich daher sowieso nicht außerhalb der Hermeneutik bewegen; sie ziele darauf, Texte als Teil eines größeren Zusammenhangs verstehbar zu machen; und sie ermögliche damit schließlich auch, dass wir alte, unverständlich gewordene Aussagen wieder verstehen.[8] Zweitens wird seit dem Erscheinen von »L'Archéologie du Savoir«, Foucaults »Methoden«-Buch von 1969, behauptet, Diskursanalyse sei im Wesentlichen Sprach-

8 Vgl. vor allem Dietrich Busse, Historische Semantik: Analyse eines Programms, Stuttgart 1987, S. 221–271.

analyse. Sie gehöre zu dem auf de Saussure zurückgehenden Strukturalismus und damit zum *linguistic turn*, sie teile mit diesem die Voraussetzung, »alles« sei Sprache oder eben Diskurs. Linguisten haben überdies argumentiert, Foucault habe – produktiverweise – den linguistischen Untersuchungsebenen des Phonems, des Wortes und des Satzes jene des Textes und damit des Korpus hinzugefügt.

Verfährt Diskursanalyse also hermeneutisch, und gehört sie ins Methodenrepertoire der Sprachanalyse? Sind ihr Ziel das Verstehen und ihr Gegenstand die Sprache? Wenn es sich darum handelt, die Frage zu klären, ob es ausgerechnet mit Foucault weitergehen könnte (und nicht zum Beispiel mit neueren linguistischen Ansätzen), lautet meine Antwort zweimal »Nein«. Erstens, nein, Foucaults gesamte Arbeit mit historischen Texten, deren Serien er Diskurse nannte, zielte nie darauf, diese Texte zu *verstehen*. Denn was heißt verstehen? Es gibt hier kurz gesagt wohl drei Möglichkeiten: (a) das »Verstehen« in der Weise der Historiker seit namentlich Leopold von Ranke und oft bis heute, die versuchen, die Autor-Intention von Quellentexten zu verstehen, weil dieser Autor auch als relevanter Handelnder konzipiert wurde. (b) »Verstehen« im Sinne von Webers verstehender Soziologie, die den historischen Zusammenhang nur verstehen kann, indem dieser von Anfang an selbst – als sozialer – auf Wertideen bezogen ist, die wir verstehen und zu unseren Wertideen in eine wie auch immer geartete Beziehung setzen können. Vielleicht eine Art Verbindung dieser beiden Varianten bietet (c) die Gadamersche Hermeneutik, die, verkürzt gesagt, »Verstehen« von vornehmlich alten Texten deshalb als möglich erachtet, weil im Medium der Tradition, in die der Verstehende eingewoben ist, eine Verschmelzung der aktuellen und der vergangenen Sinnhorizonte erfolgen könne. Bei Gadamer geht es zwar auch nicht um das Verstehen einer individuellen Intention, aber er spricht ganz deutlich aus, welches für die sogenannte Horizontverschmelzung, die historisches Verstehen ermögliche, die denknotwendigen Voraussetzungen sei: Es sei dies, so Gadamer, der Hegelsche Geist, genauer noch »die *pantheistische* Eingeschlossenheit aller Individualität ins Absolute, die das Wunder des Verstehens ermöglicht«.[9]

Dieser kleine Exkurs zeigt deutlich, dass das alles das genaue Gegenteil von dem repräsentiert, was die Foucaultsche Diskursanalyse will. Sie zeichnet sich gerade dadurch aus, die Analyse von Texten nicht auf dem »Verstehen«, dem scheinbaren Verstehen, aufzubauen – auch nicht auf dem, was man tatsächlich von einem Text oberflächlich verstanden haben muss, um ihn in ein Korpus einzuordnen, um seine Aussagen zu sortieren. Ja, natürlich, es gibt so

9 Hans-Georg Gadamer, Wahrheit und Methode, Tübingen 1975, S. 324f.

etwas wie eine basale Hermeneutik, und es gibt Traditionen, die uns viele Dinge leichter verstehen lassen. Aber darauf darf die Analyse nicht aufbauen. Gegen diesen Köder der Tradition, gegen dieses verlockende »Verstehen« setzt Foucault die Annahme, dass das, was einen Text im historischen Zeitpunkt X hat funktionieren lassen, das heißt, ihn fähig machte, Aussagen zu generieren, die als »wahr« empfunden wurden, auf einer Reihe von Regeln, von Kategorien und Ordnungsmustern basierten, die ihn als Teil einer Serie ähnlicher Texte auszeichnen und strukturieren. Diese Regelmäßigkeiten sind, so Foucault, historisch und kulturell variabel und insgesamt vollständig kontingent, und genau aus diesem Grund kann man sie auch nicht »verstehen«, wie man das Argument eines Diskussionspartners versteht, sondern muss sie als historische Formation *analysieren.* Eine historische Analyse von Diskursstrukturen bedeutet, mit andern Worten, die Voraussetzungen zu untersuchen, die Sinn und Verstehen zu einem bestimmten historischen Zeitpunkt und im Rahmen eines jeweils immer nur sehr eingeschränkten diskursiven Feldes ermöglicht haben. In genau diesem Sinne sagte Foucault in einem Interview über seine intellektuellen Ausgangspunkte, dass der Sinn, den die Phänomenologie (Husserl, Merleau-Ponty, Sartre) als »immer schon da« beschreibe, seiner Generation in der Mitte der 1950er Jahre zum Problem geworden sei: »Für meine Generation erscheint der Sinn nicht von selbst; er ist nicht ›schon immer da‹, oder vielmehr, er ist ›schon da‹, aber nur unter bestimmten Bedingungen, bei denen es sich um formale Bedingungen handelt. Seit 1955 befassen wir uns hauptsächlich mit der Analyse der formalen Bedingungen der Entstehung von Sinn.«[10] Es geht bei der Diskursanalyse daher nicht um das Vertrauen auf gemeinsame Traditionen, die das Verstehen ermöglichen – auch wenn es diese Tradition und dieses Verständnis gibt –, sondern vielmehr, methodisch gewendet, darum, von der prinzipiellen *Fremdheit* der Ordnungsmuster und Kategorien auszugehen, wie sie etwa die Aussagen der Inquisition des 17. Jahrhunderts, der Medizin des 18. oder der Psychiatrie des 19. Jahrhunderts ermöglicht haben.

Welche Regeln, welche Art von Regelmäßigkeiten sind dies? Sind dies nicht – um den oben formulierten zweiten Punkt aufzugreifen – schlicht die Regeln der Sprache, wie die Linguistik sie analysiert? Nun eben nicht nur Regeln zur Bildung korrekter Sätze, sondern Regeln zur Generierung von Aussagen in Tex-

10 Michel Foucault, »Wer sind Sie, Professor Foucault? [Gespräch mit P. Caruso]«, in: ders., Schriften in vier Bänden. Dits et Ecrits, Band I: 1954–1969, hrsg. von Daniel Defert und François Ewald unter Mitarbeit von Jacques Lagrange, Frankfurt am Main 2001, S. 770–793, S. 771.

ten? Das wäre mein zweites »Nein«, das allerdings insofern etwas schwieriger zu begründen ist, als einige Linguisten Foucaults Ideen aufgegriffen haben[11] – streng genommen bezieht sich das Nein auf die Linguistik, wie sie Foucault vor Augen stand: die strukturale Linguistik Saussures und die generative Grammatik Chomskys. Wieso hat sich Foucault gegen die damalige Linguistik gewandt? Dazu als erster Hinweis eine Bemerkung von 1967, als er Wittgenstein und die »englischen Analytiker« liest, die ihm »große Freude machen«, denn sie würden »zeigen, dass es möglich ist, Aussagen *nichtlinguistisch* zu analysieren. Aussagen in ihrer *Funktionsweise* zu behandeln«.[12] »Nichtlinguistisch«: Es ließe sich im Detail zeigen – was ich hier nicht tun will –, dass Foucault sich zunehmend klar von Saussures Analyse von Signifikant und Signifikat distanziert hat; er hat seine Diskursanalyse aber auch von der pragmatischen Sprechakttheorie abgegrenzt und sich schließlich nie mit dem unabschließbaren Spiel von Metaphern und Metonymien beschäftigt, wie dies Derrida unter dem Titel der »différance« zur Grundlage sei-

11 Vgl. dazu die sich stark auf Foucault beziehenden linguistischen Arbeiten von Ingo Warnke, insb. Ingo Warnke (Hg.), Diskurslinguistik nach Foucault. Theorie und Gegenstände, Berlin 2007.

12 Zeittafel, in: Michel Foucault, Schriften, Band I, S. 45.

ner Dekonstruktion gemacht hat. Der Kürze willen verweise ich nur auf einen Begriff, den Foucault gegen alle Formen von (damaliger) Sprachanalyse einsetzte, den Begriff der »Seltenheit«:[13] Warum, so seine Frage, die ich als Historiker ausgesprochen produktiv empfinde, wurde zum Zeitpunkt X nur das Wenige gesagt, was tatsächlich gesagt wurde, und nicht alles, was die Sprache nach den Regeln der Grammatik und der Logik oder auch des Lexikons zu sagen ermöglicht hätte? Wie ist das historische Ereignis der Aussage X zum Zeitpunkt Y möglich? Das war Foucaults diskursanalytische, seine eigentliche *historische*, nicht linguistische Frage. Die Regelmäßigkeiten des Diskurses, seine zentralen Begriffe und Kategorien, die Struktur der Argumente, die Grenzen des Sagbaren verstand er daher in einem explizit neokantianischen Sinne als *Bedingung der Möglichkeit* der Aussage, als »historisches Apriori«, wie er listig sagte.

Die Aussage ist »selten«, sie ist historisch einzigartig, sie taucht auf und verschwindet wieder. Das Interesse des Diskursanalytikers ist es, erklären zu können, wieso die Aussage X zum Zeitpunkt Y auftritt. Es geht nicht darum, die Serie zu untersuchen, um sozusagen »die Geschichte zu töten«, um Wandel auszuschließen, gar zu »leugnen« etc., sondern um das imagi-

13 Michel Foucault, Archäologie des Wissens, Frankfurt am Main 1995 (Paris 1969), S. 172.

näre, das *geistes*wissenschaftliche *Verstehen* von Aussagen durch das rationalere *Erklären* ihres Auftretens durch die Analyse ihrer *Ermöglichungsbedingung* zu ersetzen. Diese Bedingungen – diskursive Regelmäßigkeiten und diskursexterne Kontexte – haben eine Zeit lang Bestand und zerfallen dann wieder bzw. werden auf Grund kontingenter äußerer Umstände von anderen Regelmäßigkeiten verdrängt.

Foucault fasst den Kern seiner Diskursanalyse in vier Begriffen zusammen, die ich alle schon genannt habe: »Ereignis, Serie, Regelmäßigkeit, Möglichkeitsbedingungen«. Diese vier Begriffe stellt er – zum Beispiel in der berühmten Antrittsvorlesung im Collège de France im Dezember 1970 – vier Konzepten gegenüber, die seiner Ansicht nach die geisteswissenschaftliche Methodik prägen: Bedeutung, Ursprünglichkeit, Einheit, Schöpfung. Erläuternd sagt er, dass man in der Geistesgeschichte üblicherweise »den Augenblick der Schöpfung, die Einheit des Werks, einer Epoche oder eines Gedankens, das Sigel der individuellen Originalität und den unendlichen Schatz verborgener Bedeutungen suchte«.[14]

Ich zitiere das, um damit auf einen Gegensatz aufmerksam zu machen, der insgesamt

14 Michel Foucault, Die Ordnung des Diskurses. Inauguralvorlesung am Collège de France – 2. Dezember 1970, Frankfurt am Main 1991 (L'Ordre du Discours, Paris 1970), S. 35.

Foucaults Argumentation zur Diskursanalyse durchzieht: den Gegensatz zwischen Geistes- oder Kulturgeschichte auf der einen Seite, die vom Primat der Bedeutung und der Sprache ausgehen – und von … nun, von was eigentlich, auf der anderen Seite? Auf welcher Seite steht Foucaults Diskursanalyse? Irgendwo allein im Niemandsland? Auf was bezieht man sich eigentlich, wenn man Aussagen »funktional« analysieren will, dabei aber Saussures Linguistik keine Referenz darstellt, der Hegelsche Geist schon gar nicht und jede Art von soziologischer Erklärung im Stile eines wie auch immer modernisierten Basis-Überbau-Schemas für Foucault ebenso außerhalb jeder Diskussion steht? Auf wen bezieht man sich, wenn mit Saussure via Lacan und Lévi-Strauss auch die mögliche Referenz Freud – das Unbewusste – gestrichen ist, wenn Hegel und Marx wegfallen und Nietzsche, sonst für Foucault zwar wichtig, hinsichtlich der Diskursanalyse ziemlich stumm bleibt? – und Wittgenstein und die englischen Empiristen, wenn ich mich nicht täusche, offenbar eher eine Lektüreepisode blieben, ein bloßer Beleg dafür, dass es auch »nichtlinguistisch« geht?

Viel von der sogenannten Dunkelheit der Foucaultschen Position hängt an dieser offenen Frage nach der Referenz seiner Argumente. Dazu noch ein Hinweis: Foucault sagt im Zusammenhang mit Diskursanalyse immer wieder, man müsse die diffusen geistesgeschichtlichen Vorstellungen von Wandel und Entwicklung durch die genaue Beschreibung von »Transformationen« ersetzen. Mit diesem weiteren ziemlich technisch anmutenden Begriff verwendet Foucault insgesamt ein analytisches Vokabular – Ereignis, Serie, Regelmäßigkeit, Möglichkeitsbedingungen, Funktion, Transformation –, das doch sehr auffallend ist. Es sind Begriffe, die heute zwar in der Kultur- und Gesellschaftsanalyse nicht zuletzt dank Foucault präsent sind und die vielleicht aus der funktionalistischen Soziologie stammen könnten. Doch auf diese hat Foucault sich nie bezogen. Woher also kommen sie? Meine These ist: Es sind – in einem vorerst noch recht vagen Sinne gesagt – naturwissenschaftliche Begriffe. Foucaults erstes Beispiel für die Methode der Diskursanalyse war nicht zufällig die Analysetechnik des Anatomen Xavier Bichat um 1800, dargestellt in »Die Geburt der Klinik« von 1963.[15] Die Methode der Diskursanalyse insgesamt scheint auf eine eigentümliche Weise dem epistemologischen Gestus von Naturwissenschaftlern viel näher zu sein als jenem von Geistes- oder Kulturwissenschaften. Während Letztere nach Bedeutung fragen, können Naturwissenschaftler nur Serien bilden, Regelmäßigkeiten beobachten, Möglichkeits- bzw. Existenzbedingun-

15 Vgl. dazu Philipp Sarasin, Michel Foucault zur Einführung, Hamburg 2005, Kap. 2.

gen rekonstruieren, Funktionen und Transformationen analysieren. Ich werde im letzten Teil auf diese Bezugnahme auf die Naturwissenschaften zurückkommen.

Gouvernementalität

Gouvernementalität ist ein Theoriefeld, für das es ausgemacht scheint, dass und vor allem wie es hier mit Foucault »weitergeht«. Eine ganze Reihe von politik- und sozialwissenschaftlichen Diskussionen der letzten Jahre beziehen sich auf Foucaults Konzept der Gouvernementalität, um damit vor allem die Regierungs- und Machtformen der Gegenwart zu beschreiben.[16] Gouvernementalität sei ein Konzept, das im Gegensatz zu anderen Analysen von Macht- und Regierungsformen Selbsttechniken des Regierens und das Regieren anderer miteinander verbinde. Daher sei

16 Vgl. Graham Burchell/Colin Gordon/Peter Miller (Hg.), The Foucault effect. Studies in governmentality, with two lectures by and an interview with Michel Foucault, Chicago 1991; Ulrich Bröckling/Susanne Krasmann/Thomas Lemke (Hg.), Gouvernementalität der Gegenwart. Studien zur Ökonomisierung des Sozialen, Frankfurt am Main 2000; Marianne Piper/Gutiérrez Rodríguez (Hg.), Gouvernementalität. Ein sozialwissenschaftliches Konzept in Anschluss an Foucault, Frankfurt am Main 2003.

Foucaults Analyse der »liberalen Gouvernementalität« in der Lage, die Freiheit, von der der Liberalismus spreche, als Herrschaftstechnik zu entziffern. Das Subjekt sei nur in dem Maße scheinbar frei, wie es sich selbst führe. Die liberale Form des Regierens kenne aber noch eine anderes wichtiges Element: das Sicherheitsdispositiv. Ebenfalls hinter der Fassade der Freiheitsrhetorik verstecke sich eine eigentliche Aufrüstung des Staates unter dem Titel der »Sicherheit«, der inneren Sicherheit also, womit Foucault in gleich doppelter Weise – Selbsttechnologien und Sicherheitstechnologie – zum düsteren Analytiker der angeblich wahren Machtverhältnisse im Neoliberalismus wird.

Ich halte dieses eingängige Bild – soweit es dabei um Foucault geht – für ziemlich falsch. Denn dass Macht nur funktioniert, wenn Subjekte sich die Normen der Macht zu eigen machen, hatte Foucault schon in »Überwachen und Strafen« von 1975 gezeigt, und das war und ist an sich keine große Neuigkeit (neu war Foucaults Betonung von körperzentrierten Disziplinartechniken). Foucault hatte aus seinen Analysen der Disziplinarinstitutionen allerdings den gewagten Schluss gezogen, dass die formalen Freiheiten der Aufklärung und des Liberalismus grundsätzlich nichts als eine Fassade seien, während wir doch alle im »Räderwerk« der Disziplinarmacht gefangen seien; daher nannte er das Benthamsche Panoptikon –

die zellenförmige optische Überwachungsmaschine, wie sie für Gefängnisse, aber auch, so Foucault, für Fabriken, Krankenhäuser und Schulen eingesetzt werden kann – das »Ei des Kolumbus der Politik«, das Modell für alle politischen Institutionen in der Moderne.[17] Das war, wie gesagt, eine gewagte These, die in der Mitte der 1970er Jahre politisch wirkungsvoll war – aber war sie auch richtig?

Die Pointe der Vorlesung zur »Geschichte der Gouvernementalität« von 1978/79 jedenfalls ist eine ganz andere. Hier sagte Foucault zu seiner Disziplinar-These von 1975 unmissverständlich: »ich glaube, ich hatte unrecht«.[18] Nämlich: Er hatte sich in dem einen, wichtigen Punkt getäuscht, zu glauben, man können im Machtmechanismus von Disziplinaranstalten, die in der Moderne ohne jeden Zweifel das Verhalten von Individuen prägten, zugleich auch das Modell für das Regieren ganzer Bevölkerungen erkennen bzw., anders formuliert, die Machteffekte der Disziplinartechniken gleichsam vom einzelnen Körper auf die ganze Bevölkerung hochrechnen. In Gesprächen aus der Zeit rückt er von dieser Position

17 Michel Foucault, Überwachen und Strafen. Die Geburt des Gefängnisses, Frankfurt am Main 1976, S. 265.

18 Michel Foucault, Geschichte der Gouvernementalität I: Sicherheit, Territorium, Bevölkerung. Vorlesung am Collège de France 1977–1978, hrsg. von Michel Sennelart, Frankfurt am Main 2004, S. 78.

ab, bezeichnet das *Regieren* als ein eigenes Problem, das der Beachtung wert sei. Dazu passt, dass er im Frühjahr 1978 im Vortrag »Was ist Kritik?« die Frage stellt, wie es gekommen sei, dass sich in den Gesellschaften des Abendlandes zu einem bestimmten Zeitpunkt die Fähigkeit entwickelt, Kritik zu äußern, das heißt die Regierung, die Macht, die Verhältnisse, ja sogar die Erkenntnis zu kritisieren. In der Vorlesung zur »Geschichte der Gouvernementalität« fragt er dann: Wie kommt es, dass die abendländischen Gesellschaften im 18. und frühen 19. Jahrhundert fähig waren, den Polizeistaat zu überwinden? Warum blieb der Staat nicht nach dem Muster der Disziplinaranstalten oder bestenfalls der Pastoralmacht organisiert? Foucaults Antwort lautet: Die Ökonomen des 18. Jahrhunderts haben eine grundsätzliche Kritik am staatlichen Handeln entwickelt, die besagt, dass jede Staatsintervention in den Markt nur falsch sein könne, weil der Markt im Grunde als *black box* funktioniere, so wie auch die Subjekte aus der Perspektive des Staates *black boxes* zu sein hätten. Man müsse sie daher *laisser-faire*, um den Wohlstand der Gesellschaft zu mehren. Aus der postulierten Freiheit des Marktes seien, so Foucault, alle anderen Freiheiten abgeleitet worden. Der liberale Staat wurde in der Moderne auf seine Funktion zurückgedrängt, für die Freiheit der handelnden Wirtschaftsbürger den geeigneten Rahmen zur Verfügung zu stellen.

Der entscheidende Punkt dieser Darstellung ist Foucaults Insistieren darauf, dass das Prinzip der individuellen Freiheit, welches mit dem Liberalismus eingeführt wurde, nicht einfach ein listiges Strategem der Macht ist, sondern im Gegenteil zu einer Schranke für die Macht, eine Schranke für jedes zu weitgehende Regieren wurde. Es ist für Foucault völlig klar, welche sozialen Auswirkungen Liberalismus und Neoliberalismus *in concreto* haben konnten und gehabt haben, und er bemerkt, damit würden sie sich auch leicht erledigen lassen – *wenn* nicht die prinzipielle Frage nach der Freiheit wäre. Foucault insistiert mehrfach auf diesem Punkt; er geht sogar so weit, den zeitgenössischen Liberalismus mit dem »deutschen Modell« der Ära Brandt/Schmidt zu identifizieren. Er sagt: »So paradox das auch sein mag, die Freiheit in dieser zweiten Hälfte des 20. Jahrhunderts, die Freiheit, oder sagen wir genauer: der Liberalismus ist ein Wort, das aus Deutschland zu uns kommt.«[19] Das hat analytische Konsequenzen. Foucault distanziert sich mit Entschiedenheit von jener »Staatsphobie«, die nach der Logik der »allgemeinen Disqualifikation durch das Schlimmste«[20] jede

19 Michel Foucault, Geschichte der Gouvernementalität II: Die Geburt der Biopolitik. Vorlesung am Collège de France 1978–1979, hrsg. von Michel Sennelart, Frankfurt am Main 2004, S. 269.

20 Ebenda, S. 263.

auch minimale staatliche Handlung unter Faschismus-Verdacht stellt: Der »Wohlfahrtsstaat hat«, wie er seinen Hörern »nahelegen« will, »weder die selbe Form noch, wie mir scheint, den selben Ursprung wie der totalitäre Staat, der Nazistaat, der faschistische oder stalinistische Staat«.[21] Im Jahr 1979, kurz nach dem »Deutschen Herbst« und der Affäre Croissant, war das keine banale Äußerung.

Überraschender Foucault? Man kann zumindest sagen, dass Foucaults politische Position konsequent war. Seine aufmerksam-wohlwollende Besprechung des Liberalismus passt zumindest zu seinen alten anarchistischen Neigungen. In einer Passage, die das Staatsmodell des Neoliberalismus schildert, kann man daher gut erkennen, wie er sich – bei all seiner grundsätzlichen Machtskepsis – einen liberalen Staat *à la limite* vorstellen konnte: »Wir haben in diesem Horizont« – eben des Neoliberalismus – »das Bild, die Idee oder das politische Thema einer Gesellschaft, in der es eine Optimierung der Systeme der Unterschiede gäbe, in der man Schwankungsprozessen freien Raum zugestehen würde, in der es eine Toleranz gäbe, die man den Individuen und den Praktiken von Minderheiten zugesteht, in der es keine Einflussnahme auf die Spieler des Spiels, sondern auf die Spielregeln geben würde und in der es schließlich eine In-

21 Ebenda, S. 267.

tervention gäbe, die die Individuen nicht innerlich unterwerfen würde, sondern sich auf die Umwelt bezöge.«[22]

Unterschiede verstärken, nicht einebnen; Praktiken von Minderheiten mit Toleranz begegnen – als Homosexueller erlebte Foucault in Frankreich das Gegenteil; eine Ordnung schaffen, in der sich die Individuen nicht »innerlich unterwerfen würden« (wie dies die Disziplinaranstalten ja zum Ziel hatten) – das war insgesamt tatsächlich ein liberales Credo, und es stellt bis heute eine Provokation der Linken dar, die damit auf eine erstaunliche oder vielleicht auch signifikante Weise offenbar Probleme hat. Foucault lehnte nicht nur jede interventionistische, die Individuen »innerlich unterwerfende« Macht ab, er lehnte auch die eingefleischten Regulationsträume vieler Linker ab. Er war dezidiert nicht der Meinung, dass es irgendeine gesellschaftliche Instanz geben konnte, die im Namen des Allgemeinen, und sei es das allgemeine Wohl, sprechen und handeln konnte. Politisch gibt es keine Äußerung von ihm *gegen* den Liberalismus und den Markt, und ethisch setzte er am Schluss seines Lebens konsequent auf Formen der Selbstführung, die noch individualistischer, ja solipistischer sind als das Verhalten der Wirtschaftssubjekte etwa bei Adam Smith.

22 Ebenda, S. 359.

»Gouvernementalität« ist kein Zauberwort für Liberalismuskritik, sondern das genaue Gegenteil davon. Unter diesem Titel lassen sich Fragen nach der Art des Regierens stellen, und Foucaults Analyse der verschiedenen Gouvernementalitäten legen zumindest den Gedanken nahe, dass er die liberale Form, den Staat und das Regieren zu konzipieren, am ehesten für fähig hielt, eine allzu starke staatliche Macht zu verhindern. Dass auch liberale Staaten ein »Sicherheitsdispositiv« kennen (das Foucault übrigens in keiner Weise beschreibt), ist dazu kein Gegenargument: auch im liberalen Staat, wie Foucault ihn darstellt, muss die Freiheit der Subjekte durch einen wirtschaftspolitischen und zivilrechtlichen Rahmen und durch polizeiliche Sicherheitsgarantien erst hergestellt und vor Exzessen geschützt werden. Wenn der Sicherheitsapparat hingegen zu wuchern beginnt wie bei zeitgenössischen Formen des Überwachungsstaates (etwa gemäß dem PATRIOT Act in den USA nach dem 11. September), ist dies kein Beweis für die angeblich »wahre« Machtstruktur neoliberaler Gesellschaften, sondern im Gegenteil ein Rückfall in den Polizeistaat. Und genau gegen diese Form von Gouvernementalität, die Foucault auch totalitär genannt hat, stellten die Liberalen immer ihre spezielle »Regierungskunst«: »Die Kunst, so wenig wie möglich zu regieren.«[23]

23 Ebenda, S. 50.

Genealogie. Foucault und die Naturwissenschaften

Was hat das geschichtstheoretische Konzept der »Genealogie«, welches Foucault der Sache nach schon in »Wahnsinn und Gesellschaft« vertrat, explizit aber erst ab Anfang der 1970er Jahre als seine Methode der Geschichtsschreibung propagierte, mit den Naturwissenschaften zu tun? Auf den ersten Blick nichts, und es ist offensichtlich, dass man allein schon mit dieser Frage auf dünnem Eis steht. Es wäre daher nötig, meine Hypothesen sehr viel breiter abzustützen, als ich es in der hier geforderten Kürze tun kann (und wie dies an anderem Ort geschehen wird[24]); mit den folgenden, bloß skizzenhaften Überlegungen soll aber immerhin deutlich werden, dass nicht nur das Konzept der Genealogie, sondern Foucaults gesamte philosophische oder vielmehr antiphilosophische Haltung von seinem meist nur stillen Bezug auf vor allem Darwins »Origin of Species« (1859) maßgeblich geprägt wurde.

Um zu beginnen, sei an die eingangs zitierte Passage über die Menschen, die sich erheben, erinnert – und an Foucaults Behauptung, dass man mit Blick auf die Tatsache des

24 Siehe dazu ausführlich Philipp Sarasin, Darwin und Foucault. Genealogie und Geschichte im Zeitalter der Biologie, Frankfurt am Main 2009 (im Erscheinen).

Revoltierens eben von *Geschichte* und nicht bloß von Evolution sprechen müsse und könne. Die Frage ist schlicht: Was bringt Foucault dazu, im Rahmen eines Artikels über die iranische Revolution in emphatischer Weise und in unmittelbarer Nähe zu zentralen Themen seines ganzen Werks Geschichte und Evolution, Kultur und Biologie gegeneinander abzuwägen? Wie kam er aber auch etwa dazu, im Rahmen seiner methodischen Reflexionen zur Diskursanalyse ein Vokabular zu favorisieren, das, wie ich weiter oben behauptet habe, eine unübersehbare Nähe zu einer Begrifflichkeit verriet, die offenbar eher natur- denn geisteswissenschaftlich war?

Es gibt ein paar verstreute Bemerkungen in sogenannt kleineren Texten Foucaults, in Vorträgen und Interviews, die in diesem Zusammenhang auffallen. So zum Beispiel jene Aufzeichnung eines Gesprächs mit Studenten in Los Angeles im Mai 1975. Die Studenten kritisieren seine Machttheorie, sie argumentieren, dass man ohne den Begriff des dialektischen Widerspruchs Macht und Widerstand nicht denken könne. Darauf wird Foucault heftig: »Den Ausdruck ›dialektisch‹ akzeptiere ich nicht. Absolut nicht. [...] Ein wechselseitiges Verhältnis ist kein dialektisches Verhältnis.« Der Student insistiert: Wenn man auf die Dialektik verzichte, würde jede Form von Widerspruch und damit auch Widerstand denkunmöglich. Nun holt Foucault etwas weiter aus: »Sehen wir uns den Ausdruck ›Widerspruch‹ doch einmal genauer an. [... W]enn wir uns die Realität ansehen und eine ganze Reihe von Prozessen untersuchen, stellen wir fest, dass es dort gar keine Widersprüche gibt. Nehmen Sie den Bereich der Biologie. Dort finden wir zahlreiche antagonistische Wechselprozesse, aber das heißt nicht, dass es sich um Widersprüche handelte. Es heißt nicht einmal, dass es auf der einen Seite des antagonistischen Prozesses einen positiven und auf der andern einen negativen Aspekt gäbe. Ich halte es für eine sehr wichtige Erkenntnis, dass Kampf und antagonistische Prozesse keinen Widerspruch im logischen Sinne darstellen, wie die dialektische Sicht behauptet. In der Natur gibt es keine Dialektik. Ich beanspruche für mich das Recht, Engels in diesem Punkt nicht beizupflichten: Wie Darwin hinreichend gezeigt hat, finden sich in der Natur zahlreiche antagonistische Prozesse, die nicht dialektisch sind. In meinen Augen lässt sich diese Hegelsche Formulierung nicht halten.«[25]

Dieses Argument ist zweifellos auffallend. Um adäquat über die politische Realität reden und den für die damalige politische Diskussion in der Linken zentralen Begriff des Widerstandes konzeptualisieren zu können, greift Foucault nicht nur wie selbstverständlich auf die

25 Michel Foucault, »Gespräch über die Macht«, in: ders., Schriften, Band III, S. 594–608, S. 602.

Biologie als Referenz zurück, was an sich schon bemerkenswert ist, sondern bezieht sich auch ausgerechnet auf Darwin. Dass er die Dialektik von Hegel und Marx ablehnte, ist keine neue Erkenntnis. Aber was war in Foucaults Augen die Alternative zur Dialektik? Er sagt es deutlich: »Wie Darwin *hinreichend* gezeigt hat …« Die Konfliktmuster in der Natur – der »Kampf ums Dasein«[26] –, wie sie bei Darwin dargestellt werden, sind für Foucault ein »hinreichendes« Argument, um das ganze marxistische Denken des Widerspruchs grundsätzlich zu verwerfen. Wie beschreibt – um nur kurz daran zu erinnern – Darwin diesen Kampf? Über ein Stück Land mit alten, verfallenen Ruinen eines Indianerdorfes, das wieder von Pflanzen überwachsen wird, notiert er zum Beispiel: »Welch ein Kampf muss hier jahrhundertelang zwischen den verschiedenen Baumarten stattgefunden haben, deren jede ihre Samen jährlich zu Tausenden abwirft! Was für ein Krieg zwischen Insekt und Insekt, zwischen Insekten, Schnecken und anderen Tieren mit Vögeln und Raubtieren, welche alle sich zu vermehren streben, alle sich voneinander oder von den Bäumen und ih-

26 Charles Darwin, Über die Entstehung der Arten durch natürliche Zuchtwahl oder die Erhaltung der begünstigsten Rassen im Kampfe ums Dasein, in: Gesammelte Werke. Nach Übersetzungen aus dem Englischen von J. Victor Carus, Frankfurt am Main 2006, S. 347–691, S. 404.

ren Samen und Sämlingen, oder von jenen anderen Pflanzen ernähren, welche anfänglich den Boden überzogen und hierdurch das Aufkommen der Bäume verhindert hatten!«[27] Doch dieser fortdauernde »Krieg« sei, so Darwin, nichts anderes als die unaufhörliche »Abhängigkeit eines organischen Wesens von einem andern«[28]: Alle Tiere leben von anderen Tieren und Pflanzen, und Pflanzen konkurrieren untereinander um Licht, Wasser, Nährstoffe. Der »Krieg« in der Natur ist ein unendlich verwickeltes Geflecht von Abhängigkeitsbeziehungen, und in diesem Beziehungsgeflecht würden sich trotz seiner prinzipiellen Offenheit einigermaßen stabile Stärkeverhältnisse etablieren – Machtverhältnisse auf der Grundlage fortgesetzter Kämpfe um Lebenschancen.

Ich will die Parallele zwischen dieser Sichtweise und Foucaults antidialektischem Konzept der Macht, welche dieser mit seinem Hinweis auf Darwin schon ansprach, nur mit einem kurzen Beleg illustrieren. Denn was ist Macht, in Foucaults Verständnis? In dem ein Jahr nach der Diskussion in Los Angeles erschienenen schmalen Band »La Volonté de Savoir« (1976) schreibt er: »Macht ist der Name, den man einer komplexen strategischen Situation in einer Gesellschaft gibt«, um dann zu präzisieren: »Unter Macht, scheint

27 Ebenda, S. 411.
28 Ebenda.

mir, ist zunächst zu verstehen: die Vielfältigkeit von Kraftverhältnissen, die ein Gebiet bevölkern und organisieren; das Spiel, das in unaufhörlichen Kämpfen und Auseinandersetzungen diese Kräfteverhältnisse verwandelt, verstärkt, verkehrt; die Stützen, die diese Kräfteverhältnisse aneinander finden, indem sie sich zu Systemen verketten [...].«[29]

Kommen wir zu einem weiteren Beispiel. Im Mai 1969 hielt Foucault auf einer Konferenz einen gelehrten Vortrag über den französischen Biologen Georges Cuvier, eine zentrale Figur der Biologe um 1800. In diesem Zusammenhang sprach er so explizit wie sonst nie über Darwin, und dabei zuerst über Darwins Nominalismus: »Im Grunde nimmt Darwin an, dass all die taxonomischen Rahmen, die zur Klassifikation der Tiere und Pflanzen vorgeschlagen wurden, an einem bestimmten Punkt abstrakte Kategorien sind. Für ihn gibt es folglich eine Realität, die das Individuum darstellt, eine zweite Realität, die in der ›Variativität‹ des Individuums besteht, in seiner Variationsfähigkeit. Alles andere (ob es sich nun um die Arten, um die Gattungen oder um die Ordnungen handelt) ist eine Art Konstruktion, die auf der Realität des Individuums basiert.«[30] Das entspricht, wie man im

29 Foucault, Der Wille zum Wissen, S. 113.

30 Michel Foucault, »Die Situation Cuviers in der Geschichte der Biologie (Vortrag)«, in: ders., Schrif-

Detail zeigen könnte, vollständig Foucaults eigenem Nominalismus. Foucaults Denken ging immer von der Realität des Individuums und dessen Wandlungsfähigkeit aus, eine Realität, der gegenüber alle Klassifikationsversuche in größere Einheiten und Ordnungen bloße »Abstraktionen« sind – sehr machtvolle Abstraktionen allerdings.

Darwins Nominalismus lässt sich allerdings noch weiter präzisieren, und damit auch die Parallelen zu Foucaults Werk. Foucault zeigt zutreffend, dass es für Darwin keine wie auch immer gearteten präexistierenden – letztlich von Gott gegebenen – Einheitlichkeiten oder Gemeinsamkeiten oberhalb der Ebene des Individuums gibt, vielmehr werde das einzelne Individuum durch die »Existenzbedingungen« geformt – erst auf diese Weise entstehen die Gemeinsamkeiten des Typus, nicht umgekehrt. Was sind das für Bedingungen? Es sind Bedingungen, »die einem lebenden Individuum von seiner Umwelt vorgegeben sind«. Darwin habe gezeigt, dass »die Einheit des Typus letztlich nichts anderes als das Resultat *einer Arbeit am Individuum* ist«, eine Arbeit, in der alle Gemeinsamkeiten oberhalb der Ebene des Individuums und seiner »Variativität« erst

ten in vier Bänden. Dits et Ecrits, Band II: 1970–1975, hrsg. von Daniel Defert und François Ewald unter Mitarbeit von Jacques Lagrange, Frankfurt am Main 2002, S. 37–82, S. 38.

entstehen. Diese »Arbeit am Individuum« aber, die es einem bestimmten Typus gleich macht, ist nichts weniger als eine Zurichtung: eine Formung durch Umweltbedingungen – Konkurrenten, Räuber, Klimaverhältnisse –, die für das einzelne Tier im Wesentlichen unveränderbar sind und an die es sich bei Strafe des Untergangs anzupassen hat. Wiederum: Genau davon – von diesen die Individuen zurichtenden, klassifizierenden und disziplinierenden Mächten – handelt auch Foucaults Werk, handeln namentlich »Wahnsinn und Gesellschaft«, »Überwachen und Strafen« und »Der Wille zum Wissen«. Aber mehr noch, diese »Arbeit am Individuum« ist laut Darwin die einzige wirklich bestimmende Macht, die die Natur kennt – er nannte sie *natural selection*, natürliche Zuchtwahl –, und sie ist unendlich produktiv. Auch dies ist eine Sichtweise, die Foucault sich *vice versa* zu eigen gemacht hat. Die Macht, so schreibt er als erklärter Genealoge in »Überwachen und Strafen«, formt die Individuen, steigert ihre Arbeitskraft, ihre Produktivität und ihre Lebensmöglichkeiten, ja erweist sich in »Der Wille zum Wissen« überhaupt als »Bio-Macht«, die auf die Vermehrung und Steigerung des Lebens aus ist. Macht ist, mit anderen Worten, auch bei Foucault grundsätzlich produktiv, hervorbringend, erzeugend.

Ähnlich ist der Befund einer stillen Nähe Foucaults zum Denken Darwins in seinem berühmten Aufsatz »Nietzsche, die Genealogie, die Historie«, den er 1971 veröffentlichte – aber 1969 schrieb, im selben Jahr wie er den Vortrag zu Cuvier hielt. In diesem wichtigen Text entfaltet Foucault sein Konzept der Genealogie. Zentral ist dabei, dass es für den Genealogen keine Entwicklungslogik und keinen Plan gibt, nach dem die Geschichte ablaufen würde, und auch kein im Anfang angeblich schon angelegtes »Wesen« oder eine »Identität«, die sich im Laufe der Geschichte »entfalten« würde – Geschichte ist vielmehr durch Zufälle und Diskontinuitäten geprägt. Das sind im Wesentlichen die Zufälle und Diskontinuitäten des Kampfes um Macht, so Foucault, und es lässt sich, wie schon erwähnt, sehr genau zeigen, dass Foucaults Vorstellung von immerwährend strategisch offenen Kräftekonstellationen exakt der Darwinschen Konzeption des Kampfes aller Individuen ums Dasein entspricht.

Aus diesem Grund entspricht auch das Bild der Geschichte, das der Genealoge Foucault entwirft, genau dem Evolutionsprozess, wie Darwin ihn als allein genealogisch zu rekonstruierenden beschreibt. Das ist auf den ersten Blick zweifellos paradox – nicht zuletzt deshalb, weil doch Foucault in seinem Artikel über die iranische Revolution Geschichte und Evolution gegeneinandersetzte. Doch wenn Foucault Darwin liest, entdeckt er dort einen etwas anderen Begriff von Evolution, als man diesen üblicherweise versteht. In seinem Vortrag über Cuvier erscheint Evolution nicht als das sich langsam, kontinuierlich Entwickelnde – eine Figur, die Foucault mit Hegelianismus und dem Entfalten eines »Wesens« im Lauf der Zeit identifiziert und die tatsächlich in der populären Aneignung des Darwinismus seit dem späten 19. Jahrhundert, namentlich bei Ernst Haeckel, aber auch etwa bei Marx, Evolution mit Fortschritt und vor allem mit einer Entwicklungs*logik* gleichsetzte.[31] Ganz anders Darwin, wie Foucault zeigt: Konstitutiv für Darwins Vorstellung von Evolution seien der Zufall und die Diskontinuität; Evolution basiert auf einer unendlichen Verkettung von Zufällen, ist ohne Richtung und Ziel, und die heutigen Organismen seien aus Elementen zusammengesetzt, die ursprünglich zum Beispiel ganz andere Funktionen hatten, so dass es nichts gibt, wie Darwin immer wieder betont, was schon in der Urform, beim »Urerzeuger«, auf die künftige Gestalt hinweist. Es gibt bei Darwin, wie Foucault sehr genau sieht, kein im Ursprung schon angelegtes »Wesen« der Organismen – ja, es gibt in der Natur überhaupt nichts »Wesentliches«, keine »Identität«, sondern nur fortwährenden Wandel und dauernde Anpassung an kontingente äußere Umstände. Daher be-

31 Vgl. dazu insbesondere Bernhard Kleeberg, Theophysis. Ernst Haeckels Philosophie des Naturganzen, Köln 2005.

tont Foucault, dass der Genealoge zeigen müsse, *wie* die heutigen Dinge – Subjekte, Körper, Machtformen – aus disparaten, ja fremden Elementen zusammengesetzt seien, dass sie also Herkunftsgeschichten haben, die mit ihrem prätendierten Wesen nichts zu tun haben. Zwar kann der Genealoge diese Herkunft oder besser noch Herkünfte nachträglich als faktische Entwicklungslinie rekonstruieren – aber diese Entwicklung war, wie gesagt, nirgendwo, in keinem Anfang oder Ursprung, schon angelegt gewesen.

Auch für Foucault ist Geschichte daher die Geschichte der Zufälle, die Geschichte der fremden Stimmen und der vielen Unglücklichen – ohne dass sich im Bild dieser Geschichte die Gestalten der Identität und des Wesens abzeichnen würden. Er wird daher später »Evolution« und »Entwicklung«, genauer noch den »Evolutionismus«,[32] immer gegen diese von Zufällen und fremden Stimmen geprägte Geschichte stellen. Foucaults paradoxe, aber sehr produktive Darwin-Lektüre führt dazu, Darwin selbst gegen den »Evolutionismus« zu schützen, und das heißt vor allem: gegen die falschen Logiken des Biologismus oder des Sozialdarwinismus, die just von diesem unveränderlichen Wesenskern – etwa

32 Vgl. dazu Michel Foucault, In Verteidigung der Gesellschaft. Vorlesungen am Collège de France (1975–76), Frankfurt am Main 1999, S. 297f., 303.

von unserer »eigentlichen« Primatennatur oder von der »Natur« von »Rassen« und Ähnlichem ausgehen. Denn Darwin ist für Foucault zuallererst der Garant des Nominalismus, der nicht dialektischen, offenen Konfliktmuster, der Diskontinuität und des Zufalls – und all dies macht, so rekonstruiere ich Foucaults stillen Bezug auf Darwin, dessen radikale Modernität aus, der Foucault sich verwandt fühlt.

Dass Foucault die Wurzel seines Konzepts der Genealogie bei Darwin nicht ausweist, sondern sie bei Nietzsche enden lässt, macht gleichwohl Sinn: Zu sehr steht im allgemeinen Verständnis und angesichts der übermächtigen Tradition des Sozialdarwinismus jeder Bezug auf Darwin für die falsche Gleichsetzung von Biologie und menschlicher Geschichte. So bleibt, auch jenseits dieses hier andeutungsweise rekonstruierten Bezugs, das methodische Konzept der Genealogie als eine Form der Geschichtsschreibung, die nicht nur die »fremden«, »unreinen« Ursprünge des Bestehenden und die Kontingenz jeder historischen Entwicklung behauptet, sondern die vor allem darauf beharrt, *wirkliche* Geschichte, *reale* Herkünfte erkennen zu können. Die Geschichten des Genealogen sind – bei aller methodologischen Vorsicht – nicht einfach »Fiktion« (wie Foucault als guter Skeptiker von seinen eigenen Geschichten und etwas allzu sehr seine eigene »Erfahrung« des Schreibens psychologisierend sagte[33]), sondern beanspruchen *de facto*, gleichsam einen realen Kern zu haben: Man versucht, »wirklich« herauszufinden, ab wann der Wahnsinn in psychiatrische Kliniken eingesperrt wurde, oder »wirklich« festzustellen, seit wann es Gefängnisse und damit auch Formen der Bestrafung und der Disziplinierung im modernen Sinne gibt – sonst müsste man diese Geschichten nicht schreiben und könnte sich ganz auf das Gebiet der schönen Literatur verlegen. Genealogie, wie Foucault sie versteht, ist nicht einfach die Geschichte der Zeichen und selbst nur ein weiterer Spielzug im Spiegelkabinett der eigenen Kultur. Sie ist vielmehr der Versuch, das Wirkliche als tatsächlich historisch Gewordenes zu verstehen. Alles ist für den Genealogen historisch – aber nicht, weil es in unseren sich ständig wandelnden Räumen der Repräsentation als Bild sich wandelt, sondern weil die Menschen, die Dinge und die Verhältnisse historisch sind.

Schluss

Viele der aufgeworfenen Fragen konnten hier nur angerissen werden. Doch vielleicht ist dies das Wichtigste: zu zeigen, dass Foucault, die-

33 Foucault, Der Mensch ist ein Erfahrungstier, S. 28.

ser scheinbar allen bekannte und schon längst in den Theorieschubladen der sogenannten Postmoderne abgelegte Denker, in Tat und Wahrheit noch Fragen offenhält, wenn man beginnt, sein Werk in Ruhe und fern von den politischen und philosophischen Konstellationen, in denen es entstanden ist, wieder neu zu lesen. Foucault als Theoretiker einer nicht hermeneutischen und nicht linguistischen, auch nicht semiotischen Kulturanalyse; Foucault als – sprechen wir es endlich aus – Theoretiker des Liberalismus; Foucault als Leser Darwins und ohne Scheu, die Brücke zwischen Biologie und Kultur zu schlagen. Damit bleibt viel Stoff für weiteres Nachdenken, und man muss nicht davon ausgehen, dass man sich den Foucaultschen Sichtweisen immer vorbehaltlos wird anschließen können. Aber man kann eine Wette darauf eingehen, dass sich Foucault dabei abermals als ein ausgesprochen produktiver Autor erweisen wird, mit dem es noch eine ganze Weile lang weitergehen kann.

Philipp Sarasin, Prof. Dr. phil., studierte Geschichte, Philosophie und Volkswirtschaft in Basel und Heidelberg. Nach der Promotion 1990 studierte er als Post-Doktorand an der École des Hautes Études en Sciences Sociales in Paris. Von 1993 bis 2000 arbeitete er als Assistent am Historischen Seminar der Universität Basel; 1999 Habilitation. Seit 2000 Inhaber des Lehrstuhls für Neuere Allgemeine und Schweizer Geschichte an der Forschungsstelle für Sozial- und Wirtschaftsgeschichte der Universität Zürich (www.fsw.uzh.ch) und Gründungsmitglied des Zentrums »Geschichte des Wissens« der Universität und der ETH Zürich (www.zgw.ethz.ch).

Forschungsschwerpunkte:
Geschichte des Wissens, die Theorie der Geschichtswissenschaft, Körper- und Sexualitätsgeschichte.

Ausgewählte Veröffentlichungen:
»Bakteriologie und Moderne. Studien zur Biopolitik des Unsichtbaren 1870–1920« (Hg. zus. mit S. Berger et al.), Frankfurt am Main 2007; »Michel Foucault zur Einführung«, Hamburg 2005; »›Anthrax‹. Bioterror als Phantasma«, Frankfurt am Main 2004 (amerikanische Ausgabe Harvard UP 2006); »Geschichtswissenschaft und Diskursanalyse«, Frankfurt am Main 2003; »Reizbare Maschinen. Eine Geschichte des Körpers 1765–1914«, Frankfurt am Main 2001; »Stadt der Bürger. Bürgerliche Macht und städtische Gesellschaft. Basel 1846–1914«, Göttingen 1997(2. Aufl.).

Michel Foucault, geboren am 15. Oktober 1926 in Poitiers, französischer Philosoph und Historiker.

Foucault studierte von 1946 bis 1951 an der École Normale Supérieure in Paris Philosophie und Psychologie. Nach Aufenthalten in Schweden, Polen und Deutschland habilitierte er sich 1961 mit »Folie et Déraison. Histoire de la folie à l'âge classique« und arbeitete dann als Professor für Philosophie in Clermont-Ferrand, in Tunis und an der Universität Paris-VIII (Vincennes). Seit 1970 war er Inhaber des für ihn geschaffenen Lehrstuhls für die Geschichte der Denksysteme am Collège de France.

Foucault hatte sich wie die Strukturalisten von der Phänomenologie und vom Marxismus abgewandt und arbeitete an einer »archäologischen« und genealogischen Rekonstruktion der Geschichte des Wissens und der Vernunft. Seine Bücher zur Geschichte der Klinik, des Gefängnisses und der Sexualität in der Moderne konzentrierten sich auf die historisch wandelbaren Konstellationen des Verhältnisses von Macht und Wissen und auf institutionelle Ausgrenzungs- und Disziplinierungstechniken. In der letzten Phase seines Werks untersuchte Foucault antike Formen des subjektiven Selbstverhältnisses als eine Möglichkeit des Widerstandes gegen die Macht.

Michel Foucault starb am 25. Juni 1984 in Paris.

Hamburger Institut für Sozialforschung (Hg.)
»Wie weiter mit …?«

www.Hamburger-Edition.de
Gestaltung: Jan Enns/Wilfried Gandras
Foto: VIARD FRANCOISE/GAMMA/laif
Satz: Dörlemann Satz, Lemförde
Druck und Bindung: Langebartels Druck, Hamburg
Printed in Germany
ISBN 978-3-936096-97-2 (8 Bände)

Wie weiter mit

Theodor W. Adorno
Hannah Arendt
Émile Durkheim?
Michel Foucault
Sigmund Freud
Niklas Luhmann
Karl Marx
Max Weber

Hamburger Edition

Émile Durkheim (1858–1917) ist ein Klassiker der Soziologie, dessen Werk für die Selbstverständigung gesellschaftstheoretischen Denkens seit jeher in zweierlei Hinsicht von Interesse war. Anders als bei Marx, Weber, Simmel und Freud, hat man es bei Durkheim *erstens* mit einem genuin französischen Autor zu tun. Franzose ist Durkheim zunächst hinsichtlich seiner intellektuellen Bezugsgrößen: Zu nennen wären hier Montesquieu und Rousseau, natürlich auch Auguste Comte, sein philosophischer Gewährsmann Charles Renovier und schließlich sein Antipode Gabriel Tarde. Franzose ist Durkheim aber vor allem auch in Anbetracht des gesellschaftlichen Anliegens, das sein Denken antrieb, nämlich der Dritten Republik eine solidarische Grundlage zu geben, dabei das demokratische Erbe der Französischen Revolution zu wahren und an die Bedingungen einer industrialisierten Gesellschaft anzupassen. Für uns diesseits des Rheins ist diese französische Perspektive unter verschiedenen Aspekten aufschlussreich, nicht nur im kontrastiven Vergleich zum Wilhelminischen Deutschland und seinen intellektuellen Kontroversen, sondern auch im beziehungs- und transfergeschichtlichen Blick auf wechselseitige Beobachtungsverhältnisse. Gerade Durkheim war schließlich ein intimer Deutschland-Kenner. Bereits unmittelbar nach seinem Studium in den 1880er Jahren war er – wie viele seiner französischen Zeitgenossen – in das seit dem Krieg von 1870/71 als überlegen wahrgenommene Deutschland gegangen, um sich bei Rudolf von Ihering, Alfred Schäffle, Gustav Schmoller und Wilhelm Wundt rechts- und moralwissenschaftlich weiterzubilden. Und 1915 verfasste er eine fulminante Kritik der Schriften von Heinrich von Treitschke, anhand deren er die Ursprünge des Erstens Weltkriegs hellsichtig auf den deutschen Staatswillen zur Macht zurückzuführen versuchte – auf eine »pathologische« Gesinnung also, deren langfristige Niederlage gegenüber der universalistischen (und französischen!) Moral der Menschheit er prognostizierte.[1] Sich mit dem Franzosen Durkheim zu befassen, eröffnet also – nur das sollte mit diesem ersten Punkt gesagt sein – aufschlussreiche Vergleichsperspektiven zur und Fremd-

1 Vgl. zu den Deutschlandschriften Émile Durkheim, Über Deutschland. Texte aus den Jahren 1887 bis 1915, Konstanz 1995.

perspektiven auf die deutsche Ideen- und Gesellschaftsgeschichte.

Die Beschäftigung mit Durkheim ist *zweitens* aber auch insofern von Interesse, als wir es hier mit einem Autor mit dezidiert disziplinpolitischen Ambitionen zu tun haben. Seit seinem ersten Vorlesungszyklus an der Universität Bordeaux 1888 verfolgte er das Ziel, die Soziologie als eigenständige wissenschaftliche Disziplin zu begründen. Schon in jenem »Cours de Science Sociale« ging es ihm um die präzise Bestimmung von Gegenstand und Methode der Soziologie. Ihre kanonische Fassung, wie er sie in den »Règles de la méthode sociologique« (1895) niederlegte, sei hier kurz in Erinnerung gerufen.[2] Gegenstand der Soziologie sind nach Durkheim soziale Tatbestände (*faits sociaux*), Phänomene also, die dem Individuum äußerlich sind, einen obligatorischen Charakter besitzen sowie eine allgemeine Verbreitung aufweisen und damit, wie er sagt, eine Realität *sui generis* darstellen. Methodologisch legt er die Soziologie darauf fest, soziale Tatbestände wie Dinge (*commes des choses*) zu betrachten und sie sowohl kausal als auch funktional durch andere soziale Tatbestände und nicht durch individualpsycholo-

2 Vgl. Émile Durkheim, Frühe Schriften zur Begründung der Sozialwissenschaft, Darmstadt/Neuwied 1981; ders., Die Regeln der soziologischen Methode, Frankfurt am Main 1984.

gische Vorgänge zu erklären. Bis ins 20. Jahrhundert arbeitete sich die Soziologie, zumal die französische, an diesem Selbstverständnis ab. Durkheim versuchte die Soziologie aber nicht nur intellektuell zu begründen, sondern auch institutionell. Er war (ab 1902) erster Inhaber eines sozialwissenschaftlichen Lehrstuhls an der Pariser Sorbonne, Gründer der ersten soziologischen Fachzeitschrift, der *Année Sociologique*, akademischer Lehrer einer ganzen Generation französischer Sozialwissenschaftler und Spiritus Rector einer Schule, deren Anhänger nicht nur Soziologen, sondern auch Anthropologen, Historiker und Religionswissenschaftler umfasste.[3] Aufgrund seiner disziplinbildenden Ambitionen und Erfolge darf Durkheim insofern als *der* Gründervater der akademischen Soziologie gelten. Auch deswegen gerät jede Auseinandersetzung mit Durkheim immer zur Vergewisserung über das Selbstverständnis der Disziplin.

Diese kurzen einführenden Bemerkungen mögen genügen, um deutlich zu machen, dass man – zumindest in der Soziologie – an Durkheim nicht vorbeikommt. Und dennoch ist gerade sein Werk der Frage ausgesetzt: wie weiter? Denn die Durkheimsche Soziologie war in den letzten Jahrzehnten einer Fundamental-

3 Vgl. z.B. Philippe Besnard (Hg.), The Sociological Domain. The Durkheimians and the Founding of French Sociology, Cambridge 1983.

kritik unterworfen, wie sie in der aktuellen Weber- und Simmel-Literatur kaum anzutreffen ist. »Useless Durkheim«, so lautete etwa der vernichtende Befund des amerikanischen Soziologen Charles Tilly, der Durkheims Gesellschaftstheorie konzeptionelle Unbeweglichkeit und historische Blindheit attestierte.[4] Der deutsche Soziologe Friedrich Tenbruck meinte, Durkheims wissenschaftlicher Rationalismus, also die Vorstellung, die soziale Wirklichkeit sei kausal strukturiert, werde dem unberechenbaren Charakter des Sozialen nicht gerecht und sein Gesellschaftsbegriff unterstelle Einheit, wo doch Vielfalt die Regel sei.[5] Und auch in Frankreich geriet Durkheims Makrosoziologie gegenüber neueren handlungstheoretischen Ansätzen ins Hintertreffen, seien diese nun utilitaristisch (Raymond Boudon) oder pragmatistisch (Laurent Thévenot). Die gegenüber Durkheim ins Feld geführte Fundamentalkritik lässt sich folgendermaßen auf den Punkt bringen: Anzunehmen, dass die Gesellschaft eine eigenständige, »emergente« und kausal strukturierte Realität besitze, sei wissenschaftstheoretisch nicht haltbar. So-

4 Charles Tilly, »Useless Durkheim«, in: ders., As Sociology Meets History, New York 1981, S. 95–108.

5 Friedrich Tenbruck, »Émile Durkheim oder die Geburt der Gesellschaft aus dem Geist der Soziologie«, in: *Zeitschrift für Soziologie* 10 (1981), S. 333–350.

ziale Tatbestände könnten daher niemals direkt durch andere soziale Tatbestände erklärt werden, sondern müssten auf die beabsichtigten und unbeabsichtigten Folgen des Handelns einzelner Individuen zurückgeführt werden. Durkheims Kollektivismus sei also durch einen strikten methodologischen Individualismus zu ersetzen.

Im Folgenden möchte ich zu erläutern versuchen, warum es sich trotz dieser Fundamentalkritik weiterhin lohnt, sich mit Durkheims Werk auseinanderzusetzen. Ich gehe dabei in vier Schritten vor. In einem *ersten* Abschnitt erläutere ich, warum die zentrale Frage, die Durkheim beschäftigte, die Frage nach dem sozialen Band (*lien social*), das die Gesellschaft zusammenhält, bis heute nicht an Aktualität verloren hat. Inwiefern auch Durkheims Antworten immer noch lehrreich sein können, ist Gegenstand des *zweiten* Abschnitts. Dort gehe ich zunächst auf die Durkheimsche Theorie der Sozialintegration differenzierter Gesellschaften und deren Probleme ein. Im *dritten* Abschnitt frage ich dann weiter, inwieweit diese Theorie für das Verständnis aktueller Prozesse von Globalisierung fruchtbar gemacht werden kann. Und *viertens* schließlich greife ich neuere Debatten auf, die Durkheim nicht nur von dem ihm oft zugeschriebenen Label des Kollektivisten befreien, sondern ihn als Vorreiter eines Programms betrachten, den in der Soziologie noch immer verbreiteten Gegensatz von Gesellschaft und Individuum zu überwinden und in einer relationalen Sozialontologie aufzuheben.

I

Um die Leitfrage von Durkheims Werk zu verstehen, ist es hilfreich, sich den historischen Kontext, in dem er seine Soziologie formulierte, nochmals etwas näher vor Augen zu führen. Das Stichwort hierfür ist das der *Krise*.[6] Krisenerfahrungen bestimmten die französische Gesellschaft sowohl in politischer als auch moralischer Hinsicht. Als *politische* Krisenerfahrung ist hier zunächst die Niederlage im Krieg gegen Deutschland 1870/71 in Erinnerung zu rufen, die das Selbstbewusstsein Frankreichs nachhaltig erschütterte. Aufgrund der hohen Reparationszahlungen verschärfte sie die ökonomische Depression und damit auch die seit der Industrialisierung virulente soziale Frage. Dementsprechend war die Anfangsphase der Dritten Republik von Konflikten begleitet, von denen die berühmte Dreyfus-Affäre nur das bekannteste Beispiel ist und denen eine tief greifende Spaltung der

6 Vgl. dazu einschlägig Hans-Peter Müller, Wertkrise und Gesellschaftsreform. Émile Durkheims Schriften zur Politik, Stuttgart 1983; und allgemein natürlich Stephen Lukes, Émile Durkheim. His Life and Work, London 1973.

französischen Gesellschaft in zwei verfeindete Lager zugrunde lag. Die Frontstellung des katholisch-monarchistischen und des republikanisch-laizistischen Lagers hatte sich im Verlauf des 19. Jahrhunderts derart verfestigt, dass man in der französischen Historiographie auch vom *guerre des deux Frances* spricht.[7]

Diese politische Krise wurde in Intellektuellenkreisen beider Lager nun aber vor allem als Streit um die *moralischen* Grundlagen der französischen Gesellschaft gedeutet. Insbesondere in den Auseinandersetzungen um die Verstaatlichung des Bildungswesens und die Einführung einer säkularen Moralerziehung prallten die Positionen der katholischen Restauration und des republikanischen Laizismus, ganz zu schweigen von der an Bedeutung gewinnenden sozialistischen Bewegung, aufeinander, zum Teil gar gewaltsam. In dieser moralischen Krise verortete sich Durkheim eindeutig im republikanischen Lager, das sich der Verteidigung der Prinzipien von 1789 (*liberté, égalité, fraternité*) verschrieben hatte. Durkheims Leitfrage nach dem Zusammenhalt der Gesellschaft war durch den republikanischen Diskurs vorbereitet, nicht zuletzt auch terminologisch, griff er mit dem Begriff der Solidarität doch ein Schlagwort auf, das der Repu-

7 Émile Poulat, Liberté, Laicité. La guerre des deux France et le principe de la modernité, Paris 1987.

blikaner Léon Bourgeois, 1895/96 französischer Premierminister, später Gesandter bei der Haager Friedenskonferenz und ab 1919 Präsident des Völkerbundes, in den Mittelpunkt der republikanischen Reformbewegungen gestellt und zum Kern des sogenannten Solidarismus gemacht hatte.[8]

Durkheims Soziologie kann als Versuch gelesen werden, eine Antwort auf diese politische und moralische Krise zu geben, und ist insofern zu Recht als eine »Krisenwissenschaft« bezeichnet worden, die um das Thema soziale Solidarität und Integration kreist.[9] Obwohl dieser integrationstheoretische Fokus zeitweise als konservativ galt, lässt sich auch hundert Jahre später kaum bestreiten, dass Fragen nach dem, was die Gesellschaft zusammenhält, immer noch auf der Tagesordnung stehen. Gewiss, die Anlässe sind andere als diejenigen, die Durkheims Werk motivierten. Heute stehen Migration und kulturelle Pluralisierung im Vordergrund, ebenso die Folgen der poli-

8 J. E. S. Hayward, »Solidarity: The Social History of an Idea in Nineteenth Century France«, in: *International Review of Social History* VI (1959), S. 261–284.

9 Vgl. nochmals Müller, Wertkrise und Gesellschaftsreform; zum Integrationsthema noch immer lesenswert: Talcott Parsons, »Durkheim's Contribution to the Theory of Integration of Social Systems«, in: ders., Sociological Theory and Modern Society, New York 1967, S. 3–34.

tischen Europäisierung und der ökonomischen Globalisierung für den National- und Wohlfahrtsstaat. Das Grundproblem indessen scheint, wie eine Fülle zeitdiagnostischer Publikationen zeigt, demjenigen von Durkheim durchaus verwandt: Es geht um Grundlagen und Formen menschlichen Zusammenlebens, um soziale Integration unter den Bedingungen moderner differenzierter Gesellschaften.[10] An Bedeutung haben Durkheims Fragen also kaum eingebüßt. Zu prüfen ist, ob und inwiefern wir auch von seinen Antworten noch lernen können.

II

In seiner Antwort auf die Frage nach den moralischen Grundlagen moderner, arbeitsteiliger Gesellschaften setzte sich Durkheim dezidiert von denjenigen ab, die, wie etwa sein philosophischer Lehrer Charles Renouvier und viele andere neokantianisch orientierte Intellektuelle der Dritten Republik, normativ argumentierten. Anders als den »Moralisten«, wie er sie despektierlich nannte, ging es ihm um eine »empirische Moralwissenschaft«, von der er

10 Vgl. exemplarisch Erwin Teufel (Hg.), Was hält die moderne Gesellschaft zusammen?, Frankfurt am Main 1996; oder auch Alain Touraine, Pourrons-nous vivre ensemble? Égaux et différents, Paris 1997.

sich objektives Wissen über soziale Integration erhoffte. Genau diesem Zweck diente sein disziplinpolitisches Projekt der intellektuellen und institutionellen Begründung der Soziologie. Dabei konnte er bereits an einen etablierten sozialtheoretischen Diskurs anschließen, der das Verhältnis von Differenzierung und Integration als Grundthema der Soziologie etabliert hatte.[11] Auguste Comte und Herbert Spencer sind hier die wichtigsten Referenzautoren, mit deren Schriften zumindest Durkheims Frühwerk in engstem Dialog steht. Von ihnen stammen die Spuren evolutionistischen und organizistischen Denkens, für das die metaphorische Übertragung biologischer Konzepte auf den politischen Körper charakteristisch war. Von Comtes Konzept eines moralischen Konsenses als Grundlage auch moderner Gesellschaften grenzt er sich dabei allerdings ebenso ab wie von Spencers utilitaristischer Vorstellung eines aus egoistischer Interessenverfolgung gewissermaßen schon naturwüchsig entstehenden »social bond«. Mit dieser doppelten Frontstellung ist die Grundposition bezeichnet, die Durkheim im Laufe seiner Werkentwicklung immer weiter präzi-

11 Zum geistesgeschichtlichen Kontext von Durkheim vgl. nur John Heilbron, The Rise of Social Theory, Cambridge 1995; sowie Robert Leroux, Histoire et sociologie en France. De l'histoire-science à la sociologie durkheimienne, Paris 1998.

siert, nämlich diejenige eines *moralischen Individualismus.*[12]

Um Durkheims Beitrag zur Theorie der Integration moderner Gesellschaften einzuschätzen, bietet sich ein genauerer Blick auf sein erstes Hauptwerk, »De la division du travail social« (1893), an.[13] Diese Studie ist – darin sind sich die Interpreten einig – von vornherein als Apologie der Arbeitsteilung angelegt. Gegenüber den konservativen Moralisten argumentiert er, dass auch die Arbeitsteilung eine moralische Funktion habe oder anders gesagt: dass soziale Differenzierung nicht nur, wie er durchaus zugesteht, lokale Gemeinschaften zerstört, sondern auch neue Solidaritätsformen erzeugt. Gegenüber den utilitaristischen Vertragstheoretikern versucht er indessen zu zeigen, dass solche Solidaritätsformen für den wirtschaftlichen Tauschverkehr unerlässlich sind, dass also umgekehrt der interessengeleitete Vertragsabschluss einer vorgängigen nicht vertraglichen Grundlage bedarf. Den Nachweis für die moralische Funk-

12 Vgl. ähnlich Anthony Giddens, »Durkheim and the Question of Individualism«, in: ders., Politics, Sociology and Social Theory. Encounters with Classical and Contemporary Social Theory, Stanford 1995, S. 116–135.

13 Émile Durkheim, Über soziale Arbeitsteilung. Studie über die Organisation höherer Gesellschaften, Frankfurt am Main 1992.

tion der Arbeitsteilung führt er am Beispiel einer Analyse rechtlicher Verhaltensregeln, und er wählt dieses Beispiel, weil das Recht eine institutionell besonders verfestigte Gestalt sanktionierter Verhaltensregeln ist.

Entscheidend für Durkheims Argumentation in der Studie über die Arbeitsteilung ist nun, wie übrigens auch bereits in seiner frühen Montesquieu-Schrift, die Unterscheidung von zwei Typen sozialer Solidarität. Solcher Unterscheidungen bediente man sich in der Gründungsphase der Soziologie sehr häufig zum Verständnis der Moderne. Das bekannteste Gegensatzpaar, das von »Gemeinschaft« und »Gesellschaft« bei Ferdinand Tönnies, ist der Durkheimschen Unterscheidung nicht unähnlich.[14] Durkheim nennt die beiden Typen »mechanische« und »organische Solidarität«. Mechanische Solidarität basiert auf der Ähnlichkeit der Gesellschaftsmitglieder hinsichtlich ihrer geteilten Werte, Glaubensüberzeugungen, Einstellungen oder Lebensformen. Sie artikuliert sich in einem ausgeprägten Strafrecht, das bei Normabweichung die kollektiv geteilten Werte bekräftigt. Strukturell entspricht ihr eine einfache, segmentär differenzierte Gesellschaftsstruktur, wie man sie etwa in Stammesgesellschaften mit ausgeprägtem religiösem

14 Und wurde von Durkheim als Rezensent auch ausführlich besprochen; vgl. Durkheim, Über Deutschland, S. 217–225.

Kollektivbewusstsein antrifft. Demgegenüber basiert die organische Solidarität genau umgekehrt auf der Verschiedenheit und Kooperation der Gesellschaftsmitglieder. Durkheims Indikator ist hier das »restitutive« Recht, insbesondere das Vertragsrecht, weil der Vertrag nicht allein auf Tausch (so Spencer), auch nicht auf Zwang (so Comte), sondern auf einer vorgängigen Solidarität basiert. Die organische Solidarität findet sich in arbeitsteiligen, funktional differenzierten Gesellschaften mit schwach ausgeprägtem Kollektivbewusstsein. Ganz auf der Linie evolutionistischer Denkansätze des 19. Jahrhunderts meint Durkheim, ein »Gesetz der Geschichte« formulieren zu können, wonach es eine Entwicklung von einfachen zu komplexen, von segmentär zu funktional differenzierten Gesellschaften gebe. Dieser Entwicklung entspreche eine Abnahme des religiösen Kollektivbewusstseins, empirisch sichtbar am rückläufigen Anteil repressiver Rechtsregeln im gesamten Rechtskorpus, und daraus resultiere ein allmählicher Übergang von Formen mechanischer zu organischer Solidarität.

Damit lässt sich festhalten, dass es nach Durkheim zwei Typen sozialer Solidarität gibt, die beide gleichermaßen über eine rein utilitaristische Logik der Interessenharmonie hinausgehen und stattdessen auf gesellschaftlich institutionalisierten Verhaltensregeln basieren. Auch die Arbeitsteilung erfüllt damit – und das war ja das Ziel von Durkheims Apologie –

eine moralische Funktion, setzt also neue Formen sozialer Integration frei. Insofern vertritt Durkheim eine grundsätzlich optimistische Einschätzung der Moderne, was ihn von Tönniesscher Gemeinschaftsromantik ebenso unterscheidet wie von seinem Neffen und Schüler Marcel Mauss, der auf die Bedeutung vormoderner Formen des Gabentausches auch in modernen Gesellschaften verweist.[15]

Nun sind sich die Interpreten von Talcott Parsons über Jürgen Habermas bis zu Niklas Luhmann einig, dass Durkheims Apologie der Arbeitsteilung theoretisch auf ganzer Linie scheitert. Gerade dieses Scheitern ist für uns heute lehrreich, weil es Perspektiven der Weiterentwicklung von Durkheims Integrationstheorie eröffnet. Begründet ist es in einem doppelten Dilemma der organischen Solidarität.[16] Das *erste* Dilemma ist analytischer Natur und betrifft den Begriff des Kollektivbewusstseins.

15 Marcel Mauss, Die Gabe. Form und Funktion des Austauschs in archaischen Gesellschaften [1923/24], Frankfurt am Main 1990.

16 Hartmann Tyrell, »Émile Durkheim – Das Dilemma der organischen Solidarität«, in: Soziale Differenzierung. Zur Geschichte einer Idee, hrsg. von Niklas Luhmann, Opladen 1985, S. 181–250; lesenswert auch noch immer die Ausführungen bei Talcott Parsons, The Structure of Social Action. A Study in Social Theory with Special Reference to a Group of Recent European Writers. Second Edition (Paperback), New York/London 1968, vor allem S. 318.

In seiner Arbeitsteilungsstudie ist Durkheim unentschlossen, was genau er mit dem besagten Rückgang des Kollektivbewusstseins meint – verschwindet es oder ändert es lediglich seinen Inhalt? Wäre die Rede vom schwindenden Kollektivbewusstsein ernst gemeint, so implizierte sie, dass moderne Gesellschaften über keinen normativen Konsens mehr verfügen und dessen auch nicht bedürfen. Die Integration arbeitsteiliger Gesellschaften bestünde dann ausschließlich in der Abstimmung von Funktionen aufeinander, besäße also nur die Form »systemischer« und nicht »sozialer Integration«.[17] Diese Position, die in Luhmanns Systemtheorie ihre prominenteste und radikalste Formulierung gefunden hat, hieße indessen, die moralische Funktion der Arbeitsteilung in Frage zu stellen. Durkheim selbst neigt daher eher der zweiten Deutungsvariante zu, wonach das Kollektivbewusstsein nicht schwindet, sondern seinen Inhalt ändert: Hatte sich der normative Konsens einst auf partikularistische Kollektivmerkmale bezogen, so richtet er sich nun auf die universalistischen Merkmale der mensch-

17 Vgl. zu dieser Unterscheidung David Lockwood, »Social integration and system integration«, in: George K. Zollschan/Walter Hirsch (Hg.), Explorations in Social Change, London 1964, S. 244–257; und, (auch) mit Bezug auf Durkheim, Jürgen Habermas, Theorie des kommunikativen Handelns. 2 Bde., Frankfurt am Main 1981.

lichen Person. Auch moderne Gesellschaften hätten demnach einen Kult, den »Kult des Individuums«, dessen Analyse Durkheim beinahe sein gesamtes moral- und religionssoziologisches Spätwerk widmet. Folgte man dieser Position, die teilweise in der neueren Kultursoziologie vertreten wird,[18] würde die scharfe Unterscheidung zwischen mechanischer und organischer Solidarität eingeebnet; hier wie dort basierte gesellschaftliche Integration auf einem, wie immer inhaltlich bestimmten, normativen Konsens. Durkheims analytisches Dilemma führt also notgedrungen zu einer Präzisierung der Formen sozialer und systemischer Integration in modernen Gesellschaften.

Das *zweite* Dilemma ist ein empirisches. Eigentlich, so lautete ja Durkheims Hypothese, sollte Arbeitsteilung organische Solidarität und mithin soziale Integration hervorbringen. Tatsächlich beobachtet er in seiner Gegenwartsgesellschaft jedoch gerade das Fehlen moralischer Bindungen, also Phänomene der Desintegration. Drei Phänomenbereiche stehen ihm dabei vor Augen: Klassenkämpfe als Folge einer nicht spontan, sondern mit Zwang durchgesetzten Arbeitsteilung; Defizite funktionaler Abstimmung in spezialisierten Organisationen; und vor allem Erscheinungen der Anomie, also der Re-

18 Vgl. die Beiträge in Jeffrey C. Alexander (Hg.), Durkheimian Sociology: Cultural Studies, Cambridge 1988.

gellosigkeit des sozialen Lebens, die Durkheim in seiner berühmten Studie »Le suicide« (1897) ins Zentrum der Analyse stellt. Durkheim behilft sich hier mit dem interpretatorischen Kunstgriff, dass es sich bei den genannten Krisenphänomenen lediglich um »Pathologien« handle, die auf Übergangsphasen beschränkt seien. Wiewohl solche Pathologien aufträten, bleibe die »normale« Folge der Arbeitsteilung die Herausbildung einer sozialen Solidarität, deren Ankunft durch soziologische Aufklärung zu beschleunigen sei. So steht am Ende der Arbeitsteilungsstudie der Appell: »Unsere erste Pflicht besteht darin, uns eine neue Moral zu bilden« – ein Appell, mit dem Durkheim ungewollt doch wieder zum Moralisten wird.[19]

Für die gegenwärtige Soziologie ist dieser direkte Weg vom pathologischen Sein zum Sollen der Normalität verbaut. Dies gilt sowohl für den an Webers Prinzip der Werturteilsfreiheit orientierten Mainstream der Soziologie wie auch für die (inzwischen recht marginale) Tradition kritischer Soziologie, deren Ansprüche an die normative Begründbarkeit des Sollens durch Habermas' Diskurstheorie enorm gesteigert wurden. So kann etwa Durkheims Versuch, den soziologischen

19 Durkheim, Über soziale Arbeitsteilung, S. 480; zur Diskussion vgl. die Beiträge in Stephen P. Turner (Hg.), Emile Durkheim. Sociologist and Moralist, London/New York 1993.

Einsichten über die moralische Normalfunktion der Arbeitsteilung mit pädagogischen Mitteln zu gesellschaftlichem Durchbruch zu verhelfen, heute kaum mehr überzeugen.[20] Und dennoch bleibt sein Anliegen, das Zusammenspiel moralischer Ordnungen in der Moderne zu analysieren, bis heute anregend. Nicht zuletzt aufgrund des Erstarkens von politischer Philosophie und Moralphilosophie seit den 1980er Jahren hat auch Durkheims Moralsoziologie erneute Aufmerksamkeit erfahren. Hatte er schon in seinem Frühwerk, durchaus auf der Linie von Alexis de Tocqueville und anderen Gesellschaftstheoretikern des 19. Jahrhunderts, eine Stärkung intermediärer, vor allem berufsbezogener Gruppen gefordert, die zwischen Individuum und Staat vermitteln könnten, so entfaltete er in seiner Vorlesungsreihe »Physique des Droits et des Mœurs« eine umfassende und anspruchsvolle Moralsoziologie.[21] Schon im Titel bewusst auf Kant anspielend, entwickelt er hier eine Moraltheorie, die den philosophischen Gegensatz von Moral und Sittlichkeit, der Pflicht und des Guten, von Universalismus und Partikularis-

20 Émile Durkheim, Erziehung, Moral und Gesellschaft. Vorlesung an der Sorbonne 1902/1903, Neuwied/Luchterhand 1973.

21 Émile Durkheim, Physik der Sitten und des Rechts. Vorlesungen zur Soziologie der Moral, Frankfurt am Main 1991.

mus in einem komplexen System moralischer Beziehungen aufzuheben versucht. Zwischen den universalistischen Polen von Individual- und Menschheitsmoral spannt er verschiedene miteinander verschränkte partikularistische Ordnungen auf, darunter insbesondere die häusliche Moral, die Berufsmoral und die Staatsbürgermoral. Sie alle sind eingebettet in den moralischen Individualismus, jenen keineswegs kritisch, sondern affirmativ so genannten »Kult des Individuums«, den Durkheim auf der Höhe der Dreyfus-Affäre als letzten Glaubensinhalt arbeitsteiliger Gesellschaften verteidigte.

Bei allen Problemen, die Durkheims Moraltheorie kennzeichnen und die hier nicht im Einzelnen diskutiert werden können, bleiben zwei Einsichten bis heute instruktiv. *Erstens*: Die soziale Integration moderner Gesellschaften basiert nicht allein auf einem übergreifenden einheitlichen Wertekonsens, sondern gerade auf der Vielfalt sich überschneidender und überlagernder Bezugs- und Solidaritätsgruppen. Im Zusammenhang mit aktuellen Diskussionen um Migration und kulturelle Pluralisierung erscheinen daher auch die vielen ethnischen, sprachlichen und religiösen Gemeinschaften, deren Verschwinden Durkheim voreilig prognostizierte, nicht als Gefährdung, sondern als Beitrag zur sozialen Integration moderner Gesellschaften – dann jedenfalls, wenn sie Solidaritäten quer zu anderen, etwa stratifikatorischen, professionellen oder politischen Gruppenunterschieden schaffen. Es sind komplexe Netze sozialer Bande von unterschiedlicher Form und Reichweite, die soziale Solidarität in nicht nur sozial, sondern auch kulturell differenzierten Gesellschaften garantieren. *Zweitens*: Sofern in modernen Gesellschaften überhaupt noch von einem übergreifenden Wertekonsens gesprochen werden kann, bezieht dieser sich auf hochabstrakte universalistische Prinzipien, zu denen insbesondere Menschenwürde und Menschenrechte gehören.[22] Dass sich diese Prinzipien schwerlich dazu eignen, auch die identitätsstiftende Grundlage nationaler Kollektive zu werden, deutet bereits auf eine Entwicklungsdynamik, die hundert Jahre nach Durkheim an Virulenz gewonnen hat: nämlich Europäisierung und Globalisierung.

III

Debatten über Europäisierung und Globalisierung haben den Sozialwissenschaften schlagartig vor Augen geführt, in welchem Ausmaß ihre begrifflichen Grundlagen auf nationalstaatlich verfasste, als territorial begrenzte und kulturell relativ homogen vorgestellte Ge-

22 Vgl. dazu Matthias Koenig, Menschenrechte bei Durkheim und Weber, Frankfurt am Main/New York 2002, S. 44ff.

sellschaften zugeschnitten waren. Von jenem »methodologischen Nationalismus« scheint gerade auch Durkheims Soziologie betroffen zu sein, lässt sich sein Gesellschaftsbegriff doch geradezu als Selbstbeschreibung der modernen Nation verstehen.[23] Dass man sich bei der Analyse von Europäisierung und Globalisierung nichtsdestotrotz von Durkheim anregen lassen kann, möchte ich im Folgenden in aller Kürze erläutern.

Dazu ist zunächst in Erinnerung zu rufen, dass Durkheim das oben bereits erwähnte »Gesetz der Geschichte«, das auf eine lineare Theorie gesellschaftlicher Evolution hinzudeuten scheint, um ein »Gesetz der Schwerkraft der sozialen Welt« ergänzt, das gewissermaßen die kausalen Mechanismen für die Entstehung von Arbeitsteilung und damit von organischer Solidarität beinhaltet. Ausgangspunkt für sein Erklärungsmodell ist das Wachstum von sozialem Volumen und moralischer Dichte. Diese Größen bemessen sich nach Durkheim an der absoluten Bevölkerungsgröße und der Bevölkerungsdichte einerseits sowie der durch Verkehrs- und Kommunikationstechnologien ermöglichten Interaktionshäufigkeit andererseits. Das signifikante Wachstum dieser Größen erzeugt einen Kampf ums

23 Vgl. dazu etwa Ulrich Bielefeld, Nation und Gesellschaft. Selbstthematisierungen in Deutschland und Frankreich, Hamburg 2003, vor allem S. 191–218.

Dasein, erhöht den Druck zur Spezialisierung und führt – gewissermaßen als Ventil jenes Daseinskampfes – zum Fortschreiten der Arbeitsteilung, die schließlich ihrerseits organische Solidarität hervorbringt.[24]

Nun muss man diese darwinistische Argumentationslogik nicht gänzlich mitvollziehen, um doch den Zusammenhang zu sehen, der zwischen der infrastruktur- und technologiebedingten Kommunikationsverdichtung und dem Formwandel von Solidarität besteht. Dieser Zusammenhang wird daher auch, oft mit Rekurs auf Durkheim, von einigen zeitgenössischen Theoretikern als Erklärung für die Prozesse der Europäisierung und Globalisierung in Anschlag gebracht. Durkheim selbst hatte die Stoßrichtung solcher Erklärungen bereits vorweggenommen, als er, der ansonsten als methodologischer Nationalist par excellence gelten kann, die national geschlossenen Gesellschaften lediglich als Übergangsstufe auf dem durch die fortschreitende Arbeitsteilung vorgezeichneten Weg zur Entstehung größerer sozialer Einheiten bis hin zur Menschheit betrachtete. Es lohnt sich, Durkheims Überlegungen, deren historischer Hintergrund die Intensivierung von Welthandel und völkerrechtlicher Re-

24 Zur kritischen Diskussion dieser Theorie vgl. Dietrich Rueschemeyer, »On Durkheim's Explanation of the Division of Labor«, in: *American Journal of Sociology* 88 (1982), S. 579–589.

gulierung in der Zeit zwischen 1870 und 1914 war, hier einmal etwas ausführlicher nachzuvollziehen: »Ein lange gehegter Traum der Menschen«, so Durkheim, »ist, endlich das Ideal der menschlichen Brüderlichkeit zu verwirklichen.« Trotz partikularer Bindungen richteten sich die Wünsche der Menschen auf Frieden in den internationalen Beziehungen. Diese Wünsche »können aber nur befriedigt werden, wenn alle Menschen eine einzige, den gleichen Gesetzen unterworfene Gesellschaft bilden.« Intersoziale Konflikte könnten nur durch die regulierende Wirkung einer übergreifenden Gesellschaft begrenzt werden. Zwar sei es so, dass die kulturellen Verschiedenartigkeiten noch zu groß für die unmittelbare Erfüllung jenes Ideals menschlicher Brüderlichkeit seien; eine »europäische Gesellschaft« sei aber bereits im Entstehen begriffen, und daher lasse sich auch am Ideal der Menschheit festhalten. »Nun wissen wir aber, daß sich größere Gesellschaften nicht bilden können, ohne daß sich die Arbeitsteilung entwickelt.« Daher gelte: »Das Ideal der menschlichen Brüderlichkeit kann sich nur in dem Maß erfüllen, in dem die Arbeitsteilung fortschreitet.«[25]

Interessant ist Durkheim für die Debatte um Europäisierung und Globalisierung also vor allem, weil er die fortschreitende Arbeitsteilung auf einen Formwandel sozialer

25 Durkheim, Über soziale Arbeitsteilung, S. 475–477.

Integration bezieht. Genau dies leistet weder die marxistische Tradition, wie sie etwa in der Weltsystemtheorie von Immanuel Wallerstein anzutreffen ist, noch die systemtheoretische Tradition, aus deren Perspektive sich Integration allenfalls noch systemisch, also im Rücken der Akteure vollzieht. Eine an Durkheim orientierte Perspektive fokussiert demgegenüber gerade die sozialintegrative Dimension globaler Dynamiken und fragt nach den institutionellen und kulturellen Kontexten, in die globale Arbeitsteilung und funktionale Differenzierung eingebettet sind.

Was die *institutionelle* Seite des Formwandels der Sozialintegration angeht, so wiederholt sich im Prozess der Europäisierung und Globalisierung noch einmal die von Durkheim nachvollzogene Dialektik der Desintegration kleinerer und Integration größerer Einheiten. Es sind nunmehr allerdings die Nationalstaaten, die aufgrund ihres partikularistischen Kollektivbewusstseins als soziale Segmente mit mechanischer Solidarität erscheinen. Fortschreitende Arbeitsteilung und funktionale Differenzierung bedeuten insofern zunächst immer auch die Desintegration nationaler Formen sozialer Solidarität. Gleichzeitig entstehen damit aber auch transnationale Formen einer Solidarität unter Fremden.[26] In empirischer Hinsicht ha-

26 Vgl. dazu Hauke Brunkhorst, Solidarität. Von der Bürgerfreundschaft zur globalen Rechtsgenossen-

ben Autoren wie Luc Boltanski solche Formen transnationaler Solidarität am Beispiel des medial vermittelten Mitleidens mit Fremden zu dechiffrieren versucht.[27] Mit explizitem Bezug auf Durkheim hat Richard Münch sie anhand der Welthandelsordnung analysiert, die vielleicht das augenfälligste Beispiel für den Zusammenhang von fortschreitender globaler Arbeitsteilung und der Entstehung vertragsrechtlicher Regelwerke und damit wiederum von organischer Solidarität ist. Das zunehmend dichte Geflecht internationaler Prinzipien der Fairness, Reziprozität und Meistbegünstigung, des Antidumping- sowie Antisubventionsrechts und alternativer Streitbeilegungsverfahren bewirke eine weltgesellschaftliche Integration, die innerhalb der Nationalstaaten als Desintegration erfahren wird und daher regelmäßig Widerstände hervorruft.[28]

Was die *kulturelle* Seite des Formwandels sozialer Integration und Solidarität angeht, lässt sich mit Durkheim eine zunehmende Ge-

schaft, Frankfurt am Main 2002; sowie auch die Beiträge in Jens Beckert u. a. (Hg.), Transnationale Solidarität. Chancen und Grenzen, Frankfurt am Main/New York 2004.

27 Luc Boltanski, La souffrance à distance. Moral humanitaire, medias et politique, Paris 1993.

28 Richard Münch, »Die Konstruktion des Welthandels als legitime Ordnung der Weltgesellschaft«, in: *Zeitschrift für Soziologie, Sonderheft Weltgesellschaft* (2005), S. 290–313.

neralisierung und Abstrahierung des Kollektivbewusstseins erwarten. Die im 20. Jahrhundert beobachtbare globale Verbreitung und Verankerung der Menschenrechte stellt die offenkundigste Evidenz für diesen Vorgang dar.[29] Indem Menschenrechte zum symbolischen Kernbestand der Weltgesellschaft werden, ändern sich die Legitimitätsbedingungen von Staatlichkeit in gleich mehrfacher Hinsicht. Legitime Staatlichkeit ist an die Achtung der Würde des einzelnen Individuums gebunden. Darüber hinaus wird an den Staat die Erwartung herangetragen, die aus universalistischen Menschenrechten abgeleiteten Rechte partikularer Identitätsgruppen – indigener Bevölkerungen, ethnischer Gruppen, religiöser Minderheiten, Migranten – zu schützen. Auch dieser Prozess führt, wie der oben bereits genannte, zur Desintegration nationaler Gemeinschaften und zur Entwicklung neuer Formen sozialer Integration, die Jürgen Habermas hellsichtig auf den Begriff der »postnationalen Konstellation« gebracht hat.[30]

29 Vgl. dazu Matthias Koenig, »Weltgesellschaft, Menschenrechte und der Formwandel des Nationalstaats«, in: *Zeitschrift für Soziologie, Sonderheft Weltgesellschaft* (2005), S. 374–393.

30 Vgl. Jürgen Habermas, Die postnationale Konstellation. Politische Essays, Frankfurt am Main 1998.

IV

In den vorgegangenen Abschnitten habe ich diskutiert, inwieweit Durkheims makrosoziologische Antworten auf seine Leitfrage nach den solidarischen Grundlagen und der Integration moderner Gesellschaft(en) noch heute anschlussfähig sind. Nun könnte man an dieser Stelle nochmals die eingangs bereits genannte Fundamentalkritik aufgreifen und sagen, dass all diese makrosoziologischen Antwortversuche die heutigen Standards erklärender Soziologie unterlaufen, da sie die von den Anhängern des methodologischen Individualismus so präzise rekonstruierten mikrosozialen Prozesse unspezifiziert lassen, auf die »Solidarität« und »Integration« letztlich zurückgeführt werden müssen. Gegenüber dieser Sichtweise möchte ich im Folgenden deutlich machen, dass es durchaus Wege gibt, Durkheims Integrationstheorie auch mikrosoziologisch zu fundieren.

Prämisse der folgenden Überlegungen ist, dass es ein Missverständnis wäre, Durkheim als lupenreinen Kollektivisten zu bezeichnen. In normativer Hinsicht sollte dies aus dem oben zum moralischen Individualismus Gesagten bereits deutlich geworden sein. Aber auch in methodologischer Hinsicht wäre es ein Fehler, Durkheim auf eine kollektivistische oder holistische Position festzulegen, der zufolge die Gesellschaft als eine dem Individuum übergeordnete Realität zu konzipieren sei. Natürlich bieten seine Texte, vor allem seine disziplinprogrammatischen Äußerungen, eine Fülle von Anhaltspunkten für eine solche Interpretation.[31] Doch schon früh ist den Durkheim-Exegeten aufgefallen, dass dieser in seinen materialen Analysen soziale Beziehungen, eben das *lien social*, als primäre analytische Bezugseinheit der Soziologie betrachtet. Harry Alpert betitelte Durkheims Position daher als »assoziativen Realismus«.[32] Genau in diese Richtung zielen auch neuere Deutungsversuche, die in Durkheims Soziologie Ansatzpunkte für eine strikt relationale Sozialontologie sehen, die den Gegensatz von Individuum und Gesellschaft überwindet.

Unmittelbarer Anknüpfungspunkt für diese Deutungsversuche ist Durkheims religionssoziologisches Spätwerk.[33] Die Frage, mit der sich Durkheim schon in einigen seiner moralsoziologischen Schriften, vor allem aber dann in »Les formes élémentaires de la vie religieuse«

31 Und sie wird daher bis heute auch, teils sehr elaboriert, vertreten, etwa von Keith R. Sawyer, »Durkheim's Dilemma: Toward a Sociology of Emergence«, in: *Sociological Theory* 20 (2002) 2, S. 227–247.

32 Vgl. Harry Alpert, Émile Durkheim and His Sociology, New York 1961.

33 Dazu einschlägig W. S. F. Pickering, Durkheim's Sociology of Religion. Themes and Theories, London 1984.

(1912), dem Religionsthema zuwendet, besteht darin, die bindende Kraft der Moral sowie die Herkunft der kognitiven Erkenntniskategorien, die uns heute so selbstverständlich erscheinen, zu erklären.[34] Angeregt durch religionsgeschichtliche und -wissenschaftliche Kontroversen seiner Zeit, insbesondere durch die Arbeiten von Fustel de Coulanges zur antiken Religion sowie durch das Werk von Robertson Smith, versucht Durkheim diese Frage durch Rückzug auf »primitive« Erscheinungsformen der Religion zu klären. »Les formes élémentaires« ist daher nur vordergründig eine detaillierte Analyse totemistischer Glaubensvorstellungen und Riten in australischen Stammesgesellschaften. Wichtiger als diese Details ist Durkheims allgemeine Feststellung, dass die moralischen Kategorien der Pflicht und des Guten ebenso wie die Erkenntniskategorien von Raum, Zeit und Kausalität auf die religiöse Grundunterscheidung von Heiligem und Profanem zurückzuführen sind. Auf dieser Unterscheidung basiere ein ganzes Klassifikationssystem gebotener und verbotener Handlungen und legitimer Vorstellungen, dessen Grundstruktur noch die moderne Moral und Vernunft kennzeichnet. Durkheims zentrales Argument lautet nun, dass jene Grundunterscheidung von Heiligem und Profanem nichts

34 Émile Durkheim, Die elementaren Formen des religiösen Lebens, Frankfurt am Main 1981.

anderes zum Ausdruck bringt als die Erfahrung von Sozialität. Die periodischen Versammlungen der australischen Stämme erzeugten ähnlich wie moderne Revolutionsfeste bei den Beteiligten eine besondere Gefühlsintensität und eine qualitative Differenz des Bewusstseinszustands. Diese Grunderfahrung von Sozialität werde in Ritualen regelmäßig erneuert und in gemeinsamen Symbolen repräsentiert.

Hatte man sich für Durkheims Religionstheorie zunächst in evolutionstheoretischer Perspektive interessiert, so ist sie in jüngster Zeit zusehends als Theorie der mikrosozialen Entstehungsmechanismen von Solidarität gelesen worden.[35] Hans Joas' Theorie einer Entstehung der Werte aus Situationen radikaler Selbsttranszendierung ist ein prominentes Beispiel für solche Aneignungsversuche.[36] Der wohl elaborierteste Versuch, Durkheims Religionssoziologie mikrosoziologisch zu radikalisieren, stammt von Randall Collins. Die Hauptaussage seiner Theorie der Interaktionsrituale lautet, dass die Basis sozialer Integration in Mikroprozessen der Interaktion liegt, zu deren Aufschlüsselung Durkheim die wich-

35 Zur evolutionstheoretischen Deutung der Versprachlichung des Sakralen vgl. Habermas, Theorie des kommunikativen Handelns, Bd. II.

36 Hans Joas, Die Entstehung der Werte, Frankfurt am Main 1997.

tigsten Elemente geliefert habe, die durch die Brille von Erving Goffman zudem auf Alltagsinteraktionen bezogen werden könnten.[37] Kennzeichnend für Interaktionsrituale sind nach Collins folgende Ausgangsbedingungen: die körperliche Kopräsenz mindestens zweier Akteure, klare Grenzen der Interaktionssituation nach außen, ein gemeinsamer Aufmerksamkeitsfokus und eine gemeinsame Stimmung. Träfen diese Ausgangsbedingungen zusammen, so stelle sich das ein, was Durkheim in seiner Religionssoziologie als »kollektive Efferveszenz« bezeichnet hat. Daraus wiederum resultierten eine starke Gruppensolidarität, eine erhöhte emotionale Energie der Individuen, heilige Symbole und moralische Normen.[38] Die Individuen drifteten von Situation zu Situation, die sich gerade nicht auf das Zusammenspiel utilitaristischer Interessen reduzieren ließen, sondern einer eigenen, eben rituellen Logik folgten. Interaktionsrituale variieren dabei entlang folgender analytischer Dimensionen: der rituellen Intensität, dem Zentralisierungsgrad der Interaktion, der sozialen Dichte und der sozialen Diversität. Auf der Folie dieser Analysedimensionen erscheint Durkheims mechanische Solidarität als Beispiel für Interaktionsrituale mit hoher

37 Randall Collins, Interaction Ritual Chains, Princeton 2004, S. 32–40.

38 Ebenda, S. 48.

sozialer Dichte, hoher ritueller Intensität und niedriger sozialer Diversität, wohingegen die organische Solidarität durch hohe soziale Diversität gekennzeichnet sei. Durkheims analytisches Dilemma wird hier unter der Hand durch höhere begriffliche Flexibilität gelöst. Angewendet auf moderne Gesellschaften und ihr Geflecht von Interaktionssituationen bietet Collins eine mikrofundierte Erklärung für die Entstehung des »Kultes des Individuums«. Ähnlich wie schon Goffman sieht er die Sakralisierung des Individuums als Resultat der spezifischen Struktur moderner Interaktionsrituale. »This secular world is not so irreligious as we might think. Many gods have been done away with, but the individual himself stubbornly remains a deity of considerable importance.«[39]

Damit ist auch der Anschluss an die oben bereits skizzierten makrosoziologischen Bestandteile von Durkheims Werk hergestellt. Organische Solidarität und »Kult des Individuums« gewinnen in Durkheims Religionssoziologie eine interaktionstheoretische Mikrofundierung. Auch Prozesse der Europäisierung und Globalisierung müssten in dieser Lesart auf die alltäglichen Interaktionsrituale hin untersucht werden, aus denen neue affektive Bindungen, heilige Symbole und soziale

39 So Erving Goffman, hier zitiert nach Collins, Interaction Ritual Chains, S. 370f.

Solidaritäten resultieren. Insgesamt zeichnen sich in Collins' Weiterführung von Durkheims Soziologie die Konturen einer radikal relationalen Theorieperspektive ab, die sicherlich zu den spannendsten Entwicklungen der gegenwärtigen Soziologie gehört und Durkheims Erbe in ganz ungewohnter Weise zu aktualisieren vermag.[40]

V

Warum heute noch Durkheim lesen? So lautete die eingangs gestellte Frage. Ihre Virulenz gewinnt sie vor dem Hintergrund der zunehmenden Dominanz individualistischer Handlungstheorien in den Sozialwissenschaften, die dem kollektivistischen Verständnis der Gesellschaft als einer Realität *sui generis*, für das Durkheims Werk lange als geradezu paradigmatisch galt, jegliche Plausibilität entziehen. Dass es sich immer noch lohnt, Durkheim zu lesen, hat sowohl mit den Fragen, die er stellte, als auch – zumindest teilweise – mit den Antworten, die er gab, zu tun. Durkheims zentraler Problembezug, seine Frage nach dem *lien social*, dem Band, das die moderne Gesellschaft zusammenhält, könnte angesichts

40 Vgl. dazu prominent und in direkter Opposition zu Charles Tillys »Useless Durkheim« Mustafa Emirbayer, »Useful Durkheim«, in: *Sociological Theory* 14 (1996), S. 109–130.

von Globalisierung und kultureller Pluralisierung aktueller kaum sein. Auch seine Antworten bleiben instruktiv. Die Dilemmata und Aporien seiner Theorie der Integration arbeitsteiliger Gesellschaften legen Zeugnis von der Schwierigkeit ab, das Geflecht moralischer Ordnungen auf einen übergreifenden Konsens oder eine einheitliche Leitkultur festlegen zu wollen. In seinen zaghaften Ausführungen über die Bedingungen der Herausbildung transnationaler Solidaritätsformen im Prozess fortschreitender Arbeitsteilung erscheint der Begründer der französischen Soziologie als Theoretiker der Globalisierung und Europäisierung *avant la lettre*. Und sein religionssoziologisches Spätwerk gestattet, soziale Solidarität mikrosoziologisch als Produkt alltäglicher Interaktionsrituale zu erklären. Dabei kann Durkheims Theorieperspektive, die als rein kollektivistische missverstanden wäre, den Blick dafür schärfen, dass das im sozialwissenschaftlichen Diskurs zunehmend vergegenständlichte »Individuum« das heilige Objekt eines eigenen Kults ist.

Mit alldem soll natürlich nicht gesagt sein, dass Durkheims Soziologie eine Antwort auf alle Fragen bereithielte, mit denen die heutige Soziologie zu tun hat. Dafür haben sich schon die Fragen zu sehr vervielfältigt. Lebendige Forschungsfelder wie die historische Soziologie profitieren daher weitaus mehr vom Rekurs auf andere Klassiker, zumal auf Marx und Weber, und methodische Fortschritte im Bereich der Statistik, der formalen Netzwerkanalyse und des *agent-based-modelling* haben die soziologische Theoriebildung gänzlich über den Reflexionsstand der soziologischen Klassiker hinausgeführt. Die bleibende wissenschaftliche wie öffentliche Bedeutung der Frage nach sozialer Integration aber deutet darauf hin, dass es sich durchaus lohnt, Durkheim zu lesen, und zwar – das sollte mit den Ausführungen über die Perspektiven einer relationalen Soziologie angedeutet werden – auch neu und anders zu lesen.

Matthias Koenig, Prof. Dr. phil., studierte von 1991 bis 1997 Soziologie, Evangelische Theologie und Religionswissenschaften an den Universitäten Hamburg, Princeton/USA und Marburg. Von 1998 bis 2003 war er wissenschaftlicher Mitarbeiter im Bereich Allgemeine Soziologie an der Philipps-Universität in Marburg, von 2003 bis 2006 Wissenschaftlicher Assistent für Soziologie an der Otto-Friedrich-Universität Bamberg und 2006 Gastprofessor an der École Pratique des Hautes Études (Sorbonne) in Paris. Seit 2006 ist er Inhaber eines Lehrstuhls für Soziologie mit Schwerpunkt Religionssoziologie an der Georg-August-Universität Göttingen.

Forschungsschwerpunkte:
Soziologische Theorie, historisch-komparative Makrosoziologie, Kultur- und Religionssoziologie und Soziologie der Menschenrechte.

Ausgewählte Veröffentlichungen:
(Hg. mit Jean-Paul Willaime), »Religionskontroversen in Frankreich und Deutschland«, Hamburg 2008; (Hg. mit Paul de Guchteneire), »Human Rights and Democracy in Multicultural Societies«, Aldershot 2007; »Europäisierung von Religionspolitik – zur institutionellen Umwelt von Anerkennungskämpfen muslimischer Migranten«, in: *Soziale Welt – Sonderheft Islam* (2007), S. 345–367; »Menschenrechte«, Frankfurt am Main/New York 2005; »Menschenrechte bei Durkheim und Weber«, Frankfurt am Main/New York 2002.

Émile Durkheim, geboren am 15. April 1858 in Épinal, französischer Soziologe.

Ausgehend von dem Gedanken, dass soziale Tatsachen mit den Mitteln der positiven Wissenschaften wie reale Dinge zu behandeln seien, bemühte sich Durkheim um eine Begründung der Soziologie als empirische Wissenschaft – das klassische Werk hierzu sind »Die Regeln der soziologischen Methode« (1895). Seit 1897 wirkte er als Professor in Bordeaux, seit 1902 an der Sorbonne in Paris. Seine Hauptuntersuchungen galten der Analyse der sozialen Arbeitsteilung, des Selbstmords und der Elementarformen des religiösen Verhaltens.

Durkheim prägte maßgeblich die Entwicklung der französischen Soziologie und beeinflusst bis heute die Theoriediskussion.

Er starb am 15. November 1917 in Paris.

Hamburger Institut für Sozialforschung (Hg.)
»Wie weiter mit …?«

www.Hamburger-Edition.de
Gestaltung: Jan Enns/Wilfried Gandras
Foto: Portrait of Emile Durkheim (1858–1917)
(b/w photo) by French Photographer © Bibliotheque Nationale, Paris, France/Lauros/Giraudon/The Bridgeman Art Library Nationality/Copyright status: copyright unknown
Satz: Dörlemann Satz, Lemförde
Druck und Bindung: Langebartels Druck, Hamburg
Printed in Germany
ISBN 978-3-936096-97-2 (8 Bände)

Lohn- und Standortkonkurrenz entwickelt hat. Und war Arendts Totalitarismustheorie wichtig für die kritische Selbstverständigung einer orientierungslos gewordenen Linken, so war die neue Emphase, die diese aus Arendts Theorie politischen Handelns schöpfte, nicht von langer Dauer.

Etwas verkürzt lässt sich behaupten: Es ist die »Wiederkehr der sozialen Frage« im nationalen wie im internationalen Maßstab, die zu dieser Situation geführt hat; es sind die etwas unscharf unter dem Stichwort der »Globalisierung« diskutierten Veränderungen des sozialen und politischen Gefüges unserer Gesellschaften und die mit dem »neuen Kapitalismus« einhergehenden Umbrüche, die das politische Wahrnehmungsfeld wieder erreicht haben und die dazu geführt haben, dass Hannah Arendts politische Theorie heute erneut in den Hintergrund getreten ist. Machte man sich noch Mitte der 1990er Jahre schon mit der Verwendung des Begriffs »Kapitalismus« des linken »Ökonomismus« verdächtig, dessen sich einige gerade mit Hilfe von Hannah Arendt entledigt hatten, so wird heute niemand mehr ernsthaft bestreiten wollen, dass Wirtschaft und Gesellschaft, ökonomische, soziokulturelle und politische Dimensionen des sozialen Gefüges miteinander auf eine Weise verflochten sind, die es ratsam erscheinen lässt, sie in ihrem Zusammenhang zu analysieren. Eine Erneuerung der Kritik der politischen Ökonomie, wie Albrecht

Wellmer sie unlängst gefordert hat, und nicht das aristotelische Festhalten an der »Trennung von Brot und Politik« (Benhabib) scheint so das Gebot der Stunde zu sein. Genau für diese Aufgabe aber wird man sich vom Werk Hannah Arendts kaum Unterstützung versprechen.

Mit ihrer umstrittenen Unterscheidung zwischen dem Politischen und dem Gesellschaftlichen und der damit zusammenhängenden Ambivalenz gegenüber der sogenannten »sozialen Frage« scheint nämlich Arendt die Analyse (oder gar Kritik) der gegenwärtig drängenden Probleme geradezu zu verstellen. Und tatsächlich kann sich der (fast schon möchte man sagen) Standardeinwand, Arendts Denken sei elitär und nostalgisch am Ideal der antiken *polis*-Demokratie ausgerichtet, ihre politische Philosophie deshalb unfähig, die für eine moderne Gesellschaft relevanten *sozialen* Konflikte zu thematisieren, auf einige charakteristische Züge ihres Denkens berufen.

So tritt die »soziale Frage« in Arendts Buch »Über die Revolution« als der Faktor auf, der den freiheitlich-politischen Charakter von Revolutionen zum Verschwinden bringe. Und ganz grundlegend beruht ihre Konzeption des politischen Handelns, wie sie u.a. in »Vita Activa« entwickelt wird, auf einer folgenreichen Entgegensetzung von Freiheit und Notwendigkeit und der damit einhergehenden Identifikation des »Sozialen« mit ebenjenem Reich der Notwendigkeit, dessen Überwindung Vorbedingung für die Freiheit zur Politik sei. Es ist die damit anklingende Diffamierung des Sozialen als einer »dunklen« Sphäre niederer Tätigkeiten gegenüber der »hellen«, erhabenen Sphäre des interesselosen politischen Handelns, die die Interpreten so erbost hat. Und die ihre Theorie für die oben erwähnten Fragen so wenig »anschlussfähig« zu machen scheint.

Wie also *anfangen* mit Hannah Arendt? Und warum überhaupt, angesichts der hier vorgebrachten Einwände?

Ich werde im Folgenden behaupten, dass diese Interpretation – also die Einordnung Hannah Arendts als elitärer Denkerin eines Ausschlusses des Sozialen – weniger zwingend ist, als es auf den ersten Blick aussieht. Nicht nur vergibt man sich so die Möglichkeit, mit Hannah Arendt produktiv weiterzudenken. Auch versteht man dann nicht den systematischen Sinn und den »emanzipatorischen« Charakter ihrer Abgrenzung, die weniger auf den Ausschluss des Sozialen zielt als auf die Behauptung einer spezifischen Logik der Politisierung, die bei Hannah Arendt mit einem kritischen Sinn, einem Einspruch gegenüber den entpolitisierenden Tendenzen sowohl technokratischer Lösungen als auch rein moralisierender Positionen, verbunden ist. »*Weiter mit* Hannah Arendt zu denken« bedeutet dieser These nach also: diese Logik (und diesen kritischen Sinn) des Politischen und der Politisierung mit und gegen sie weiterzudenken.

Dann erst sieht man, dass gerade Arendts Auffassung von Politik als Weltgestaltung und ihre Soziologie der Weltlosigkeit die begrifflichen Mittel bereitstellen könnte, auch über die sogenannte »neue soziale Frage« nachzudenken.

Ich werde also in einem ersten Teil das Verhältnis von Sozialem und Politischem bei Hannah Arendt neu situieren und dabei an die wesentlichen Merkmale ihres Begriffs des Politischen erinnern, um anschließend zu überlegen, was die damit behauptete Logik der Politisierung für die Frage nach der sozialen Exklusion oder dem »Anteil der Anteilslosen« (um mit Jacques Rancière zu sprechen) bedeutet. Schließlich werde ich meine Überlegungen im Hinblick auf das Verständnis des Politischen als gemeinsamer Weltgestaltung zusammenfassen. Dabei wird sich zeigen, dass man, um »weiter mit Hannah Arendt« zu denken, in einigen Hinsichten über sie hinausgehen muss.

»Die im Dunkeln sieht man nicht« – Arendts Theorie der Politisierung

Meine These ist: Arendts Grenzziehung zwischen dem Politischen und dem Sozialen lässt sich als eine Unterscheidung verstehen, die sich weniger auf *Gegenstandsbereiche* als vielmehr auf den *Modus* der Thematisierung von Fragen bezieht. Es ginge Hannah Arendt dann weniger darum, Fragen des Haushalts, der Reproduktion oder, allgemeiner, der Ökonomie aus dem Bereich des Politischen auszuschließen, als vielmehr darum, politische von nicht- oder vorpolitischen Weisen der Behandlung (bzw. Nichtbehandlung) von Fragen des gemeinsamen Lebens zu unterscheiden. Kein Bereich wäre dann von sich aus politisch oder unpolitisch; alles hingegen kann, muss aber auch erst politisiert werden.

Es ist eine kurze Bemerkung Arendts über Marx, aus der sich diese Deutungsalternative ergibt. Seine Analyse der Ausbeutung nämlich sei es, die es, laut Arendt, ermöglicht habe, Armut nicht mehr als unentrinnbares Resultat eines quasinatürlichen Mangels zu verstehen, sondern als politisches Phänomen. Was er damit geleistet habe, nennt Arendt eine »Transformation der sozialen Frage in einen politischen Faktor«. Dann aber ist – auch für Hannah Arendt – das Soziale nicht per se unpolitisch, sondern *politisierbar.* Wie aber sieht der Transformationsprozess vom Sozialen ins Politische aus?

Arendts Begriff des Politischen

Um dieser Frage nachzugehen, muss man sich zunächst den Arendtschen Begriff der Politik bzw. des Politischen klarmachen, wie er sich von gängigen Politikverständnissen unterscheidet. Ich möchte diesen kurz skizzieren.

Erstens ist für Arendt das Politische ein normatives Modell, das gerade nicht den Bereich bezeichnet, in dem es um Machtinteressen geht und in dem Herrschaftsmechanismen sich durchsetzen. »Politisch zu sein, in einer Polis zu leben, das hieß, daß alle Angelegenheiten vermittels der Worte, die überzeugen können, geregelt werden und nicht durch Zwang oder Gewalt.«[1] Politisch handelt in diesem Sinne nicht derjenige, der sich mit strategischen Mitteln durchsetzen kann, sondern derjenige, der die anderen *überzeugen* kann. Entscheidend für ihren Politikbegriff ist also die Fundierung von Politik in kommunikativer Praxis und Selbstherrschaft sowie die Trennung des eigentlich politischen Bereichs von dem der Herrschaft und des strategischen Handelns – und damit die Unterscheidung von Macht und Gewalt.

Zweitens schließt die *Gemeinwohlorientierung*, von der Arendt ausgeht, ein Verständnis von Politik als Regelung von Interessenkonflikten und Ausbalancieren von Ansprüchen aus. Den Versuch, das Gemeinwohl aus der »Addition von Privatinteressen«[2] abzuleiten,

1 Hannah Arendt, Vita activa oder Vom tätigen Leben, München 1987, S. 30.

2 Hannah Arendt, Elemente und Ursprünge totaler Herrschaft, München 1986, S. 243.

bezeichnet für Arendt gerade den unpolitischen Charakter liberaler Gesellschaftsmodelle. Das Politische als der Bereich, in dem »gemeinsam gesprochen und gehandelt« wird, steht also – republikanisch – für das Außerkraftsetzen der egoistischen Interessenstandpunkte. Wenn es dennoch in Arendts Verständnis des Politischen nicht um das gemeinsame Gute in einem klassisch aristotelischen Sinn geht, so deshalb, weil Arendt weder von substanziellen, gegebenen (gewachsenen) Gemeinschaften noch davon ausgeht, dass etwas, *bevor* es zum Gegenstand gemeinsamen Handelns wird, schon gemeinsam wäre. Es zeichnet also das politische Gemeinsame aus, dass es sich erst im politischen Handeln konstituiert.

Drittens aber (und hier verlassen wir endgültig das bekannte aristotelische Terrain) ist Arendt orientiert an den *innovativen Momenten* des Politischen. Im politischen Handeln realisiert sich für sie – durchgängig inspiriert von den ereignishaft-außergewöhnlichen Momenten revolutionärer Gründungen – vornehmlich die Fähigkeit, »einen Anfang zu machen«, eine gegebene Ordnung zu unterbrechen, die »Ordnung der Dinge« neu zu setzen. (Deshalb ist das Politische, ähnlich wie bei Rancière, die Unterbrechung der bestehenden Ordnung, die Aufhebung bestehender Weltverhältnisse; im Unterschied zu den »normal politics« bezeichnet es die Innovation, die Revolution, den Paradigmenwechsel.)

Hat ihr gerade diese Orientierung den Vorwurf des »politischen Existenzialismus« und Dezisionismus eingetragen, so muss man, wie ich glaube, den systematischen Sinn dieser Orientierung am Außergewöhnlichen verstehen, um das Arendtsche Projekt der »Wiedergewinnung des Politischen« zu begreifen.

Viertens: Dem entspricht die Arendtsche Idee der *Maßstablosigkeit* des Politischen. Der Bereich des Politischen ist der Bereich radikaler Freiheit und Gestaltbarkeit, das radikal Neue und das radikal Nichtnotwendige, der Möglichkeitsspielraum eines Handelns, das durch nichts weiter bedingt ist.[3] Damit ist, in der Konsequenz, das Politische *irreduzibel*, eine auf nichts weiter reduzierbare und von nichts ableitbare, eigenständige und eigensinnige Sphäre. Im Bereich der genuin politischen Auseinandersetzung, wie sie Hannah Arendt vorschwebt, werden Maßstäbe nicht vorgefunden, sondern gesetzt.

Fünftens: Das Arendtsche Konzept der *Pluralität*. Auch hierin auf den ersten Blick aristotelisch inspiriert, definiert Arendt: »Politik han-

3 In einem Fragment zur Frage »Was ist Politik?« notiert sie in diesem Sinne: »Es ist so schwer zu realisieren, daß wir in diesem Bereich wirklich frei sein sollen, nämlich *weder getrieben von uns selbst noch abhängig von gegebenem Material.* Freiheit gibt es nur in dem eigentümlichen Zwischenbereich der Politik.« (Hannah Arendt, Was ist Politik?, München 1993, S. 12)

delt vom Zusammen- und Miteinandersein der Verschiedenen.«[4] Ist damit das Politische für Arendt der Bereich, in dem Menschen ihre Möglichkeit, frei zu handeln und sich von anderen zu unterscheiden, entfalten können, so ist daran wiederum hervorzuheben, dass es hier um Unterschiede geht, die außerhalb dieses Raums des Öffentlich-Politischen gar nicht existieren könnten. Es geht also nicht um präexistente Verschiedenheiten, seien es jene der Identitäten oder der Interessen. Das Politische ist damit weniger die Sphäre des Ausgleichs der Verschiedenheiten, sondern vielmehr der Ort ihrer Entstehung, oder genauer: der Ort, an dem diese zur Darstellung gelangen und sich dadurch erst konstituieren können. Und es ist die *agonale Sphäre* eines Wettstreits, in der sich die immer wieder erneuernde radikale Verschiedenartigkeit der Personen ausdrückt.

Sechstens: Das Politische ist also der öffentliche Bereich freier Gestaltungsmöglichkeiten, in dem gemeinsam über die gemeinsame Welt entschieden wird. In dieser Formel von der *freien gemeinsamen Weltgestaltung* stecken zwei Implikationen:

a) Sofern das Politische mit der *Gestaltung* der Welt befasst ist, ist es der Bereich der Freiheit, der Bereich eines Handelns, das im Gegensatz zum reaktiven »Sich-Verhalten« in ausgezeichneter Weise frei ist. Damit

4 Ebenda, S. 9.

etwas zum »politischen Problem« werden kann, muss es sich also um etwas handeln, das überhaupt *gestaltbar* ist, das heißt, es muss sich in einem Bereich bewegen, in dem menschliches Handeln und menschliche Entscheidungen relevant sind.

b) Sofern es im Politischen um die gemeinsame *Welt* und nicht um das gemeinsame (Über-)*Leben* geht, stellt Arendt hier – gut aristotelisch – das Leben in einer politischen Gemeinschaft als Ausdruck des »ausgezeichneten Lebens« oder des guten gemeinsamen Lebens, also des qualitativ bestimmten Lebens in den Gegensatz zum »bloßen Leben« der Gesellschaft. Gestritten wird hier um die Gestaltung des gemeinsamen Lebens und der »gemeinsamen Welt«, für die es weder eine »endgültige« noch eine »richtige« Version gibt. Politik betrifft, anders gesagt, die Frage, *wie wir leben wollen*, und weniger die Frage, wie wir *überleben* können. Leben, nicht nur überleben.

Apolitisch (wie Otfried Höffe behauptet[5]) ist Arendts Politikbegriff also nur, wenn man (mit Rancière gesprochen) von einem »Polizey-Begriff« der Politik ausgeht, wenn man von ihr eine Institutionentheorie oder gar eine ontologische Vermessung des Bereichs der

5 Siehe dazu Otfried Höffe, in: Peter Kemper (Hg.), Die Zukunft des Politischen, Frankfurt am Main 1993.

Politik erwartet. Eine ganz andere Perspektive dagegen ergibt sich, wenn man Arendts Bemühungen, wie ich vorschlagen möchte, als eine Art von Phänomenologie der Politisierung versteht. Das Politische ist dann ein Verhältnis und kein Ort.

Die Politisierbarkeit sozialer Fragen

Was bedeutet das nun für die Politisierbarkeit sozialer Fragen? Wenn meine These stimmt, dass das Politische bei Arendt ein Modus der Thematisierung, nicht ein Gegenstandsbereich ist,[6] was geschieht dann also, wenn eine soziale Frage zur politischen wird?

Politisch werden soziale Fragen offensichtlich nach Arendts Auffassung (so kann man es der zitierten Bemerkung über Marx entnehmen) dann, wenn sie als *von Menschen gemachte* dechiffriert werden können. Aus einem Naturereignis wird gesellschaftlich hergestelltes, von Menschen verschuldetes Unrecht, aus schicksalhaften Mächten ein von Menschen ins Werk gesetztes falsches Leben. Die Einsicht in den hergestellten Charakter der Not verweist dabei auf die Existenz eines Freiheits- und Handlungsspielraums. Was von Menschen gemacht ist, muss nicht so sein, wie es ist; es kann von Menschen – handelnd – verändert werden.

6 Vgl. dazu auch Seyla Benhabib, The Relucutant Modernism of Hannah Arendt, London 1996.

Aus der Erfahrung der thematisierten Verhältnisse als Unrecht folgt, dass hier Ansprüche auf *Verallgemeinerung* im Spiel sind und es um mehr als um die Durchsetzung der eigenen Interessen geht. Die kritisierten Verhältnisse sind nicht schlecht für mich/meine Interessen, sondern schlecht für alle bzw. schlecht als Entwurf eines unhintergehbar gemeinsamen Lebens. Ein Politisierungsprozess ist damit auch eine Art von Verallgemeinerungsprozess – eine Ausrichtung auf Allgemeinheit, die schon durch die Artikulation überhaupt in Gang kommt,[7] sofern hierdurch unterschiedliche Perspektiven manifest werden und die Notwendigkeit zu überzeugen, aber auch ein Anspruch auf Geltung ins Spiel kommen. (Der Verband der Pharmazeutischen Industrie leitet in diesem Sinne, so lautstark er sich auch öffentlich artikuliert und so sehr er versucht, seine Privatinteressen politisch abzufedern, eben *keinen* Politisierungsprozess in Bezug auf das Gesundheitssystem ein.) Und die Arbeiterbewegung ist – so hat es Arendt (nicht anders übrigens als Lenin) gesehen – *politisch*, eben (und nur) insofern sie nicht nur um ihren »Anteil am Kuchen«, sondern damit auch um eine neue politische Ordnung streitet.

Am wichtigsten, aber vielleicht auch am schwersten zu verstehen, sind nun die letzten beiden Kriterien, die einen Politisierungs-

7 Vgl. auch dazu ebenda.

prozess auszeichnen: der *qualitative Aspekt* des Politischen. Die These hier scheint zu sein, dass eine Frage sich nur dann als *genuin politisch* verstehen lässt, wenn sie Implikationen für das hat, was ich oben mit Arendt die Gestaltung der gemeinsamen Welt genannt habe. Also sofern sie die Frage, *wie wir leben wollen*, berührt.[8] Um das etwas genauer zu konturieren: Diese Frage unterscheidet sich von derjenigen danach, wie wir leben *müssen* (um zu *überleben* oder irgendwie miteinander auszukommen ohne übereinander herzufallen), und auch von der Frage, »wie wir leben *sollen*« (im Sinne der moralischen Pflichten, die wir gegeneinander haben). Mit dieser Position und der Art und Weise, in der Arendt diesen ethischen Charakter des Politischen versteht, hängt nun auch die Bindung des Politischen an *Innovation* und ihre Vorstellung von der Maßstablosigkeit des Politischen zusammen. Ich werde später auf die Problematik, die sich daraus für Arendts Theorie ergibt, zurückkommen.

Zunächst mal lässt sich jetzt aber klarer sehen, was eigentlich der Sinn der Unterscheidung von »sozial« und »politisch« in Arendts Denken ist.

8 Eine andere Weise, das zu sagen, wäre: Das Politische berührt nicht teilbare, sondern *unteilbare* Güter und hat es deshalb mit einer spezifischen Art von Konflikten zu tun, die nicht durch quantitative Zuteilung lösbar sind, sondern nur durch Transformation der beteiligten Positionen.

Der Sinn der Unterscheidung von sozial und politisch

Der Sinn dieser starken Dichotomisierung von »sozial« und »politisch«, gesellschaftlichem Leben und politisch gemeinsamer Welt, liegt nämlich in der Abwehr eines naturalistischen Verständnisses politischer Fragen und einer technischen Vorstellung von deren Lösung. Während die politische Dimension eines Problems einen Handlungsspielraum anzeigt, steht die »soziale Dimension« bei Arendt für die Sachzwanglogik einerseits und andererseits für das, was sie das »Rechenhafte« nennt. Als »soziale« auftauchende Probleme also wären dann diejenigen, die entweder, weil systemisch bedingt, gar nicht beeinflussbar sind, oder aber sie sind technisch lösbar, bürokratisch beherrschbar und mit sozialpaternalistischen Maßnahmen zu befrieden.

Auch wenn die Aufteilung von Freiheit und Notwendigkeit, die hinter dieser Vorstellung immer noch steckt, problematisch bleibt – auch darauf werde ich unten eingehen –, folgt daraus doch, dass es sich bei Arendt nicht notwendigerweise um eine »aristotelische Trennung von Brot und Politik«, wie man ihr vorgeworfen hat, handelt, sondern dass sich umgekehrt ihr Beharren auf der Unterscheidung auch als Hinweis darauf verstehen lässt, dass Brot und Politik miteinander verknüpft werden müssen und dass diese Verknüpfung gar nicht selbstverständlich ist. (Dass darin auch diagnostisch eine Wahrheit steckt, sieht man daran, dass es – »revolutionstheoretisch betrachtet« – nie nur die Not allein ist, die zur politischen Bewegung führt, und dass sich umgekehrt auch die bedrängteste Lage nicht unbedingt zur effektiven politischen Bewegung formiert.) Nicht nur also haben, darauf wiesen auch andere Theoretiker bereits hin, soziale Fragen einen normativen Charakter; sie sind auch immer schon »qualitativ gefärbt«, es geht mit ihnen immer um bestimmte Weisen des Lebens und um den Anteil an der gemeinsamen Gestaltung der Welt. Nur wo es gelingt, beide Thematiken miteinander zu verknüpfen, entsteht, so wäre die mit Arendt zu formulierende These, Politik.

Man sollte die kritische Pointe ihrer Insistenz dabei nicht übersehen. Weniger, dass »soziale Fragen« so – also wie »natürliche« – *beschaffen* sind, sondern dass sie so *behandelt* werden, ist dann – mit Arendt gegen Arendt gedacht – das Problem. Tatsächlich grassiert die Entpolitisierung von Bereichen, die Bereiche gemeinsamen Handelns sein sollten und könnten; tatsächlich verfängt sich die Politik im Versuch verwaltungstechnischer oder marktförmiger Lösungen von Problemen, die sich so nicht lösen lassen werden. Und tatsächlich werden Menschen, die politisch staatenlos und wirtschaftlich »überflüssig« gemacht werden, auf das nackte Überleben – im Arendtschen Sinn eines Lebens ohne öffentliche Existenz und weltliche Wirksamkeit – reduziert. Dass das »eigentlich politische Problem der Armut«, wie Arendt schon anhand der »klassischen« sozialen Frage analysiert hatte, »nicht nur in der Not, sondern in der Dunkelheit« liege, bekommt angesichts dessen noch einmal eine neue Dimension. Die Herausforderung, auf die Hannah Arendt hellsichtig hingewiesen hat, besteht dann darin, das Problem der (Wieder-)Gewinnung jenes Handlungsspielraums, um den angesichts der Ideologie ökonomischer Sachzwänge gestritten werden muss, mit der *Frage des sozialen Ausschlusses* zu verknüpfen und zur politischen Frage zu machen.

Sofern Arendt Armut schon immer *als* Frage der Exklusion behandelt hat, ist ihre Theorie also tatsächlich eine »Theorie der Überflüssigen *avant la lettre*«.[9] Und in diesem Sinne ist Arendt

9 Waltraud Meints-Stender nimmt diesen Befund zum Ausgangspunkt einer sehr interessanten Deutung Hannah Arendts als einer »frühen Theoretikerin der Exklusion«, siehe »Eine frühe Theoretikerin der Exklusion«, in: *Die Tageszeitung* 14./15. Oktober 2006, S. 21. Vgl. auch dies., »Hannah Arendt und das Problem der Exklusion – eine Aktualisierung«, in: Stefanie Rosenmüller/Marianne Zepp, Heinrich Böll Stiftung/Hannah Arendt-Zentrum der Carl von Ossietzky Universität Oldenburg/Zentrum für Philosophie der Justus-Liebig-Universität Gießen (Hg.), Verborgene Tradition – Unzeitgemäße Aktualität?, Berlin 2007.

tatsächlich mehr eine Denkerin der »neuen« als der »alten« sozialen Frage, wenn diese denn bedeutet, dass es heute nicht mehr nur um Benachteiligung und Unterdrückung, also um das Ausgebeutetsein *in* einem gesellschaftlichen Arbeitszusammenhang, sondern um den Ausschluss *aus* diesem, also um strukturelle Funktionslosigkeit geht. Damit Arendts Hinweise allerdings für mehr als für eine *Beschreibung* der Situation gelten dürfen, muss geklärt werden, was sich *systematisch* aus ihren Analysen lernen lässt. Inwiefern nämlich ist das Problem der Exklusion nicht nur ein Problem *für* das Politische, sondern ein *politisches Problem*? Und wie ist es zu verstehen, dass es auch hier um die gemeinsame Gestaltung der Welt geht?

Überflüssigkeit als politische Frage und die politische Soziologie der Weltlosigkeit

Überflüssigkeit und Rechtlosigkeit

In ihrer Auseinandersetzung mit der Flüchtlingsproblematik, die Hannah Arendt hellsichtigerweise für das Signum des 20. Jahrhunderts gehalten hat (und die auch zu dem des 21. Jahrhunderts zu werden scheint), hat Arendt sich mit der Situation auseinandergesetzt, die droht, wenn sich eine große Anzahl von Menschen gänzlich außerhalb politischer Zugehörigkeiten befinden. Nur ein politisches Gemeinwesen nämlich kann »das Recht, Rechte zu haben« instituieren. Und nur innerhalb eines politischen Gemeinwesens kann man politisch handeln. Wie das unter der Bedingung des Zerfalls des Nationalstaats, den Arendt viel früher ansetzt, als die heutige Diskussion über Globalisierung es tut, *institutionell* zu denken ist, dafür finden sich bei ihr zwar wenig konkrete Hinweise (außer dem Hinweis auf den bedrohlichen und unpolitischen Charakter eines Weltstaats, der ja die Situation geradezu aporetisch zuzuspitzen droht, weil er zu implizieren scheint, dass es bislang gar keine sinnvoll zu denkende politische Größe gibt, die ein solches Recht konstituieren könnte). Wichtig aber an Arendts Analyse ist der Hinweis darauf, dass die Frage der Exklusion nicht nur ein Problem für »die da draußen« darstellt, sondern auch die Handlungsmöglichkeiten innerhalb des politischen Innenraums prägt – und das nicht nur in dem evidenten Sinne, dass sich von den Grenzen her ein »Druck« auf das Innere des Gemeinwesens aufbaut.

Nun muss man nicht (wie Giorgio Agamben es tut) in einer Rhetorik der Übertreibung die Allgegenwärtigkeit des Lagers beschwören, um die Kontinuität von den *displaced persons* (deren Lage Arendt erstmalig prominent ins Zentrum politischer Überlegungen gerückt hat) zu den *sans papiers* der heutigen Zeit zu sehen.

Innere Exklusion als Weltlosigkeit

Und auch der zweite Sinn, in dem es in Hannah Arendts »Elementen und Ursprüngen totaler Herrschaft« um soziale Exklusion geht, ermangelt nicht der zeitdiagnostischen Aktualität. So lässt sich die von Arendt so genannte »Weltlosigkeit«, der vollkommene Bezugsverlust oder auch das »Zerfallen einer gemeinsamen Welt«, wie Arendt sie als die bestimmende Situation der »modernen Massengesellschaft« (ein heute vielleicht nicht mehr ganz zeitgemäßer Begriff) aufgefasst hat, ja als eine Art von *innerer Exklusion* auffassen (dies im doppelten Sinne: dass es sich um eine innerstaatliche Exklusion, also die Exklusion innerhalb eines Gemeinwesens handelt, aber auch im Sinne der Bezeichnung einer inneren Haltung und Einstellung, der Reaktion der Individuen auf die Situation). Es ist die hiermit skizzierte »politische Soziologie der Weltlosigkeit«, durch die sich Arendts gesamtes Denken nicht nur mit der Erfahrung der »totalen Herrschaft« verbunden zeigt. Weltlosigkeit ist auch ein Begriff, von dem aus sich (selbst wenn man die Situation nicht unmittelbar gleichsetzen sollte) die auf unterschiedliche Weise prekäre Lage der heute von der »neuen sozialen Frage« (vom Überflüssigsein oder Überflüssiggemachtwerden) Betroffenen verstehen lässt.

»Weltlosigkeit« (oder Weltentfremdung) bezeichnet nämlich in Arendts eigenwillig-einprägsamer Terminologie sowohl das Fehlen eines greifbaren und verlässlichen Ortes in der Welt als auch das Verschwinden der Welt als Handlungsraum, ein Bezugsverlust zur Welt als einem gemeinsam gestaltbaren Ort. Die in diesem Sinne »intern« Überflüssiggemachten und Ausgeschlossenen haben zwar das »Recht, Rechte zu haben« – aber auch für sie wird dieses Recht in dem Sinne, auf den es ankommt, in gewisser Weise unwirklich. Und auch da, wo sie noch ein Auskommen haben, ist dieses nicht mehr geeignet, ihnen einen Platz in der Welt zu geben. Weltlos geworden, sofern »die gemeinsame Welt in Stücke gefallen ist«, deplatziert, sozial und politisch ortlos gemacht, sind sie zunehmend weniger Teil des Gemeinwesens, dem sie angehören. Eine Situation, die geprägt ist von Machtverlust und Indifferenz. (Damit soll nicht etwa gesagt sein, dass alle »strukturell Funktionslosen« bereits von solcher Weltlosigkeit betroffen sind. In den Vierteln unserer Städte, die noch durchmischt sind, kann man beides finden und auch eine gehörige Renitenz der Prekären, die sich in verschiedenen Weisen eines Kampfes um Sichtbarkeit manifestiert; in der zombiehaften Nichtöffentlichkeit einiger US-amerikanischer Städte[10]

10 Aber auch in den von Heinz Bude und Andreas Klärner plastisch beschriebenen Fußgängerzonen westdeutscher Städte, vgl. Heinz Bude/Andreas Willisch (Hg.), Das Problem der Exklusion. Ausgegrenzte, Entbehrliche, Überflüssige, Hamburg 2006, S. 7f.

dagegen kann man studieren, was unseren Gesellschaften in dieser Hinsicht blühen kann.)

Aspekte der Weltlosigkeit

Nun ist diese Situation schon mehrfach in verschiedenen Termini beschrieben worden. Erosion des Sozialkapitals, soziale Indifferenz und »neue Barbarei« (Offe) sind nur einige Stichworte, die in dieser Diskussion gefallen sind. Was Arendts These von der Weltlosigkeit interessant macht bzw. was man von ihr (und durch diesen Blickwinkel der »Welt« und des »Weltbezugs«) lernen kann, sind u.a. zwei Aspekte.

Erstens: Hannah Arendt fasst »Welt« als einen Handlungszusammenhang auf, als einen Zusammenhang also, der nicht mit dem gewachsenen der Herkunft oder dem selbstverständlichen der Gemeinsamkeit, sondern als etwas, das durch gemeinsames Handeln konstituiert wird und zu konstituieren ist. Die Rede vom Verlust der gemeinsamen Welt ist also nicht identisch mit dem häufig zu hörenden Jammern um die verlorene Gemeinschaft oder den Zerfall gemeinsamer Werte. Die beliebte These von der Nichtreproduzierbarkeit der Bestandsvoraussetzungen liberaler Gesellschaften stellt sich so in einem etwas anderen Licht dar. Im Gegensatz zur problematischen Ressourcenmetapher, die die Diskussion hier geprägt hat, ist die Gemeinsamkeit der Welt in

Arendts Sinne keine »Ressource«, die sich verzehren ließe. *Zweitens:* Wenn Arendt die modernen »Massen« als »Individuen, zwischen denen eine gemeinsame Welt in Stücke gefallen ist«[11] definiert, so geht, ihrer These nach, mit der »Weltlosigkeit« das Phänomen eines »radikalen Selbstverlustes«[12] der vermassten Individuen einher. Welt- und Selbstverlust sind also Teil desselben Phänomens. Der Verlust einer gemeinsamen Welt, die Nivellierung sozialer Kontexte und gemeinsamer Handlungsmacht führt nicht einfach zur nunmehr rücksichtslosen Durchsetzung eigener Interessen, zur Atomisierung in eine egoistische »Ellenbogengesellschaft«; der Bezug auf eine »gemeinsame Welt« ist vielmehr die Voraussetzung dafür, überhaupt eigene Interessen haben zu können. »Mit dem Verlust der gemeinsamen Welt hatten die vermassten Individuen die Quelle aller Ängste und Sorgen verloren, die das menschliche Leben in der Welt nicht nur bekümmern, sondern es auch leiten und dirigieren. Sie waren in der Tat nicht ›materialistisch‹ und reagierten auf materialistische Argumente nicht mehr, weil selbst materielle Vorteile in dieser Situation ein gut Teil ihres Sinnes verloren.«[13] Weltlos geworden, können

11 Arendt, Elemente und Ursprünge totaler Herrschaft, S. 515.

12 Ebenda, S. 512.

13 Ebenda, S. 511.

Menschen also, so Arendts These, noch nicht einmal Interessen (also auch kein Interesse an der Selbsterhaltung) formulieren.[14] Nun beschreibt Arendt eine historische Extremsituation, die man nicht verallgemeinern kann. Dennoch scheint mir die Behauptung eines Zusammenhangs zwischen dem Interesse an sich selbst und dem Interesse an der gemeinsamen Welt und damit die Behauptung, dass sogar das Interesse an Selbsterhaltung nicht ein Letztes, sondern seinerseits fundiert ist, weiterführend.

Überflüssigkeit als politische Frage

Das führt uns zurück zu der Frage, was es bedeuten kann, Überflüssigkeit als *politisches Problem* (im nicht landläufigen, sondern im Sinne Hannah Arendts) zu verstehen.

Überflüssigkeit/Exklusion als politisches Problem zu thematisieren bedeutet nach dem bisher Gesagten, es als Problem des Weltverlusts zu verstehen. Das heißt, der »Anteil«, den die »Anteilslosen« (um wiederum mit Rancière zu sprechen) fordern, ist nicht lediglich ein gerechter Anteil an den *Beständen* dieser Welt, es ist der Anteil an der *Gestaltung* dieser Welt.

14 Analog dazu haben die politisch weltlos Gewordenen nicht nur keine oder wenig Rechte, und nicht nur werden ihre Rechte missachtet, sie haben das »Recht, Rechte zu haben« verloren.

Damit aber wird Exklusion von einem sozialstaatlichen und verwaltungstechnischen Problem, für das innerhalb einer politischen Herrschafts- und Organisationsform eine »technische« (Arendt) oder »polizeiliche« (Rancière) Lösung gesucht werden könnte, zu einem Problem, das die politische Ordnung selbst transformiert. Die Thematisierung des Ausschlusses (und die Forderung nach Einschluss) wird als Neuordnung des sozialen Zusammenhangs und der *Verschiebung der politischen Ordnung* aufgefasst und damit in arendtscher Begrifflichkeit als Neuordnung einer Welt.

Spielraum der Gestaltung?

Gerade hier allerdings wird es schwierig. Handelt es sich bei den mit dem Problem der Exklusion verbundenen Fragen wirklich um Fragen, in denen es einen Handlungsspielraum, einen *Spielraum der Gestaltung* gibt, wie den, den ich oben als Bedingung für das Politische behauptet hatte? Sind wir bei der Behandlung solcher Fragen »*wirklich* (im Arendtschen Sinne) *frei*«, nämlich »weder getrieben von uns selbst noch abhängig von gegebenem Material«?[15] Diese Art von Freiheit scheint ja von zwei ganz unterschiedlichen Seiten her bedroht:

15 Arendt, Was ist Politik?, S. 12.

1. die *Sachzwänge*: Es ist ja gar nicht so einfach, aus dem Konglomerat von Ursachen und Wirkungen und aus dem Ineinander von Entscheidungen und Entwicklungen, die zusammengenommen zum Phänomen »struktureller Funktionslosigkeit« führen, diejenigen Komponenten herauszufiltern, die – als Vorbedingung der Politisierbarkeit! – »von Menschen gemacht« und deshalb auch »von Menschen veränderbar« wären. Natürlich ist die Behandlung ökonomischer Verhältnisse als quasinatürliche Dynamik und Sachzwang »Ideologie«, und zu Recht mehren sich die Stimmen, die dagegen »eine andere Welt möglich« machen wollen. Dabei allerdings einfach nur auf die gegenteilige Position unumschränkter Handlungsmacht einzuschwenken wäre naiver Voluntarismus. Eine Re-Politisierung der Ökonomie ist angesichts der Dynamik moderner Gesellschaften nicht so leicht gemacht wie gesagt.[16] Die Re-Politisierung der Ökonomie und die Wiedergewinnung politischer Gestaltungsmacht angesichts sich verselbständigt habender ökonomischer Im-

16 Es ist vielleicht nicht ganz unwichtig, darauf hinzuweisen, dass Arendt, wo sie Marx für seine Ausbeutungstheorie lobt, diese um eine Pointe verkürzt: Marx hat nicht einfach nur Ausbeutung auf Herrschaft zurückgeführt, sondern sie als auf komplizierte Weise *sachlich vermittelte* Herrschaft dechiffriert.

perative bedarf also tatsächlich, wie Albrecht Wellmer bemerkt, einer Erneuerung der Kritik der politischen Ökonomie und damit auch der Offenlegung deren politischen Charakters, gerade da, wo er nicht auf der Hand liegt;

2. scheint es aus *moralischer Sicht* seltsam, die Frage der Exklusion als »politische« zu behandeln, wenn es damit um einen Bereich gehen soll, in dem man so, aber auch anders handeln können soll. Die Menschen, die da am Strand von Spanien angetrieben werden, aufzunehmen, ist doch keine »politische Frage«, sondern eine moralische *Pflicht.* Daraus scheint zu folgen, dass die Behandlung solcher Fragen als politische in mancher Hinsicht eher kontraintuitiv und gefährlich wäre. (Oder wiederum: dass es eben doch im Arendtschen Sinne keine politischen Fragen sein können, weil hier die Not – auch moralisch – zwingt.)

Tatsächlich ist die Konsequenz (und in mancher Hinsicht der Preis) für die »Politisierung sozialer Fragen«, dass ihre Lösung sich aus der Sache heraus nicht zwingend ableiten lässt. Allerdings lässt sich – *mit* Hannah Arendt – diesen Einwänden entgegenhalten, dass umgekehrt eine andere als die *politische* Behandlung solcher Fragen auch nicht möglich ist. Das betrifft beides, die verheerenden Folgen der Sachzwangrhetorik (der gegenüber die Politisierung der Ökonomie nicht von außen herangetragene Forderung, sondern Herausarbeiten des impliziten politischen Charakters des Ökonomischen ist); das betrifft aber auch den sogenannten Vorrang der Moral. Was uns Hannah Arendt bekanntlich hier (in der Sache vergleichbar mit der Marxschen Rechtskritik) vor Augen führt, ist der Umstand, dass einem ein vorpolitisch-moralisches Recht wenig nützt, wenn es keinen politischen Ort[17] hat.

Wozu uns das Weiterdenken mit Arendt also diesbezüglich inspirieren mag, ist folgende Überlegung: Die Frage der Exklusion, die »neue soziale Frage« lässt sich weder mit funktionalen Argumenten noch rein moralisch lösen. Solange man »Überflüssigkeit« und »Weltlosigkeit« nicht als eine Frage unseres Gemeinwesens auffasst (als eine Frage, die damit zu tun hat, wie wir zusammenleben und leben wollen), wird man sie nicht lösen können. Sie als Frage des Gemeinwesens aufzufassen, heißt aber auch, einen Zusammenhang zu sehen, der ebenso dort besteht, wo er nicht immer gesehen wird. Das bedeutet nicht nur, dass sich die vorgebliche Nichtverbundenheit der Überflüssigen als ein Verhältnis verstehen lassen wird, das dennoch vom Gemeinwesen zu verantworten ist, sondern auch, dass man die Konsequenzen des Ausschlusses für die Eingeschlossenen offenlegen muss. Die gemein-

17 Und sei es der der »Internationale, die das Menschenrecht erkämpft«.

same Welt zerfällt ab einem bestimmten Grad der Erosion für alle. *Engated communities* sind keine gemeinsame Welt. (Und so ließe sich mit Arendt auf ihre Weise der Punkt machen, dass die Freiheit der anderen die Bedingung der eigenen Freiheit ist.)

Das Politische als normativer Streit um Weltgestaltung

Arendts Auffassung des Politischen als einer Weise der freien Weltgestaltung impliziert also nicht etwa, dass das Politische als eine Art von Überflussproblem aufzufassen ist bzw. als die Sphäre, in der, nach der Beseitigung der drängendsten Not, Luxusprobleme der qualitativen Gestaltung des gemeinsamen Lebens aufgeworfen werden. Sogar da, wo sie sich selbst durch die bekannte Unterscheidung gewissermaßen »aus der Affäre gezogen« hat, lässt sich von ihr nämlich etwas ganz anderes lernen: Aus der »Soziologie der Weltlosigkeit« folgt das *Primat der Weltgestaltung* vor der Selbsterhaltung. Wo soziale Fragen als politische Fragen die Frage nach der Gestaltung der gemeinsamen Welt aufwerfen, tun sie das nicht, nachdem alles andere getan ist, sondern: Wenn man sie als politische betrachtet und als politische lösen will, ist man auf die Frage nach der Gestaltung der gemeinsamen

Welt zurückverwiesen. Das aber bedeutet: Lebenserhaltung und Weltgestaltung sind immer schon miteinander verknüpft. Es gibt keine reinen Fragen der Not. Wenn man die Frage nach dem »guten Leben« nicht stellt, ist man auch nicht wirklich in der Lage, die nach dem »Leben« zu stellen.

Diese Überlegung allerdings ist nun endgültig nicht mehr ausschließlich *mit*, sondern ebenso mit wie *gegen* Hannah Arendt formuliert. Und mit dieser Überlegung beantwortet sich, so könnte man es zuspitzen, die Frage »Wie weiter mit Hannah Arendt?« endgültig so: indem man Hannah Arendt mit Marx und Hegel zusammendenkt. Ich will also abschließend auf zwei Probleme der Arendtschen Theorie eingehen, die dazu führen, dass man mit Arendt nur *weiter*machen kann, wenn man über sie hinausdenkt.

Man überlebt nie nackt

Hannah Arendt scheint da, wo sie die strenge Unterscheidung zwischen dem Sozialen als dem Reich der Notwendigkeit und dem Politischen als dem Reich der Freiheit zieht, selbst einer technokratischen Ideologie aufgesessen zu sein. Man kann sich das an jeder einzelnen Auseinandersetzung – von der von ihr zitierten »Wohnraumfrage« bis zu den zeitgenössischen Querelen der Gesundheits- oder Bildungspolitik – klarmachen. Glaubt Hannah Arendt, dass die »Wohnraumfrage« eine technokratische Verwaltungsangelegenheit sei, so lässt jede einzelne diesbezügliche Maßnahme erahnen, wie sehr es hier immer schon um die politischen Weichenstellungen einer Gestaltung des gesellschaftlichen Lebens geht. Es gibt im menschlichen Zusammenleben keine »Verwaltung von Sachen«, die nicht zugleich Herrschaft über Menschen wäre.[18] Und es gibt im menschlichen Zusammenleben keine »technischen Lösungen«, die nicht immer auch schon qualitative Entscheidungen wären, Entscheidungen also über das *Wie* des menschlichen Zusammenlebens, über die Frage, wie wir zusammenleben sollen – oder mit Arendt, über die Gestaltung der gemeinsamen Welt. Menschliche Bedürfnisse nämlich sind immer schon interpretierte Bedürfnisse – man überlebt nie nackt. Kann man also von Arendt lernen, dass es im Politischen immer um die Gestaltung der Welt geht, um eine spezifisch menschliche Lebensform, so muss man die Arendtsche Theorie umgekehrt von dem Irrtum befreien, es gäbe menschliches Leben auch ohne menschliche Welt.

18 Das ist ja genau das, was an der marxistischen Idee der Ablösung von Herrschaft durch die Verwaltung von Sachen und der damit einhergehenden Hoffnung auf ein Überflüssigwerden der Politik so falsch ist – und genau das, was man in mancher Hinsicht mit Arendt gegen Marx einwenden kann.

Normativität und Ereignis

Das bringt mich zu einem zweiten problematischen Punkt der Arendtschen Theorie: der mit ihrer oben skizzierten Idee der Maßstablosigkeit im Politischen einhergehende *Vorbehalt gegen Normativität* und damit gegen eine klassische Vorstellung von Argumentieren und Begründen im Politischen. Wenn es im Politischen um die gemeinsame Gestaltung der Welt geht, so stellt sich ja die Frage, wie denn die Auseinandersetzung in diesem Bereich beschaffen sein soll. Das »gemeinsame Sprechen und Handeln«, aus dem das Bezugsgewebe des Politischen gewebt sein soll, und der Umstand, dass es im Politischen explizit nicht um Gewalt, sondern um das gegenseitige Sich-Überzeugen gehen soll, lässt ja vermuten, dass hier nicht der Einsatz von Machtmitteln (und seien diese rhetorischer Art), sondern irgendeine Art des Austauschs von Positionen bzw. Argumenten angebracht ist. Politische Auseinandersetzung fände demnach immer auch »im Raum der Gründe« (wie Philosophen gerne sagen) statt. Wie aber genau sind Gründe im Bereich der politischen Auseinandersetzung um die Gestaltung der gemeinsamen Welt beschaffen? Arendt scheint auf eine besondere (und von anderen Arten unterschiedene) Sphäre der Auseinandersetzung zu zielen, wenn sie sagt: »Im Kulturellen und im Politischen, also im gesamten Bereich des öffentlichen Lebens, geht es weder um Erkenntnis, noch um Wahrheit, sondern um Urteilen und Entscheiden, um das urteilende Begutachten und Bereden der gemeinsamen Welt und die Entscheidung darüber, wie sie weiterhin aussehen und auf welche Art und Weise in ihr gehandelt werden soll.«[19]

Wie ist das zu verstehen? Inwiefern stehen »Urteilen und Entscheiden« im Gegensatz zu »Erkenntnis und Wahrheit«? Oder, anders gefragt: Auf welcher Grundlage soll denn dieses Urteilen und Entscheiden über die gemeinsame Welt stattfinden? Es sind mehrere Aspekte des Arendtschen Denkens, die in diesem Zitat angerissen sind.

– Einerseits deutet sich hier ihr Bemühen um eine Theorie der (politischen) *Urteilskraft* an, in der (in Anlehnung an Kants *sensus communis*) das Urteilen vom Besonderen ausgeht, also nicht in der Subsumtion des Besonderen unter das Allgemeine besteht. Ohne Fundierung in bereits gegebenen Normen setzt dieses Urteilen selbst erst Maßstäbe – hier kommt die Idee einer Art von »ursprünglichem Urteilen« zum Tragen.
– Mit der Betonung des *Entscheidens* andererseits weist Arendt darauf hin, dass es im Politischen ein unaufhebbares Moment der

19 Hannah Arendt, Zwischen Vergangenheit und Zukunft, München 1994, S. 300.

Wahl gibt, das nicht durch die Bezugnahme auf ein »Richtiges« oder »Wahres« ersetzt werden kann und durch die Kenntnis der Voraussetzungen und Folgen einer Entscheidung zwar unterfüttert, nicht aber überflüssig gemacht werden kann. Das heißt, hier kann und muss auf die eine oder andere Art gehandelt werden, ohne dass es für das eine oder andere *zwingende* Gründe gibt. Die Fundierung des politischen Urteilens in »Erkenntnis und Wahrheit« dagegen wäre aus Arendts Perspektive, wenn sie möglich wäre, eben zwingend (und damit auch in dem Sinne unpolitisch, als wir hier dann eben doch wieder bedingt wären).

– Damit hängt ein dritter Aspekt zusammen. Indem sie »Urteilen und Entscheiden« in einen Gegensatz zu »Erkenntnis und Wahrheit« bringt, betont sie das Moment der *Innovation* und der »Welterschließung«, die das Politische ihrem Verständnis nach prägt. Die ereignissetzende und innovative Kraft des Politischen schafft nicht nur etwas Neues innerhalb der gegebenen Ordnung, es sprengt oder unterbricht diese, bricht das gegebene Weltverständnis auf und lässt sie uns mit neuen Augen sehen. Auch hierauf – also auf dem Umstand, dass hier etwas entschieden werden muss, das vorher noch gar nicht entscheidbar war – beruht die Maßstablosigkeit des Politischen. Interessanterweise beruht auf diesem Innovationsmoment dann auch gleichzeitig die Möglichkeit einer Einigung. Zugespitzt: Während man sich üblicherweise Einigungsprozesse eher nach dem Muster des Rückgangs auf einen gemeinsamen Grund vorstellt, stellen diese sich bei Arendt eher als ein »Vorwärts« zu einem neu zu erschließenden Gelände dar. Genauso wie die Vorschläge im Politischen »aus dem Nichts« zu kommen scheinen, kommt die Einigung (das Erlangen einer gemeinsamen Überzeugung) gewissermaßen aus dem Nichts.[20] Die konfliktlösende Transformation[21] wird also weniger nach dem Modell eines Entwicklungs- oder Lernprozesses gedacht als nach dem des plötzlich entstehenden Einverständnisses angesichts eines neuen Vor-

20 Sie ist orientiert an einem Modell der Einigung, das nur in frei gestaltbaren Räumen möglich ist. In einer anderen Terminologie könnte man sagen: Arendt denkt Politik nicht als »Nullsummenspiel«.

21 Und um eine solche Transformation muss es Arendt, im Gegensatz zu den Konfliktmodellen der »reinen Politik«, die lediglich auf eine »Hegung« von Konflikten zielen, dennoch gehen. In der Alternative zwischen »teilbaren« und »unteilbaren« Konflikten und Konfliktlösungsmodellen qua Hegung oder Transformation nimmt Arendts Position also eine interessante Sonderstellung ein. Vgl. zu dieser Typologie Rahel Jaeggi, »Ereignis, Konflikt und Normativität«, Manuskript, Frankfurt am Main 2007.

schlags, der alle überzeugt. Sie ist das Resultat weniger einer Veränderung als des Außerkraftsetzens der gegebenen Positionen und des Einschmelzens in einem gemeinsamen Neuen.

Der Mythos der Spontaneität

Nun weiß jeder, der solche Prozesse kollektiven politischen Entscheidens erlebt hat, dass Arendts Vorstellung in der Praxis der politischen Auseinandersetzung durchaus etwas entspricht. Auch ist der Hinweis, dass im Bereich der Gestaltung des gemeinsamen Lebens Gründe einen besonderen Status haben, der nicht unbedingt mit der starken Normativität letzter Gründe zusammenfällt, angebracht. Überdies mag es richtig sein, dass es für die Gestaltung des gemeinsamen Lebens bzw. der gemeinsamen Welt manchmal keine »richtigen«, jedenfalls aber keine endgültigen Lösungen gibt. Dennoch ist es meiner Meinung nach die falsche Deutung solchen Geschehens, wenn man daraus schließen möchte, dass das Argumentieren und Entscheiden im Politischen einem gänzlich anderen Modus unterläge, einem Modus, der dem traditionellen Geben und Nehmen von Gründen und Klärungsprozessen, die von der Ausrichtung auf ein richtiges und besseres Selbstverständnis und Verständnis der Situation und dem Ziel einer angemessenen Lösung entstandener Probleme geleitet sind, gänzlich enthoben wäre. Führt die Idee einer »Irreduzibilität des Politischen«, der Arendt hier auf der Spur ist, tendenziell dazu, jede Art von Begründung als etwas zu verstehen, das eine Fundierung des Politischen in etwas »außerhalb seiner selbst« anzeigt und die »unbedingte Freiheit« des Politischen zu untergraben droht, so glaube ich, dass Arendt hier eine Problematik richtig sieht, sie aber nicht lösen kann. Die Antwort also auf die Frage, wie Gründe im Bereich der politischen Gestaltung der Welt beschaffen sein können, steht noch aus.

Problematisch ist dabei nicht nur der Arendtsche »Mystizismus des Urteilens« (wie Albrecht Wellmer es kritisch genannt hat), der auf der Entgegensetzung zu einem sehr traditionellen und nicht alternativlosen Wahrheitsbegriff und letztendlich auf einer Alternative zwischen normativer Letztbegründung und Grundlosigkeit, die nicht zwingend ist, beruht. Problematisch ist auch der andere Aspekt, ihre Orientierung an Innovation und Spontaneität. Damit möchte ich nicht den oft gehörten Vorwurf des »politischen Dezisionismus«[22] gegenüber Arendt wiederholen, den ich in dieser Form für unterkomplex halte. Was man Arendts »Mythos der Spontaneität« nennen könnte und die damit angesprochene Idee von

22 Vgl. z.B. Richard Wolin, Seinspolitik. Das politische Denken Martin Heideggers, Wien 1991.

politischer Freiheit als unbedingte Spontaneität und die des Politischen als des Raums der »Wunder«, ist gleichzeitig wichtig wie problematisch und droht letztendlich, ihre eigene Vorstellung von Weltgestaltung als auch kommunikativem Prozess zu untergraben. Selbst wenn das Politische der Bruch mit der Ordnung der Dinge, die Neujustierung, die welterschließende Schaffung einer neuen Situation ist und selbst wenn Politik in diesem Sinne – analog zum Verhältnis von »normal science« und Innovation[23] – nicht »normal politics«, sondern die Kraft, die den Raum, in dem diese sich bewegen, überhaupt erst konstituiert, sein mag, setzt erst politisches Handeln die Bedingungen, unter denen Normalität sich konstituiert. Selbst dann gilt: Auch Ereignisse (das ist gegen die zeitgenössische Konjunktur dieses Begriffes zu sagen) kommen nicht aus dem Nichts.

Kritik des Ereignisses

Gerade nämlich wenn man die Parallele zur wissenschaftlichen Revolution und den revolutionären Paradigmenwechseln zieht, wie ich sie angedeutet habe, liegt ein Einwand nahe: Paradigmenwechsel machen irgendwo einen

23 Und nicht so weit entfernt von der Unterscheidung Rancières zwischen dem Politischen und der Polizei.

Sprung. Aber auch dieser kommt nicht »aus dem Nichts«, er bereitet sich vor durch Krisen und Verwerfungen, durch das Zuspitzen und die Häufung von Problemen, die im herrschenden Paradigma unlösbar werden, durch die Erosion von Traditionen und das Unglaubwürdigwerden von Lebensformen.[24] Es gibt beim Paradigmenwechsel (wie beim Urteilen) das Moment der Nichtnotwendigkeit, des nicht Zwingenden oder eben dessen, was Arendt für den Bereich des Politischen als »Wunder« beschreibt. Aber dennoch ist der Wechsel vorbereitet durch Gründe und Entwicklungen, die sich schon länger angedeutet haben und auch im Nachhinein als die »bessere Lösung« rechtfertigbar und nachvollziehbar sind, ohne dass diese Rechtfertigung schon einen »letzten Grund« liefern könnte. Sie braucht ihn aber auch nicht.

Arendts Vorstellung der politischen Freiheit als des »durch nichts Bedingtseins« sollte man also korrigieren: Selbst wenn das Politische sich (gegenüber dem herkömmlichen Verständnis) dadurch auszeichnet, dass wir hier nicht *determiniert* sind, so bleibt es doch ein Raum, in dem wir *bedingt* sind. Freiheit ist

24 Vgl. die Diskussion über Thomas Kuhns »Struktur wissenschaftlicher Revolutionen«, dabei vor allem Alisdair MacIntyre, »Epistemological Crisis, Dramatic Narrative, and the Philosophy of Science«, in: *The Monist*, 60 (1977).

dann nicht die Freiheit von Bedingtheit überhaupt, sondern eine Weise, sich diese Bedingungen anzueignen. Selbst wenn man also das Politische als Unterbrechung, Ereignis oder sogar (in dem Sinn, dem Arendt ihm gibt) »Wunder« versteht, ist es als solches durch Probleme motiviert.

Und aus diesen Bedingungen, den Problemstellungen, denen wir hier unterliegen, ergeben sich Kriterien der Angemessenheit, über die mit Gründen gestritten werden kann. Gegenüber der Gefahr, das Politische gemäß einem Mythos des reinen Konflikts und einem Mythos des reinen Ereignisses zu konzipieren, sollte man das Politische also als einen Bereich kreativen Probehandelns auffassen. Als einen Bereich des Experiments also (ähnlich vielleicht Deweys demokratischem Experimentieren), das auf Neues, und das heißt auf Kreativität[25] angewiesen ist, aber dennoch so etwas wie Angemessenheitskriterien – eben die der angemessenen Lösung eines Problems – kennt. Umgekehrt kann man Arendts Betonung der Ausnahme, des Unvordenklichen und des Ereignisses dann als eine Intervention aufnehmen, die darauf aufmerksam macht, dass sich selbst Problemstellungen nicht zwingend ergeben. »Probleme« müssen erst gesetzt (erst gesehen und geschaffen) werden, sie

25 Vgl. Hans Joas, Die Kreativität des Handelns, Frankfurt am Main 1992.

müssen erst praktisch zum Problem gemacht werden. Und sie tragen ihre Lösung nie einfach in sich.

»On needing both, Marx and Arendt« (Hannah Pitkin)

Weiter »mit Arendt« zu denken bedeutet dann auch, so liegt es in der Konsequenz meiner Andeutungen: Arendt nicht mehr gegen, sondern mit Marx zu denken. Marx nämlich, der Arendt zufolge eine so zweischneidige Rolle in der Geschichte des Kampfes um Freiheit gespielt habe, war derjenige, der am entschiedensten versucht hat, den Doppelcharakter revolutionärer Ereignisse auf den Begriff zu bringen. Die Revolution ist Bruch mit der herrschenden Ordnung und Resultat eines Entwicklungsprozesses gleichzeitig. Sie ist nicht das schlechthin und unvordenklich Neue,[26] sondern die Herstellung einer entschieden neuen Ordnung als hegelsch gedachte »Aufhebung« (nämlich: Negation *und* Bewahrung) der alten; die Transformation von Potentialen also, die sich in der alten Ordnung vorbereitet haben.

Umgekehrt braucht man Arendt als Korrektiv, um das daraus sich ergebende Geschichtsverständnis nicht zu einer »organi-

26 Hier widerspreche ich der Deutung Heinz Budes, vgl. ders., Wie weiter mit Karl Marx?

schen« Vorstellung von Entwicklung als einer Art von selbstläufig-automatischem Wachstum[27] werden zu lassen. Wenn man sich in diesem Sinne der von beiden Seiten betriebenen geschichtstheoretischen starren Entgegensetzung von Ereignis und Prozess verweigert, wird Arendts Position als eine lesbar, mit der man sozialstrukturelle Prozesse als Abfolgen von (Kleinst-)Ereignissen und Wundern beschreiben kann. Und das bedeutet schlicht, darauf aufmerksam zu machen, dass die menschliche Geschichte eine Geschichte von Handlungen und deren Verkettungen ist. Die Orientierung am Außerordentlichen und Außeralltäglichen, die man Arendt häufig vorgeworfen hat, wird so zu einem Hinweis auf das »Gemachtsein« und die Ereignishaftigkeit des vorgeblich Normalen.[28] Dass es in mensch-

27 … die übrigens, wie Arendt betont hat, selbst im Organischen nicht angebracht ist.

28 Wenn Arendt in »Vita activa« die Statistik als die der Gesellschaft adäquate Wissenschaft bezeichnet, die funktioniere, sofern sie nur das Alltägliche misst, wendet sie ein: »Nur vergißt man dabei, daß auch diese Alltäglichkeit den ihr eigenen Sinn nicht aus dem Alltag bezieht, sondern aus dem Ereignis oder der Tat, die diesen Alltag und seine Alltäglichkeit allererst konstituiert haben; so wie auch Geschichtsabläufe ihre wirkliche Bedeutung an den verhältnismäßig seltenen Ereignissen ausweisen, die den Alltag selbst unterbrechen.« (Vita activa, S. 43)

lichen Handlungszusammenhängen das »Neue« gibt, bedeutet dann aber nicht, dass Freiheit absolut und jeder Anfang voraussetzungslos wäre; innovatives Handeln ist ein neuer Zug in einer gesetzten (und durch das vergangene Handeln gegebenen) Problemstellung. Oder, wie Marx das Problem beschreibt: »Die Menschen machen ihre eigene Geschichte, aber sie machen sie nicht aus freien Stücken unter selbstgewählten, sondern unter unmittelbar vorhandenen, gegebenen und überlieferten Umständen.«[29]

29 Karl Marx, Der achzehnte Brumaire des Louis Bonaparte, Marx-Engels-Gesamtausgabe, Berlin (Ost) 1975, S. 97.

Rahel Jaeggi, Dr. phil. Studium der Philosophie, Geschichte und Religionswissenschaften an der Freien Universität Berlin; 2002 Promotion am Institut für Philosophie an der Johann Wolfgang Goethe-Universität, Frankfurt am Main. Von 1996 bis 2001 wissenschaftliche Mitarbeiterin am dortigen Institut für Philosophie. 2002 bis 2003 Visiting Assistant Professor an der Yale University. Seit 2003 Wissenschaftliche Assistentin an der Universität Frankfurt am Main; zur Zeit schreibt sie ihre Habilitation.

Forschungsschwerpunkte:
Sozialphilosophie, Politische Philosophie, Philosophische Anthropologie und Ethik.

Ausgewählte Veröffentlichungen:
Rahel Jaeggi/Tilo Wesche (Hg.), »Was ist Kritik?«, Frankfurt am Main 2008 (im Erscheinen); »Die im Dunkeln sieht man nicht: Hannah Arendts Theorie der Politisierung«, in: Heinrich Böll Stiftung, Hannah Arendt-Zentrum der Carl von Ossietzky Universität Oldenburg, Zentrum für Philosophie der Justus-Liebig-Universität Gießen (Hg.), Verborgene Tradition – Unzeitgemäße Aktualität?, Berlin 2007; »Politische Freiheit und öffentliches Glück: Hannah Arendts Kritik des Liberalismus«, in: W. Thaa (Hg.), Die Entdeckung der Freiheit – Amerika im Denken Hannah Arendts, Berlin 2003; »Welt und Person – zum anthropologischen Hintergrund von Hannah Arendts Gesellschaftskritik«, Berlin 1997.

Hannah Arendt, geboren am 14. Oktober 1906 in Hannover, Philosophin und Publizistin. Arendt studierte ab 1924 Philosophie, Theologie und Griechisch in Marburg, Freiburg und Heidelberg, u. a. bei Martin Heidegger, Rudolf Bultmann und Karl Jaspers, und promovierte 1929 bei Jaspers mit einer Dissertation über den »Liebesbegriff bei Augustin«. Ab 1930 arbeitete sie als Stipendiatin der Notgemeinschaft der deutschen Wissenschaft.

1933 musste Arendt aus Deutschland emigrieren. Sie arbeitete bis 1940 in Paris, wo sie die Auswanderung jüdischer Jugendlicher nach Palästina organisierte. 1941 floh sie in die USA. Standen ihre Anfangsjahre in den USA im Zeichen politisch-organisatorischer und publizistischer Tätigkeiten – u. a. für die deutsch-jüdische Emigrantenzeitung *Aufbau*, die Conference für Jewish Cultural Reconstruction und den Schocken Verlag –, so stieß Arendts Arbeit seit dem Erscheinen von »Elemente und Ursprünge totaler Herrschaft« 1951 zunehmend auf Interesse innerhalb des akademischen Milieus. Auf Einladungen zu Vortragsreihen u. a. nach Princeton und Chicago folgten Lehrtätigkeiten in Berkeley, Chicago, Wesleyan und an der Columbia University. Von 1967 bis zu ihrem Tod war sie Professorin für Politische Philosophie an der Graduierten-Fakultät der New School for Social Research in New York City.

Sie starb am 4. Dezember 1975 in New York.

Hamburger Institut für Sozialforschung (Hg.)
»Wie weiter mit ...?«

www.Hamburger-Edition.de
Gestaltung: Jan Enns/Wilfried Gandras
Foto: ullstein bild – TopFoto
Satz: Dörlemann Satz, Lemförde
Druck und Bindung: Langebartels Druck, Hamburg
Printed in Germany
ISBN 978-3-936096-97-2 (8 Bände)

Wie weiter mit

Theodor W. Adorno
Hannah Arendt
Émile Durkheim
Michel Foucault
Sigmund Freud
Niklas Luhmann
Karl Marx

Max Weber?

Hamburger Edition

Die »Gründerväter« der Soziologie und Gesellschaftstheorie bilden eine Autorentrias: Karl Marx, Max Weber und Émile Durkheim. Der Bezug auf einen oder mehrere ermöglicht es in den Sozialwissenschaften, sich trotz umstrittener methodologischer Ausgangspunkte und nicht geteilter theoretischer Grundannahmen gegenwärtig zu situieren und Legitimität für eigene Aussagen zu gewinnen. So bezieht sich etwa der Neofunktionalismus auf Émile Durkheim, die historische Soziologie auf eine weberianische Tradition. Die Soziologie als Wissenschaft der (Gegenwarts-)Gesellschaft rekurriert also häufig auf Autoren, deren Arbeiten vor mehr als 100 Jahren entstanden sind und deren Autorität durch beständige Bezugnahme über die Zeit weiter anwächst. Sie gehören daher nicht nur zur Ideengeschichte des Fachs, wie dies etwa für die Klassiker der Naturwissenschaften gilt, sondern das Studium ihrer Werke, die Erneuerung ihrer Konzepte und ihre Reinterpretation sollen zu einem tieferen Verständnis der Gegenwart beitragen, ein Bezug auf ihre Arbeiten soll Ernsthaftigkeit und Professionalität signalisieren und die Legitimität des Sprechers erhöhen. Ja, im Falle von Marx konnte und im Falle von Weber kann noch immer ein systematischer Bezug oder eine Reinterpretation als aktuell hinreichend behauptet und anerkannt werden und Spezialisten für bestimmte Klassiker können versuchen, ein Interpretationsmonopol durchzusetzen.

Jede Kanonisierung von Klassikern ist umstritten. Namen können hinzugefügt werden – zur genannten Trias etwa der Georg Simmels –, oder es kann über die Streichung eines Namens debattiert werden. Im Falle Max Webers lässt sich jedoch eine bemerkenswerte internationale Einigkeit beobachten, sein Werk sowohl für die Begründung der soziologischen Perspektive als auch für ihre gegenwärtige Gestaltung als bedeutend anzusehen. Der große thematische und materielle Umfang, die Unabgeschlossenheit des Werkes und die gleichzeitige rigorose Anstrengung, eine exakte Begrifflichkeit auszubilden, ermöglichen prinzipiell zwei verschiedene Umgangsformen mit dem Werk: Man konnte und kann es als Steinbruch nutzen oder systematisch interpretieren und eine »verstehende Soziologie«, eine kulturvergleichende Sozialwissenschaft, eine historische Soziologie, eine rationale Handlungstheorie, eine neoweberianisch inspirierte

Sozialgeschichte anschließen, ein Weber-Paradigma oder zumindest ein an ihn anschließendes Forschungsprogramm herausarbeiten. Weberianismus also an vielen Orten, negativ oder positiv gewertet, nicht selten mit bemerkenswerten Resultaten, wie etwa in der Studie Karlheinz Schneiders zu »Judentum und Modernisierung«.

Klassiker gehören in der Soziologie – dies gilt für Max Weber in besonderem Maße – also nicht nur zur Ideengeschichte des Fachs, sondern zur Gegenwart der wissenschaftlichen Diskussion und Arbeit. Ihr Werk wird zur Analyse der heutigen Gesellschaft benutzt und muss sich daran bewähren, was es zu deren Verständnis beiträgt. »Max Weber heute« – Texte und Bücher müssen sich in diesem Kontext verorten lassen und weniger in dem Streit darüber, wem dieser »internationale Heilige der deutschen Gelehrsamkeit« nun gehöre.[1]

1 Dirk Kaesler, Max Weber. Eine Einführung in Leben, Werk und Wirkung, Frankfurt am Main 2003, S. 264. Die zentrale Stellung des Soziologentags von 1964 ist unumstritten, siehe dazu Uta Gerhardt, »Der Heidelberger Soziologentag 1964 als Wendepunkt der Rezeptionsgeschichte Max Webers«, in: dies. (Hg.), Zeitperspektiven. Studien zu Kultur und Gesellschaft. Beiträge aus der Geschichte, Soziologie, Philosophie und Literaturwissenschaft, Stuttgart 2003, S. 233–266. Johannes Weiß schreibt, Weber sei zum »bevorzugten Klassiker gegenwärtiger Sozialwissenschaft avanciert«

Gerade Max Weber kann dabei als eine Erfindung der zweiten Hälfte des 20. Jahrhunderts beschrieben werden, benutzt in den symbolischen und konkreten ideologischen Kämpfen und Auseinandersetzungen. Nicht nur das Werk entsteht als zugängliches und gebündeltes postum, sondern auch die Soziologie Webers ist eine, die erst im Anschluss formuliert wurde.

Weber bleibt ein Klassiker mit relativ stabiler Hochkonjunktur, dessen Werk in der zweiten Hälfte des 20. Jahrhunderts über Talcott Parsons in die Bundesrepublik zurückkam, dessen Kreativität in der Mischung der Suche nach allgemeinen Begriffen, nach Kategorien bestand, die einen Vergleich ermöglichen – etwa: soziales Handeln, Sitte, Kampf, rationales Wirtschaften, Macht, Herrschaft – und dessen Analyse der konkreten Typen der »gesellschaftlichen Ordnungen und Mächte« auf das Verstehen der Wirtschaft orientiert ist.[2] Es ist die Rationalisierung der Formen vor allem der Ökonomie, der Herrschaft und der Lebens-

(»Einleitung«, in: ders. [Hg.], Max Weber heute. Erträge und Probleme der Forschung, Frankfurt am Main 1989).

2 Dem entspricht die bekannte Zweiteilung von Wirtschaft und Gesellschaft in die »Kategorienlehre« und eben in »Die Wirtschaft und die gesellschaftlichen Ordnungen und Mächte«, siehe Max Weber, Wirtschaft und Gesellschaft, 5. rev. Aufl., Tübingen 1972.

führung, die Weber in seinen ausführlichen historischen, rechtlich-rechtstheoretischen, religions- und kulturvergleichenden und soziologischen Forschungen als Erkundungen interessiert. Widersprüche löst er nicht auf, weder den wissenschaftlichen zwischen Material und Systematik noch den praktischen zwischen Erlösungserwartung und tatsächlicher Handlungsfolge. Er tilgt vorliegende Spannungen nicht, seien es die in der Person als Persönlichkeit oder die in den Institutionen des Glaubens, der Kirche oder des Staates. Die »Konstanz ihres inneren Verhältnisses zu bestimmten letzten ›Werten‹ und Lebens-›Bedeutungen‹« fand Weber nur bei kleinen Minderheitengruppen. Selbst wenn es diesen schließlich gelang, Lebensführung und Wertentscheidung weitgehend zur Deckung zu bringen, erreichten sie damit doch anderes, als sie glaubten – Rationalisierung statt Erlösung.

Man kann die Tragik des Handelns beim an diesen Stellen literarisch und manchmal pathetisch werdenden Weber herausarbeiten.[3] Man kann ebenso auf die beständigen Vermittlungen – etwa zwischen Vergemeinschaftung und Vergesellschaftung, zwischen Gesinnung und Verantwortung, zwischen materiellen und ideellen Interessen – bei Weber

3 Niemand hat dies besser getan als Stefan Breuer, Max Webers tragische Soziologie, Tübingen 2006.

verweisen.[4] Die Frage »Wie weiter mit Max Weber?« aber kann dadurch nicht beantwortet werden. Sie hat in diesem Falle auch nicht den Aufforderungscharakter, sich eines Autors und seines Beitrags neuerlich zu erinnern, sich ihm nach einer Latenzphase erneut anzunehmen oder gegen eine mehrheitlich vertretene Auffassung doch eine aktuelle Bedeutung zu behaupten. Denn einerseits scheint Weber und die Beschäftigung mit seinem Werk und seinem Leben ubiquitär zu sein, andererseits wird es kaum mehr beachtet und mit einem barschen Hinweis auf seine Unterkomplexität ad acta gelegt, und man könnte zu fragen geneigt sein, wie man *nicht* mit Weber weitermachen solle: indem man sich fast gar nicht oder fast ausschließlich auf ihn bezieht.

Die Unübersichtlichkeit des Werkes, die durch die Dekonstruktion eines Hauptwerkes der Soziologie, Webers »Wirtschaft und Gesellschaft«, in der neuen Gesamtausgabe gesteigert wird und die mittlerweile tatsächlich internationale Literatur zu Weber zwingen zu einer eigenen Perspektive. Ich folge keinem

4 Dirk Kaesler sieht gerade in »seiner Vermittlung von ›Individuum‹ und ›Gesellschaft‹ das spezifisch Soziologische« (Kaesler, Max Weber, S. 266). Ist damit das Interesse an subjektiver Sinnsetzung und objektiver Wirklichkeit gemeint, muss man dem zustimmen. Anders würde dies sein, wenn mit Vermittlung eine Aufhebung bestehender Spannungen gemeint ist.

Weber-Pardigma, das man konstruieren kann, an das sich Weber aber selbst wohl nie gehalten hätte. Das Werk indes ist dennoch mehr als ein Steinbruch, die ideologischen Kämpfe jedoch, die Stilisierung Webers zu einem bürgerlichen Antipoden zu Marx bzw. einer marxistischen Soziologie oder, genau entgegengesetzt, seine Vereinnahmung als, wenn auch bürgerlicher, Kapitalismuskritiker sind längst historisch. Anders als Marx kannte Weber keine dialektische Vermittlung als Aufhebung, keine Lösung. Er war an Prozessen, etwa denen von Vergemeinschaftung und Vergesellschaftung, dem Außeralltäglichen und der Veralltäglichung, interessiert, zwischen denen es Zusammenhänge, Widersprüche und Spannungen, aber keine Vermittlungen im klassischen Sinn gab. Zwei Welten standen sich ohne Brücke gegenüber: die des Seienden, des »Leben[s] in seiner irrationalen Wirklichkeit«, und die der Werte, der Götter und des Glaubens.[5] Die Menschen geben der Welt durch

5 Max Weber, »Die ›Objektivität‹ sozialwissenschaftlicher und sozialpolitischer Erkenntnis«, in: ders., Gesammelte Aufsätze zur Wissenschaftslehre, Tübingen 1973, S. 146–214. Siehe auch Bjarne Jacobsen, »Hiatus Irrationalis. Der Bruch zwischen Sein und Sollen«, in: Hans G. Kippenberg/Martin Riesebrodt (Hg.), Max Webers »Religionssystematik«, Tübingen 2001, S. 31–50; ders., Max Weber und Friedrich Albert Lange. Rezeption und Innovation, Wiesbaden 1999.

Wertbezüge Bedeutung und die selbst geschaffene Welt tritt den Menschen gegenüber. Aber wo Marx auf die Revolution setzte, sah Weber nur die Vollendung des Rationalisierungsprozesses: »Theoretisch wohl denkbar wäre eine immer weitergehende Ausschaltung des Privatkapitalismus – wennschon sie wahrscheinlich keine solche Kleinigkeit ist, wie manche Literaten, die ihn nicht kennen, träumen, und ganz gewiß nicht die Folge dieses Krieges sein wird. Aber gesetzt, sie gelänge einmal: – was würde sie praktisch bedeuten? Etwa ein Zerbrechen des stählernen Gehäuses der modernen gewerblichen Arbeit? Nein! Vielmehr: daß nun auch die *Leitung* der verstaatlichten oder in irgendeine ›Gemeinwirtschaft‹ übernommenen Betriebe bürokratisch würde. [...] Die staatliche Bürokratie herrschte, wenn der Privatkapitalismus ausgeschaltet wäre, *allein*.«[6]

Webers Blick geht auf die Folgen des Umbruchs – die völlige Durchsetzung bürokratischer Rationalität. Kalte Verwalter, »Fachmenschen ohne Herz« also, die die Diktatur der Funktionäre und Beamten vollständig durchsetzen würden. Auch der revolutionäre Umbruch bedeute die Durchsetzung bürokra-

6 Max Weber, »Parlament und Regierung im neugeordneten Deutschland« (1918), in: ders., Gesammelte Politische Schriften, hrsg. von Johannes Winckelmann, Tübingen 1958, S. 294–431, hier S. 319f.

tischer Rationalität und der Unfreiheit. Webers Darstellung der Entwicklungsgeschichte des Okzidents ist bekanntlich die Geschichte von Entzauberung und Rationalisierung. Das von ihm mit viel Pathos beschriebene, im Okzident entstandene stählerne Gehäuse hatte keinen Ausgang – »der Puritaner *wollte* Berufsmensch sein – wir *müssen* es sein«.[7] Aber in diesem Gehäuse war es dennoch möglich, individuelle Freiheit zu verwirklichen, ohne dass die »tiefen Spannungsverhältnisse«, die durch die »Eigengesetzlichkeiten« unterschiedlichster Wertordnungen bestimmt wurden, wie er in der Analyse in den »Zwischenbetrachtrungen« schrieb, aufgehoben werden konnten.

Ein Thema Webers war der Zusammenhang von Rationalität und Freiheit, die Bedrohung der Freiheit durch Rationalisierung und Bürokratisierung. Fragte Karl Marx, wie man an dieser Entwicklung, an der fortschreitenden Rationalisierung bzw. der Selbstentfremdung, etwas ändern könne, so fragte Max Weber, was aus ihr folgt, »denn ändern könne man nichts«.[8] Analysierte der eine die Logik

7 Max Weber, »Die Protestantische Ethik und der Geist des Kapitalismus« (1920), in: ders., Gesammelte Aufsätze zur Religionssoziologie, Bd. I, Tübingen 1986, S. 17–206, hier S. 203.

8 Karl Löwith, »Max Weber und Karl Marx« (1932), in: ders., Hegel und die Aufhebung der Philosophie – Max Weber, Stuttgart 1988, S. 324–407, hier S. 332.

des Kapitals, um sie aufzuheben, so der andere die größte Schicksalsmacht der Zeit, den Kapitalismus als rationalen Kapitalismus, um dessen Folgen zu thematisieren, Verantwortungsübernahme zu fordern und ihn dann doch zu gestalten.[9] Weber fordert Fachmenschentum und Leidenschaft, »Wertbeziehung« also, die von sich weiß – er fordert den spezifischen Intellektuellen.

Max Weber, 1864 geboren und 1920 gestorben, wuchs in der Gründerzeit des ersten deutschen Nationalstaates auf. Seine Familie war väterlicherseits in der Politik des Kaiserreichs verankert, wichtige bürgerliche Politiker verkehrten im Hause Weber; mütterlicherseits war sie durch die sich in Preußen im letzten Viertel des 19. Jahrhunderts rasant entwickelnde kapitalistische Ökonomie und einen ostwestfälischen Pietismus geprägt. Im Hause Weber gab es nicht wenig Macht, nicht

9 Damit lässt sich Weber weder als eine bürgerliche Ausgabe von Karl Marx charakterisieren, noch können ihre Gesellschaftstheorien gleichgestellt werden, wie es etwa Jürgen Ritsert (ders., Gesellschaft. Einführung in den Grundbegriff der Soziologie, Frankfurt am Main 1988) gemacht hat. Weber lässt sich aber auch nicht als ein defizitärer Marx lesen (Veit Michael Bader, Einführung in die Gesellschaftstheorie. Gesellschaft, Wirtschaft und Staat bei Marx und Weber, 2 Bände, Frankfurt am Main 1976).

wenig Geld und einiges an Protestantismus.[10] Obwohl er also seine wesentlichen Themen, Herrschaft, Ökonomie und Religion, »kannte«, sie ihm nahelagen und er bekanntermaßen ein selbst- und klassenbewusster Bürger war, folgt weder hieraus noch aus seiner Jugendlektüre,[11] was er tat, noch wie er es tat. Ist es auch interessant zu erfahren, wie der private Weber, der von seinen psychischen Leiden erlöst werden will, die Erlösungsreligionen entdeckt, sollte man dies nicht überbewerten.[12] Auch bei Durkheim, und der hat weder Weber gelesen noch dessen Leiden geteilt, findet sich nach langen Ausführungen über elementare Religion als Zusammenhang von Glauben und

10 Zur Familiengeschichte siehe Guenther Roth, Max Webers deutsch-englische Familiengeschichte 1800–1950. Mit Briefen und Dokumenten, Tübingen 2001.

11 Das waren vor allem Thukydides und F.A. Lange. Die Jugendlektüre ist aus doppeltem Grund zu erwähnen. Einmal wegen der Bedeutung, die Wilhelm Hennis der Schülerlektüre zuschreibt (siehe hierzu Wilhelm Hennis, Max Weber und Thukydides, Tübingen 2003), zum anderen wegen der »Geschichte des Materialismus« von F.A. Lange, dessen Arbeit überdies auf Fichte verweist (siehe Jacobsen, Weber und Lange).

12 Diesem Verhältnis hat Joachim Radkau in seiner Weber-Biographie nachgespürt (Radkau, Max Weber. Die Leidenschaft des Denkens, München 2005).

Riten und als erste soziale und logische Ordnung der Welt der Hinweis auf das Heil als erstem Artikel jeden Glaubens.

Sicher aber gehört all dies, Familie, Jugendlektüre und Krankheitsgeschichte, zu den »Verkettungen«, zur »Weichenstellung«, unweberianisch ausgedrückt: den kontingenten Entwicklungen, die schließlich eine Persönlichkeit hervorbrachten, die mit der Wissenschaft verstehen wollte, »was man aushalten kann« (wie es von Karl Jaspers in einem Brief an Hannah Arendt formuliert wird). In dieser Formulierung steckt viel von dem Rigorismus, der den wissenschaftlichen, den politischen wie den privaten Weber kennzeichnete, aber auch von der, wie es Werner Sombart distanzierend fasste, »verweberten« Wissenschaft des heroischen Entsagungsgestus und der Leidenschaft, der Arbeitswut und des Versuchs der klaren, nüchternen, sich aufeinandertürmenden Definitionen. Diese Wissenschaft landete immer wieder im Pathos und zeigte sich manchmal tatsächlich – und das ist ja nicht selbstverständlich – als großartige Literatur.[13]

13 »Weber wurde gewissermaßen zum Goethe der Sozialwissenschaften für Maximen und Reflexionen« (M. Rainer Lepsius, »Eigenart und Potential des Weber-Paradigmas«, in: Gert Albert [Hg.], Das Weber-Paradigma, Studien zur Weiterentwicklung von Max Webers Forschungsprogramm, Tübingen 2003, S. 32–41, hier S. 32).

Eine Soziologie in Anlehnung an Max Weber bleibt immer eine zu realisierende. Ohne Paradigma hat sie das Potential, Kontingenz systematisch wahrzunehmen und Emergenz, also Geschehen, Ereignisse, Welt, Struktur und Leben, nicht für zufällig zu halten. Die Form der Gesellschaft als Prozess von Vergesellschaftung und Vergemeinschaftung ist nicht beliebig, aber sie ist anders möglich, wenn auch nicht anders geschehen und schließlich nicht anders institutionalisiert. Beliebigkeit bei gleichzeitiger Festlegung wurde für ihn – die Bezeichnung als Literat im oben aufgeführten Zitat ist nicht zufällig – mehr und mehr zum Charakteristikum eines Literatentums.

Kann man eine Vorstellung von Soziologie entwickeln, die einen systematischen Anspruch stellt und dennoch nicht in diesem aufgeht? Kann man sich auf Weber beziehen und sein Werk weder als Steinbruch noch als Paradigma begreifen? »Keine Angst vor Max Weber« war ein zu beherzigender Ratschlag des späten Pierre Bourdieus.[14] Es gilt also, einen eigenen, begründeten Weg zum Verständnis Webers zu finden. Für mich ist dies die The-

14 Pierre Bourdieu, Schwierige Interdisziplinarität, Münster 2004, S. 21. Bourdieu veröffentlichte schon früh einen Beitrag zu Webers Religionssoziologie (ders., »Une interprétation de la théorie de la religion selon Max Weber«, in: *Archives Européennes de Sociologie*, 12 (1971), 1, S. 3–21).

matisierung von Rationalität und Freiheit im Kontext von Religion und Herrschaft. Sowohl das Oberthema als auch die Frage nach Bedeutung und Form der Religion und schließlich nach den gegenwärtigen Veränderungen politischer Vergesellschaftung und Vergemeinschaftung können im Anschluss an Weber thematisiert werden.

Religion und Lebensführung

Heil und Erlösung könne nicht durch den Glauben allein erreicht werden, Handeln müsse hinzutreten, so fasste es der Zeitgenosse Webers, Émile Durkheim. Glauben und Handeln seien die Grundbestandteile der Religion. Immerhin, in Bezug auf die Notwendigkeit dieser beiden Begriffe wären die später als Gründerväter der Soziologie gehandelten Denker sich einig gewesen, nicht aber in der Bedeutung der Begriffe.[15] Einer funktionalen Handlungstheorie als Theorie des Kults steht die Webersche Frage nach den Lebensführungen und den Folgen gegenüber, dem universa-

15 Dass auch die »zwei Traditionen der Soziologie« von Reinhard Bendix im Anschluss an den Heidelberger Soziologentag entdeckt, konstruiert, zumindest formuliert wurden, sei nur kurz angemerkt (siehe Gerhardt, Heidelberger Soziologentag).

listischen Positivismus der methodologische Individualismus, dem moralischen Individuum der Gesellschaft das Webersche des subjektiv gemeinten Sinns, der Durkheimschen Gesellschaft, die nicht ohne ein Bild, nicht ohne ein Ideal ihrer selbst leben kann, die rigorose Trennung von Wert und Welt und, dieser Unterscheidung entsprechend, die von Gesinnung und Verantwortung.

Max Weber fragt, wie sich das Glauben auf das Handeln auswirkt. Wie, nehmen wir das Beispiel der Protestantischen Ethik, zunächst bei wenigen ein »Geist des Kapitalismus« entstanden sei, der erst die Entstehung und Institutionalisierung eines rationalen Kapitalismus der Akkumulation um ihrer selbst willen mit ermöglicht habe, auch wenn dieser sich schließlich von seiner Entstehungsgrundlage gelöst habe. Weber fragt nicht nach dem Glauben als solchem, sondern auch hier nach den damit verbundenen Handlungsfolgen. Das Bedürfnis nach Heilsgewissheit wird nicht selbst befragt, sondern vorausgesetzt und in seiner spezifischen Form, hier als innerweltliche Askese, bestimmt, die sich aus dem Gottesbegriff – der unverständliche und nicht beeinflussbare Entschluss Gottes –, der Prädestinationslehre und dem sich anschließenden Bewährungsgedanken, ergab. Es wird nach den Handlungs- und schließlich Strukturfolgen gefragt. Die Meistererzählung der Protestantischen Ethik ist eine Konstellationserzählung.

Dem Menschen als Werkzeug Gottes stehen kein Gotteszwang und auch kein Ritus mehr zur Verfügung. Nur noch die Art der Lebensführung und die Bewährung, die sich im irdischen Erfolg ausdrückt, geben eine Auskunft über das Erreichen des überirdischen Ziels.[16] In die einfache, da auch psychologisch so leicht verständliche Form einer Theodizee des Glücks gewendet: Es geht einem nicht nur »gut«, sondern das Glück kann zudem noch als verdient, als legitim angesehen werden.[17] Das Glück ist nur selten einfach vorhanden und noch seltener einfach guten Gewissens zu genießen. Es braucht Rechtfertigung.

Die Theodizeeproblematik steht für das Vermittlungsproblem vom gütigen, allmächtigen Gott und der unvollkommenen Welt, für »das Problem der Lehre von Gott und seiner Beziehung zur Welt«.[18] Schwieriger als das Glück ist es, das Leiden als Hoffnung zu be-

16 Ausführlich zu den unterschiedlichen Weltverhältnissen: Stefan Breuer, »Die Geburt der Moderne aus dem Geist der Weltablehnung«, in: ders., Max Webers tragische Soziologie, S. 33–59.

17 Weber entwickelt sie ausgehend von Nietzsches Ressentimentbegriff. Siehe dazu: Klaus Lichtblau, »Ressentiment, negative Privilegierung, Parias«, in: Kippenberg/Riesebrodt, Max Webers »Religionssystematik«, S. 279–296.

18 Otto Lempp, zit. nach Edith Hanke, »Erlösungsreligionen«, in: Kippenberg/Riesebrodt, Max Webers »Religionssystematik«, S. 209–226, hier S. 221.

gründen, eine Erlösung aus dem Leiden zu entwickeln und empirisch zu behaupten. Der Theodizee des Glücks steht die des Leidens gegenüber. Weber verallgemeinert das Theodizeeproblem zudem, indem er es nicht mehr an einen Schöpfergott bindet. »Fast immer entstand aber aus den Erlösungshoffnungen irgendeine Theodizee des Leidens.«[19] Ohne Bindung an eine Gottesreligion nennt Weber drei und nur drei »Gedankensysteme [...], welche rational befriedigende Antworten auf die Frage nach der Inkongruenz zwischen Schicksal und Verdienst gaben: die indische Karmanlehre, den zarathustrischen Dualismus und das Prädestinationsdekret des Deus absconditus (des verborgenen Gottes)«.[20] Das rationale Bedürfnis nach einer Theodizee des Leidens als Interesse an materiellem und ideellem Ausgleich habe verschiedene Religionen geprägt. Erlösung bedeutet faktisch Unterschiedliches, etwa das Gefangensein in der unendlichen Folge der Wiedergeburten (bei Suketu Mehta, der Gespräche mit Bandenmitgliedern im heutigen Mumbai [Bombay] führte, sagt ein Auftragsmörder, dass er bei seinem Sündenkonto sicher bei der Ameise wieder anfangen müsse und ihm ein lang dau-

19 Max Weber, »Die Wirtschaftsethik der Weltreligionen. Einleitung«, in: ders., Gesammelte Aufsätze zur Religionssoziologie, Bd. I, S. 244.

20 Ebenda, S. 246–247.

ernder Gang durch die Gattungen bevorstehe[21]), oder für den »Puritaner« ein beständiges Abrackern im Berufsleben, verbunden mit der aufs Jenseits bezogenen Hoffnung, dass es sich im Diesseits auszahle, was wiederum als eine Art Zeichen gewertet wird, was mich erwarten könnte.

Die Erlösungsreligionen stellen einen wesentlichen Schritt bei der Systematisierung und Rationalisierung der Weltbilder dar. Die »Sinn«-Frage wird gestellt und muss beantwortet werden. In die Protestantische Ethik wird die Erlösungsfrage von Weber 1920 nachgetragen.[22] §10 des fünften Kapitels der Religionssoziologie in »Wirtschaft und Gesellschaft« thematisiert »die Erlösungswege und ihr[en] Einfluß auf die Lebensführung«.[23] Nach allen anderen Wegen, so der (katholischen) Sakraments- und Anstaltsgnade, kann die Erlösung als »ganz freies grundloses Gnadengeschenk eines in seinen Ratschlüssen un-

21 Siehe Suketu Mehta, Bombay. Maximum City, Frankfurt am Main 2006.

22 Siehe hierzu Max Weber, Die protestantische Ethik und der »Geist« des Kapitalismus. Textausgabe auf der Grundlage der ersten Fassung von 1904/05 mit einem Verzeichnis der wichtigsten Zusätze und Veränderungen aus der zweiten Fassung von 1920, hrsg. von Klaus Lichtblau/Johannes Weiß, Bodenheim 1993, S. 158f.

23 Max Weber, Wirtschaft und Gesellschaft, S. 321–348.

erforschlichen, kraft seiner Allwissenheit notwendig unwandelbaren, durch menschliches Verhalten überhaupt nicht zu beeinflussenden Gottes« als Prädestinationsgnade thematisiert werden.[24] Dem Höchstmaß an Heilsgewissheit aber steht als »unverhältnismäßige Folge jeder konsequent durchgeführten Prädestinationsgnade« die »radikale und wirklich endgültige Entwertung aller magischen, sakramentalen und anstaltsmäßigen Gnadenspende« gegenüber. Ja mehr noch, veralltäglicht lässt sich der »Ernst« dieser Konzeption kaum ertragen.[25] Und Weber ahnte, ohne es an dieser Stelle zu thematisieren, dass sich für den religiösen Virtuosen auflöste, was doch als Bedürfnis am Anfang des selbst religionsgeschichtlich gefassten Entzauberungsprozesses stand: Erlösung. Die magische, traditionale oder durch Brüderlichkeitsethiken begründete »*Hemmung* der formalen Rationalität« entfällt. »Der Spannung prinzipiell und *innerlich* zu entgehen, gab es nur zwei konsequente Wege. Einmal die Paradoxie der puritanischen Berufsethik, welche, als Virtuosenreligiosität, auf den Universalismus der Liebe verzichtete, alles Wirken in der Welt als Dienst in Gottes, in seinem letzten Sinn ganz unverständlichen, aber nun einmal allein erkennbaren positiven Willen und Erprobung des Gnadenstandes rational versach-

24 Ebenda, S. 346.
25 Ebenda, S. 347 und 348.

lichte und damit auch die Versachlichung des mit der ganzen Welt als kreatürlich und verderbt entwerteten ökonomischen Kosmos als gottgewollt und Material der Pflichterfüllung hinnahm. Das war im letzten Grunde der prinzipielle Verzicht auf Erlösung als ein durch Menschen und für jeden Menschen erreichbares Ziel zugunsten der grundlosen, aber stets nur partikulären Gnade. Eine eigentliche ›Erlösungsreligion‹ war dieser Standpunkt der Unbrüderlichkeit in Wahrheit nicht mehr.«[26] Die eigentliche Erlösungsreligion war also der angedeutete »Universalismus der Liebe«. Zu finden war dieser auf der anderen Seite, im Liebesakosmismus des »Mystikers«, dort also, wo man den Mantel gibt, wenn man nach dem Hemd gefragt wird. In der reinen Form geht es auch bei diesem nicht um den Menschen, sondern um die Hingabe selbst. Mutter Teresa ist ein uns bekannter Typus: Nicht um der Kinder willen, sondern um ihrer Mission willen baute sie ihr Werk der Nächstenliebe auf. Weber zitiert in diesem inhaltlichen Zusammenhang bekanntermaßen Baudelaire: »um der heiligen Prostitution der Seele willen«.[27]

26 Max Weber, Die Wirtschaftsethik der Weltreligionen. Zwischenbetrachtung, in: Max Weber Gesamtausgabe (MWG), Bd. I/19, Tübingen 1989, S. 479–522, hier S. 489f.

27 Ebenda, S. 490 (hier in FN 8 findet sich auch die Angabe zu Charles Baudelaire, Petits poèmes en prose, XII Les foules, Œuvres complètes, Bd. IV).

Dieser Form der Übersteigerung der Brüderlichkeitsethik steht ihre Auflösung gegenüber. Der religionsgeschichtliche Prozess der Entzauberung, so wie er von Weber beschrieben wird, stellt den Menschen als Einzelnen in die Welt. Er ist Akteur dieser Prozesse und er ist ihr Opfer. Er sucht seine Erlösung und verfängt sich doch in den ungewollten Konsequenzen seines Handelns.[28] Weitere Beispiele dieser Struktur lassen sich finden: Das preußische Junkertum gefährdet den von ihm selbst gegründeten Nationalstaat (Freiburger Antrittsrede); der römische Amtsadel gewinnt durch die Einführung des Prinzipats den Frieden, gefährdet dadurch aber seine Grundlage in der Sklavenwirtschaft; die bürgerliche Demokratie in Russland muss das Wahlrecht einführen und verhilft damit dem archaischen Bauernkommunismus zum Sieg; und eben: Jedes innerweltliche Handeln wird dem asketischen Protestantismus religiös, und doch leitet es damit die Entmachtung des Religiösen und die Entzauberung der Welt ein.

In der modernen Welt schließlich stehen die unterschiedlichen Ordnungen einander gegenüber. In der »Zwischenbetrachtung« führt Weber dies in aller Konsequenz durch. Verselbständigte, autopoietische Welten werden beschrieben. Konnten die Erlösungsreligionen

28 Besonders betont diese Dimension Wilhelm Hennis, Max Webers Fragestellung, Tübingen 1987.

noch in Opposition zu Politik und Ökonomie treten, gelingt dies der entwickelten Form der Erlösungsreligion, die nur noch in ihrer Auflösung vorliegt, nicht mehr. Stattdessen setzt sich die unpersönliche Ordnung des rationalen Kapitalismus, der Bürokratie und der Staatsräson durch. Die Politik wird zum schärfsten Gegenspieler der religiösen Ethik, da sie nun als deren direkte Konkurrentin auftritt. Denn, scharf formuliert, es tritt die politische Gemeinschaft an die Stelle der um des Jenseits willen im Diesseits aufgelösten religiösen Gemeinschaft. Nun ist es die Nation, die dem Tod, so wie es zuvor nur die Religion konnte, Sinn als Wert und in der Wirklichkeit verleiht. An diesem Punkt tritt der pathetische Weber auf. Dem so kritischen Rationalitätstheoretiker, der die ethnische Gemeinschaft längst in einen ethnischen Gemeinsamkeitsglauben aufgelöst hatte, wird die bestimmte Form der nationalen Gemeinschaft substanziell und die politische Gemeinschaft in der Erfahrung des Krieges real. Denn »der Krieg als die realisierte Gewaltandrohung schafft, gerade in den modernen politischen Gemeinschaften, ein Pathos und ein Gemeinschaftsgefühl und löst dabei eine Hingabe und eine bedingungslose Opfergemeinschaft der Kämpfenden und überdies eine Arbeit des Erbarmens und der alle Schranken der naturgegebenen Verbände sprengenden Liebe zum Bedürftigen als Massenerscheinung aus, welche die Religionen im allgemeinen nur in Heroengemeinschaften der Brüderlichkeitsethik ähnliches zur Seite zu stellen haben.« Der Krieg »leistet dem Krieger selbst etwas, seiner konkreten Sinnhaftigkeit nach, Einzigartiges: in der Empfindung eines Sinnes und einer Weihe des Todes, die nur ihm eigen ist. Die Gemeinschaft des im Felde stehenden Heeres fühlt sich heute, wie in den Zeiten der Gefolgschaft, als eine Gemeinschaft bis zum Tode: die größte ihrer Art«.[29] Nicht mehr Vergesellschaftung und Vergemeinschaftung – nun gibt es die Gemeinschaft in der individuellen endgültigen Wertsetzung und im kollektiven Pathos der Gewalt, eine, weberianisch gesprochen, spezifische Wertbeziehung.

Es ist die nicht *in*, sondern *durch* Religion aufgelöste soziale Gemeinschaft, die sich in der politischen Gemeinschaft des Kampfes und der schrankenlosen Solidarität wiederfindet. Interessanter, als Weber einen besonders martialen Nationalismus vorzuwerfen, scheint mir eine andere Beobachtung zu sein: Zwar wird in Übereinstimmung mit dem Zeitgeist der Kapitalismus als die schicksalhafteste Macht bezeichnet, aber es ist dennoch die politische Ordnung der Moderne, die sich als bestimmend erweist. Sie übernimmt von der Religion die Aufgabe der Vergemeinschaftung und wird eine Art primus inter pares der ver-

29 Weber, Zwischenbetrachtung, S. 492f.

schiedenen Ordnungen. Da aber auch der politischen Gemeinschaft die Vergemeinschaftungsmechanismen abhandengekommen sind, der Kampf noch nicht zum Streit oder Konflikt herabgestimmt worden ist, übernimmt die Gewalt selbst diese Aufgabe. Es könnte sein, dass der Webersche Verzicht auf nicht individuelle, rituelle und sakramentale Vergemeinschaftungsaspekte der Religion kaum eine andere Möglichkeit ließ und er das Pathos der Gewalt, man kann hier auch sagen: das Charisma der Gewalt an deren Stelle setzte. Weber legt eine solche Interpretation an zumindest einer Stelle nahe, wenn er davon spricht, dass der Kriegstod und die Kriegsbrüderlichkeit mit dem »heiligen Charisma und dem Erlebnis der Gottesgemeinschaft« ihre jeweilige Außeralltäglichkeit teilen.[30]

Es ist eine Besonderheit der Weberschen Darstellung, aus dieser Gemeinsamkeit die äußerste Steigerung der Konkurrenz zwischen religiöser und politischer Gemeinschaft zu folgern. Plausibel ist diese Lösung dann, wenn die Auflösung der Brüderlichkeitsethik in innerweltliche Askese gleichzusetzen ist mit der Auflösung als Erlösungsreligion und damit am Ende als Religion der Handlung überhaupt. Dann aber wären Durkheim und Weber inhaltlich nicht so weit voneinander entfernt. Denn der Kern der elementaren Form der Re-

30 Ebenda, S. 493.

ligion und damit von Religion überhaupt wird von Durkheim eben in der rituellen Vergemeinschaftung beschrieben. Was er am Beispiel des Opfers eines Totemclans als universalen Kern des Religiösen beschreibt, ist nichts anderes als die Struktur der Kommunion. »In seiner völlig ausgereiften Form setzt sich das Opfer aus zwei wesentlichen Elementen zusammen: dem Akt der Kommunion und dem Akt der Darbringung. Der Gläubige kommuniziert mit seinem Gott, indem er heilige Nahrung zu sich nimmt, und zur gleichen Zeit bietet er diesem Gott eine Gabe.«[31]

Es ist die Teilhabe an der Gemeinschaft Gottes und die Entstehung des moralischen Individuums, die Durkheim am Beispiel des Opferritus beschreibt, der überaus deutlich die Struktur der katholischen Wandlung und Kommunion, weberianisch also: des Sakraments und der Anstaltsgnade besitzt. Im Ritus gründet und thematisiert sich Gesellschaft als Gemeinschaft und ermöglicht erst die Entwicklung des moralisch gebundenen Individuums. Religiöse Gemeinschaft aber wird Durkheim zum Modell der Gemeinschaft überhaupt. Im Alltag schwindet die Gemeinschaftserfahrung. Sie muss daher verstetigt und wiederholt werden. Schwindet aber Religion, muss die Gesellschaft diese Funktion übernehmen.

31 Émile Durkheim, Die elementaren Formen des religiösen Lebens, Frankfurt am Main 1981.

Diese theorietechnisch einfache Lösung aber steht Weber nicht zur Verfügung. Er treibt die Entwicklung – und möglicherweise auch die Entwicklung ihn – weiter voran. Einerseits ist es tatsächlich die Verallgemeinerung eines partikularen preußisch-protestantischen Programms, so wie auch der Bürokratiebegriff Webers eine Verallgemeinerung der Form der preußischen Verwaltung mit beinhaltet, andererseits aber ist es eine konsequente und, analytisch betrachtet, exemplarisch-einseitige, scharfe und bestechende Weiterführung der Interpretation der Folgen des Individualisierungs-, Differenzierungs- und Rationalisierungsprozesses. Weber weicht den Folgen nicht aus, indem er an Integrationsmythen appelliert.

Herrschaft

Soziale und emotionale Vergemeinschaftung und rationale Vergesellschaftung unterliegen der Herrschaft. Integrationstheorien durkheimscher Provenienz haben an diesem Punkt eine Leerstelle. Rituelle Ordnung allein reicht nicht aus. Ordnungen sind stabil, wenn sie legitim sind bzw. als legitim gelten. Eine Geltungsbedingung ist erfüllt, wenn die Beherrschten »die Herrschaftsbeziehung als für sich ›verbindlich‹ auch ›subjektiv‹ ansehen«.[32] Eine interessante Dimensionierung des Begriffs findet auf der Entwicklungsebene, eine weitere auf der Strukturebene statt. Weber erzählt die Geschichte politischer Vergemeinschaftung und Vergesellschaftung als große Entwicklungsgeschichte: von der Familie und Sippe über die Nachbarschaft zur abstrakten Gemeinde der Brüder (und schließlich auch der Schwestern, das sei hinzugefügt). Schon die Brüdergemeinde richte sich gegen die Sippe (Weber zitiert Matthäus: »Ich bin nicht gekommen, Frieden zu bringen, sondern das Schwert«). Eindringlich wird die einfache Reziprozitätsethik der nachbarschaftlichen Binnenmoral beschrieben. Das »Wie-du-mir-so-ich-dir« wird ergänzt von »Was-dir-heute-mangelt-kann-mir-morgen-mangeln«. Die Nachbarschaft als relativ undifferenzierter politischer Verband, ohne Differenzierung von öffentlich/privat und ohne den Unterschied von Haushalt und Betrieb ist kein Idyll einer Gemeinschaft der Nähe, sondern die Herrschaft der unmittelbaren Gewalt des und der Stärkeren, im Allgemeinen also: der Männerbünde. Rationalisierung von Ökonomie, Herrschaft und Religion leitet im Okzident den Prozess zu rationaler Betriebsführung, legal gesetzter Ordnung und individualisiertem Glauben ein.

32 Max Weber, »Über einige Kategorien der verstehenden Soziologie« (1913), in: ders., Wissenschaftslehre, S. 427–474, hier S. 470.

Religiöse Vergesellschaftungen (Kirche) und Gemeinschaften (Sekte) gehören selbst zum Typus der Herrschaftsverbände. Die Kirche als Anstalt, als Hierokratie und als societas perfecta mit eigenem Recht ist Vorläufer des Staates als Anstalt, die städtischen Bürgergemeinschaften hingegen sind Träger der Individualisierung und der ökonomischen Entwicklung. Sie scheren aus dem Traditionalismus als Glaube an das Gewohnte als Norm und dem entsprechenden Herrschaftsverhältnis aus. Sie ebnen den Weg zur Schaffung des legalen Typus der Herrschaft, auch hier, ohne es zu wollen. Aber legale Herrschaft ist ebenso ein Sieg des formalistischen juristischen Rationalismus. Ihre reinste Spielart ist die bürokratische. Legale Herrschaft ist Verwaltung. Beamte, katholische Priester und Kapläne (Webers Kaplanokratie) auf Seiten der Anstalt und »Beamte und Angestellte« der Banken und Großbetriebe sind die Träger. Unpersönliche Bindung steht gegen die Unterwerfung »kraft heiliger Tradition«, aber auch gegen die »kraft Glaubens und Hingabe an charismatisch begnadete Personen: Propheten und Helden«.[33]

Zur Geltung von Ordnungen muss sich der Glaube an sie gesellen. Gerade der Glaube an

33 Weber, »Einleitung«, in: ders., Gesammelte Aufsätze zur Religionssoziologie, Bd. I, S. 271 ff. Nach 1910 erhielt die Beschäftigung Webers mit Herrschaft einen immer höheren Stellenwert.

politische Ordnungen und ihre eigene Tendenz zur Machterhaltung aber macht sie unbeweglich und starr. Entwicklung geschieht einerseits durch den Kampf der Ordnungen, der »Götter«, heute würde man wohl sagen: unterschiedlicher Rechtfertigungsordnungen, andererseits und vor allem aber durch Personen als Träger von Charisma. Der Typus des Propheten (»es steht geschrieben«, »ich aber sage euch«), des Kriegshelden (der die neue Ordnung durch das Schwert schafft) und des Demagogen (rhetorische Verkündung der natürlichen Ordnung) treten auf. Sie können die Gesellschaft, die normativen Ordnungen und Rechtfertigungsordnungen dynamisieren. Bleiben die Massen im Allgemeinen der Magie verbunden, sind sie es, die sie hieraus lösen können oder zu lösen versuchen. Charisma hat einen Bezug zum »Zauber der *Freiheit*«.[34] Der Prophet und die Helden stellen sich als unabhängig von Volk und Macht dar. Sie sind es, die im Weberschen Entwurf die Möglichkeit zum auch revolutionären Wandel beisteuern. Gerade die Typen der legitimen Herrschaft – traditional, charismatisch und legal – können entwicklungsgeschichtlich rekonstruiert und strukturtheoretisch analysiert werden. Der Begriff des Charismas ist ein

34 Max Weber, »Der Nationalstaat und die Volkswirtschaftspolitik« (1895), in: ders., Gesammelte Politische Schriften, S. 7.

Strukturbegriff. Weber entnimmt ihn der kirchenrechtlichen Studie Rudolph Sohms, der in der christlichen Urgemeinde eine charismatische Struktur entdeckt. Die Gemeinde ist rechtsfrei und durch Gefolgschaft aus Liebe integriert, liegt also zeitlich vor der Verrechtlichung der »societas perfecta«. Es existiert eine soziale Ordnung des Charismas: ihre Typen sind die Jünger, das heißt, es handelt sich um Gefolgschaft der Genossen und um Sendboten, die die neue Ordnung verkünden. Bevor sich Kirche als Anstalt ausdifferenziert, gibt es eine charismatisch-soziale und verbindliche Ordnung. Traditionalisierung und Legalisierung sind spätere Entwicklungen. Damit ist der Strukturbegriff des Charismas zeitgenössisch »konfessionell« aufgeladen. Es gibt, so Sohms, eine andere, ältere christlich-religiöse Ordnung als die Hierokratie und die Anstalt: die charismatische Urgemeinde. Weber universalisiert nun den so gewonnenen Begriff, löst ihn von der historischen Bindung zur Urgemeinde und betont seine allgemeine Struktur. Der aus dem Kirchenrecht stammende Begriff des Charismas verweist auf das andere der rechtlichen Ordnung und ist weit entfernt von der modernen Ordnung als legal-rationaler, vom Rechtszwang als politische Vergesellschaftung im Anstaltsstaat. Die Herrschaft des Staates als modernem politischem Verband geschieht über das bürokratisch durchgeführte Recht, der Gegenbegriff der charismatischen Ordnung beruht auf Gefolgschaft und Liebe und konnte so schließlich zu einem Gegenbegriff der Bürokratie werden.[35] Massenemotionen aber seien, so glaubte Weber zunächst, in der modernen Gesellschaft nur mehr kurzfristig charismatisch aktivierbar. Schließlich aber platzierte er die Verfassungsdemokratie selbst »auf der Grenzscheide zwischen legaler und charismatischer Herrschaft«.[36]

Glaube und Charisma können sich ins Unbedingte steigern. Gerade aus der Virtuosenreligiosität können »revolutionäre Konsequenzen folgen«.[37] Zunächst dann, wenn der verderbten Ordnung der empirischen Welt ein absolutes, göttliches Naturrecht entgegengesetzt werden kann. »Diese Haltung entspricht durchaus der Pflicht zum Glaubenskrieg.« Die Haltung kann sich radikalisieren, von »Gottbesitz« in »Gottbesessenheit« umschlagen. In-

35 Im geisteswissenschaftlichen Kontext der Zeit beschreibt diesen Prozess Stefan Breuer, Bürokratie und Charisma. Zur politischen Soziologie Max Webers, Darmstadt 1994.

36 Siehe zu den Massenemotionen Weber, Wirtschaft und Gesellschaft, S. 647. Das Zitat ist von Wolfgang J. Mommsen, »Politik im Vorfeld der ›Hörigkeit der Zukunft‹. Politische Aspekte der Herrschaftssoziologie Max Webers«, in: ders./Edith Hanke (Hg.), Max Webers Herrschaftssoziologie, Tübingen 2001, S. 301–319, hier S. 314.

37 Weber, Zwischenbetrachtung, S. 498.

teressant ist der Grund, der von Weber für die Möglichkeit dieses Umschlags angegeben wird: Wenn das Reich der Brüderlichkeit unmittelbar erwartet wird. Anders formuliert: Wenn man meint, mit den Spannungen der Welt nicht mehr leben zu können und gleichzeitig glaubt, das neue Reich jetzt realisieren zu können. »Die Gebote der Welt gelten nicht für den seiner Gottbessenheit Versicherten: ›πάυτα μοι ἔξεστιν‹.[38] Alle Chiliastik bis zu der Täuferrevolution ruht irgendwie auf diesem Untergrund. Die Art seines Handelns ist eben für den kraft seines ›Gott-Habens‹ Erlösten ohne Heilsbedeutung.«[39] Weber bietet hier eine Interpretation des Zusammenhangs von Religion und Gewalt, die sich nicht nur aus den kontingenten Kontexten ergibt, sondern aus der Struktur, dem Untergrund der Erlösungsreligionen selbst.

Die Möglichkeit des Umschlags von Gottbesitz in Gottbesessenheit ist der Religion nicht äußerlich. Der Wunsch nach Auflösung der Spannungen und die vorgestellte faktische Möglichkeit dazu sind es, die mit Durkheim gesprochen die Moral, das moralische, das heißt das gesellschaftliche Individuum, mit

38 In der MWG-Ausgabe nach alter Bibelübersetzung Paulus, 1. Korinther 6,12: »Ich habe zu allem Macht«. In der neuen Bibelübersetzung: »Alles ist mir erlaubt«.

39 Beide Zitate Weber, Zwischenbetrachtung, S. 499.

Weber, die »Gebote der Welt« aufheben. Das schon erwähnte Charisma der Gewalt kann hinzukommen.[40] Die Verletzung des Tötungstabus kann die Bewunderung der Gefolgschaft steigen lassen (wie es umgekehrt auch gerade das Widerstehen gegen die Gewalt kann). Das eigene Tun untersteht, für den »Besessenen«, seine »Jünger« und die »Gefolgschaft«, nicht mehr der moralischen Bewertung der Gesellschaft. Neben dem »Pragma der Gewalt«, von dem Weber sprach und das immer weitere Gewalt gebäre, gibt es ein Charisma der Gewalt, das durch die Auflösung moralischer Bindung ermöglicht und durch die Gewalttat selbst dramatisch gesteigert wird. Hieran sind Substanzialisierungshoffnungen geknüpft, die die Erlösung in dieser Welt, spätestens: morgen, erwarten lassen.

40 In einem Gespräch mit Michael Wildt fiel diese Formulierung. Es regte mich an, dem Gedanken bei Weber nachzugehen und für mich selbst ein wenig auszuformulieren. Hans Georg Soeffner (Zeitbilder. Versuche über Glück, Lebensstil, Gewalt und Schuld, Frankfurt am Main 2005) hat den Begriff der charismatischen Gewalt im Zusammenhang des ›Heiligen‹ interpretiert.

Der Bezug zur Freiheit

»Alle sublimierte Erlösungsreligiosität blickt allein auf den Sinn, nicht auf die Form [...].«[41] Brüderlichkeitsethik und Virtuosenreligion stehen daher auch mit den Ordnungen der Freiheit im Konflikt. Nicht Freiheit ist ihr Thema, sondern Befreiung. Hieraus schöpft sie ihre kollektive Kraft. Die Spannungen sollen gelöst werden, Freiheit aber gibt es nur innerhalb der Welt, im Verhältnis der Spannung von Freiheit und Rationalität, Vergesellschaftung und Vergemeinschaftung, subjektivem und objektivem Sinn, Alltäglichem und Außeralltäglichem. Neben der Religion ist es wenig überraschend die Kunst, die den Anspruch haben kann, Erlösung zu versprechen. Nur auf den ersten Blick überraschend fasst Weber das Problem des Zusammenhangs von Freiheit und Rationalität aber an einem besonderen Punkt systematisch: in einem weiteren Fragment, der Musiksoziologie.[42] Auch in

41 Weber, Zwischenbetrachtung, S. 500.

42 Zunächst 1921 veröffentlicht unter dem Titel: Die rationalen und soziologischen Grundlagen der Musik. Ein Manuskript existiert nicht. Von 1925 bis 1956 wurde der Text als Anhang in »Wirtschaft und Gesellschaft« abgedruckt, ab der fünften Auflage schließlich entfernt und 1972 separat veröffentlicht. Eine amerikanische Übersetzung wurde 1958 vorgelegt. Heute ist der Text in der Gesamtausgabe veröffentlicht: Max Weber, »Zur Musiksoziologie«,

diesem Text geht es um Spannungen, um die Beziehung musikalischer Ratio und musikalischen Lebens. Wie Christoph Braun gezeigt hat, sind es die »Widersprüche und Spannungen zwischen Ratio und Emotion, Akkordharmonik und Melodik, Theorie und Praxis, ja selbst einzelnen (benachbarten) Tönen«, die die Musikstudie charakterisieren. Und man kann, zum Schluss, dann doch einmal mit dem Weber-Biographen Joachim Radkau sagen: »Die Musik wird für die Webers zur Metapher für das Leben.«[43] Radkau zitiert Marianne Weber, die das musikalische Gesetz als »nicht in Formeln zu fassen und nicht definierbar doch in jeder Composition walte[nd]« beschrieb. Für Max Weber aber ging dies weiter: Das Gesetz selbst stieß an seine rationalen Grenzen. Die Pentatonik, das heißt die Quintenprogression, schließt sich eben nicht im zwölften Schritt zum Kreis. Die mäßig grobe Verstimmung der temperierten Quint ist so gesehen eine Scheinlösung. Und die Musik

hrsg. von Christoph Braun und Ludwig Finscher, MWG, Bd. I/14, Tübingen 2004. Ohne die Arbeit von Christoph Braun, Max Webers »Musiksoziologie«, Heidelberg 1992, hätte ich diese kurzen Anmerkungen nicht schreiben können. Siehe auch Christoph Braun, »Grenzen der Ratio, Grenzen der Soziologie. Anmerkungen zum ›Musiksoziologen‹ Max Weber«, in: *Archiv für Musikwissenschaft* (1994) 1, S. 1–25.

43 Radkau, Max Weber, S. 546.

entsteht im freien Umgang – mit der Regel.[44] Sie birgt das Material zur Freiheit in sich. Die Regel ist nicht das Leben. Handeln geht nicht in Ausführung auf. Es ist immer Interpretation als subjektiv variierende Ausführung und sich unterscheidende Durchführung. Aber es ist mehr. Handeln ist immer auch Improvisation als Abweichung von und Spiel mit der Regel.

Ich habe alle Kulturvergleiche, auch in der Musiksoziologie, weitgehend außer Acht gelassen. Die Musik wäre dabei ein gutes Beispiel, wie sich eine spezifisch europäisch-rationale Temperierung immer weiter durchsetzt, mitsamt ihrer Technologie (Klavier), die das Ergebnis Weltmusik – Weltgesellschaft – nennt. Auch hier hat sich eine Rationalisierung vollzogen, ermöglicht durch die Veränderung der eigenen Struktur, die flexibel wurde, anderes aufgenommen und eigenes verändert hat.

44 Regeln sind noch nicht Recht, das Personal verlangt, noch sind Regel und Recht schon soziales Leben. Weber richtet sich gerade gegen die »stete Gefahr der hoffnungslosen Konfusion des Empirischen mit dem Normativen« (Max Weber, »R. Stammlers ›Überwindung‹ der materialistischen Geschichtsauffassung«, in: ders., Gesammelte Aufsätze zur Wissenschaftslehre, S. 291–359, hier S. 343). Regeln sind nicht schon selbst Form des Sozialen, sondern Bestandteil, Komponente sozialer Wirklichkeit.

Die Frage »Wie weiter mit Max Weber?« kann auf der Ebene einer soziologischen Perspektive und auf der konkreter Forschungstheorien beantwortet werden. Die Komplexität der Weberschen kulturvergleichenden Entwicklungs- und Struktursoziologie ist kaum zu überbieten. Sie bleibt dabei Fragment und entzieht sich wie der Rationalisierungsprozess der Moderne selbst einer endgültigen Systematisierung. Die vollständige Durchsetzung der Bürokratie scheiterte schließlich. Der Staat als Anstaltsstaat hat in zwei exemplarischen Fällen die befürchtete Entwicklung genommen, aber auch eine zweite Chance genutzt. Der ewige »Kampf« ist zumindest an einigen Orten der europäischen Welt zum Streit herabgestimmt, temperiert worden. Man hört, dass »etwas nicht stimmt«, besser: dass das rationalisierte Leben spätestens hinter dem Komma nicht aufgeht, nicht alles genau auf acht weiße und fünf schwarze Tasten zu verteilen ist. Die puritanisch angestoßene Rationalisierung der Lebensführung und der katholisch geprägte Rechts(anstalts)staat haben sich verändert. Der Staat bleibt souverän, aber er muss seine Souveränität teilen. Die Musik lässt sich nicht nur als Rückzug in die Ästhetik als Form interpretieren, sondern als Modell des Verhältnisses von Rationalität und Freiheit, von Regeln und Handeln. Hingabe, Leidenschaft und Wertbeziehung werden im klugen Kampf, in der Auseinandersetzung des spezifischen Intellektuellen, gebraucht, um den Streit für die Freiheit in den Regeln zu führen.

Zwei interessante Forschungsthemen schließen sich an (kontingent, es gibt mehr und andere). Das eine beinhaltet die Frage nach der Bedeutung von Recht (und damit von Staat) nach dem Ende des Gewaltmonopols. Damit hängt die Beobachtung zusammen, dass die von Weber beschriebene Entwicklungsgeschichte der Rationalisierung nicht aus sich ablösenden Stufen besteht. So ist etwa die Bedeutung des Nachbarschaftsverbandes als politischer Verband auf die Ebene der Weltgesellschaft zurückgekehrt. Das ist keineswegs als Lob der Selbstregulierung oder des Kommunitarismus zu lesen. Ohne Staat, das heißt ohne Steuern, ohne Kanalisation und Wasser- und Stromversorgung, ohne Bildungseinrichtungen, ohne die Trennung von privat und öffentlich, von Haushalt und Betrieb leben immer mehr Menschen in den Megacitys, die gleichzeitig von moderner Technologie und von lokaler Gewalt und dem Vorherrschen einer Reziprozitätsethik geprägt sind.[45] Die neuen Strukturen von Staat und Recht und von lokalen Herrschaftsformen weberianisch offen, im Kampf unterschiedlicher

45 Hierzu Mehta, Bombay; siehe auch George Packer, »The Megacity. Decoding the chaos of Lagos«, in: *The New Yorker*, 13. November 2006, S. 61–73.

Ordnungen, in der Etablierung neuer Verrechtlichungsformen und Herrschaftsverhältnisse dennoch systematisch zu analysieren sollte ein Anspruch aktueller Sozialwissenschaften sein. Und auch hier gilt es die Freiheitspotentiale herauszuarbeiten.

Hiervon getrennt stellt sich die zukunftsoffene Frage, ob sich erneut ein Modell der Lebensführung ausmachen lässt, dass zwar nur von einigen geteilt, dennoch aber strukturbestimmend sein könnte. Dies ist die Frage nach der Unterscheidung von Rechtfertigungsordnungen einerseits und der Identifizierung einer minoritären, aber wirkungsmächtigen, das heißt die Lebensführung bestimmenden und folgenreichen andererseits. Religion, so glaube ich, spielt hierbei nur eine Rolle unter anderem.

Ulrich Bielefeld, PD Dr. phil.; Studium der Soziologie und Sozialgeschichte in München, von 1982 bis 1987 Mitarbeiter am Institut für Soziologie der Technischen Universität Darmstadt und Beratungstätigkeit beim Europarat in Straßburg. Er promovierte 1987 und ist seit 1988 Mitarbeiter am Hamburger Institut für Sozialforschung, dort Leiter des Arbeitsbereichs »Nation und Gesellschaft«. 2001 Gastwissenschaftler am Maison des Sciences de l'Homme in Paris sowie 2004 am Bucerius Institut der Universität Haifa; Habilitation 2003 an der Technischen Universität Darmstadt.

Forschungsschwerpunkte:
Nation, kollektives Bewusstsein, politische Gesellschaft, Migration.

Ausgewählte Veröffentlichungen:
»Die Form der Freiheit«, in: *Mittelweg 36*, 16. Jg. (2007), Heft 6, S. 33–57; »Schuld und Kollektivität«, in: Matthias Schöning/Stefan Seidendorf (Hg.), Reichweiten der Verständigung. Intellektuellendiskurse zwischen Nation und Europa, Heidelberg 2006, S. 150–173; »›Und willst du nicht mein Bruder sein ...‹. Was hält die Gesellschaft zusammen?«, in: *Magazin*/Thalia-Theater Hamburg (2006) 3, S. 4–5; »›Die Ausgangslage, von der aus nur noch nach vorn gedacht werden kann‹. Hans Freyer und die Bundesrepublik Deutschland«, in: Manfred Hettling/Bernd Ulrich (Hg.), Bürgertum nach 1945, Hamburg 2005, S. 164–184.

Max Weber, geboren am 21. April 1864 in Erfurt.

Weber studierte Rechtswissenschaften, Geschichte, Nationalökonomie und Philosophie in Heidelberg, Straßburg und Berlin. Bereits in seiner Dissertation (1889) und in seiner Habilitationsschrift (1891) untersuchte er den Wirkungszusammenhang von rechtlichen, wirtschaftlichen und sozialen Faktoren. Weber war Professor für Handelsrecht in Berlin (1893), für Nationalökonomie in Freiburg im Breisgau (1894–1997) und in Heidelberg (1897–1903). Aus gesundheitlichen Gründen erfolgten ab 1898 häufige Unterbrechungen und 1903 die Einstellung der Lehrtätigkeit, die er erst 1918 in Wien als Professor für Soziologie fortsetzte. Ab 1903 war er Herausgeber des »Archivs für Sozialwissenschaft und Sozialpolitik«, daneben Mitarbeiter des »Vereins für Socialpolitik« und Mitbegründer der Deutschen Demokratischen Partei. Ab 1919 bis zu seinem Tod am 14. Juni 1920 war Weber Professor in München.

Hamburger Institut für Sozialforschung (Hg.)
»Wie weiter mit ...?«

www.Hamburger-Edition.de
Gestaltung: Jan Enns/Wilfried Gandras
Foto: ullstein bild
Satz: Dörlemann Satz, Lemförde
Druck und Bindung: Langebartels Druck, Hamburg
Printed in Germany
ISBN 978-3-936096-97-2 (8 Bände)

Wie weiter mit

Theodor W. Adorno
Hannah Arendt
Émile Durkheim
Michel Foucault
Sigmund Freud?
Niklas Luhmann
Karl Marx
Max Weber

Hamburger Edition

Um die Frage »Wie weiter mit Sigmund Freud?« zu beantworten, werde ich mich zunächst damit auseinandersetzen, was Psychoanalyse ist, um dann zu fragen, wie man, ausgehend von der Psychoanalyse, deren Verhältnis zur Analyse des Sozialen zu bestimmen gesucht hat; vor allem werde ich auf die wichtigste kultur- oder zivilisationstheoretische Schrift Freuds, »Das Unbehagen in der Kultur«, zu sprechen kommen und schließlich auf die Dimension des Sozialen, des Individuellen und des Anthropischen.

I

Zunächst also: Was ist Psychoanalyse? Wenn ich die Frage »Wie weiter mit Freud?« stelle, geht es mir um die Bedeutung Freuds für die Sozialwissenschaften. Die aber lässt sich natürlich nicht befragen, ohne auf das zu sprechen zu kommen, was die Psychoanalyse eigentlich ausmacht. Ich bin – nicht nur in diesem Falle – Nominalist und Anhänger von Realdefinitionen. »Philosophie« ist das, was die Leute in philosophischen Seminaren machen, wenn sie da ihre Arbeit tun; »Psychoanalyse« ist zumindest das, was Angehörige psychoanalytischer Vereinigungen einander unterstellen, zu tun.

Das kann durchaus unterschiedlich sein, aber man wird nicht umhinkönnen, das Wittgensteinsche Konzept der Familienähnlichkeiten zu bemühen: Wer sagen wollte, was eigentlich ein Spiel ausmacht, wird nicht weit kommen, aber man kann zwischen Fuß- und Handball eine Reihe von Gemeinsamkeiten ausmachen, zwischen Hand- und Volleyball, zwischen Volleyball und Tennis ... und irgendwann kommt man über Tischtennis, Tischfußball zu Schach, Dame und Fang den Hut!. Aber was hat Fang den Hut! mit Fußball zu tun? So kann man (wie ich mir habe sagen lassen) die Freudianer, die Kleinianer, die Lacanianer bis in Details ihrer Kongressgewohnheiten und manchmal sogar modischen Präferenzen unterscheiden, aber auch wenn sie einander in Stunden des Zorns die Zugehörigkeit zu derselben Familie absprechen, so bleibt ihr Zank doch einer unter Geschwistern, zumal sie sich alle auf denselben Vater beziehen. Der Streit darüber, wer legitimerweise noch dazugehört und wer nicht, ist keiner, der durch Beschreibung entschieden werden könnte, sondern ein normativer, der innerhalb der Familie geführt wird (und zu einer Ausstoßung führen kann) – wenn man kein Familienmitglied ist, hat es wenig Sinn, an ihm teilnehmen zu wollen.

Wenn man aber nicht durch ordnende und normative Bedürfnisse getrieben wird, so kann es doch etwas wie ein wissenschaftstheoretisches Interesse geben, das einen übers bloße Achselzucken hinaus engagiert sein lässt. Dieses Interesse wird durch einen Streit stimuliert, der für die sozialwissenschaftliche Akzentuierung der Frage »Wie weiter mit Freud?« von Belang ist. Ist die Psychoanalyse primär eine Therapie, die im Laufe ihrer Geschichte auch immer wieder große und kleine Ausflüge in Literaturtheorie, Soziologie, Historiographie, Massenpsychologie etc. unternommen hat, oder ist sie primär eine Kulturtheorie, die sich nur aus einer besonderen psychotherapeutischen Praxis entwickelt hat – allerdings auf sie wenigstens als Fundament und Inspirationsquelle nicht systematisch verzichten kann? Wer in der Vergangenheit über Psychoanalyse und Sozialwissenschaften gesprochen hat, hat – wen wundert es – die letztere Position favorisiert, und er konnte sich dabei auf Freuds eigenes Selbstverständnis berufen: Freud wollte niemals ein bloßer Seelenarzt sein, dem zuweilen auch noch etwas anderes einfiel, wenn sich seine Schriften auch immer wieder auf die analytische Praxis als Reservoir *besonderer* Erfahrungen beriefen. Schon das Ziel der psychoanalytischen Kur war ja im Freudschen Selbstverständnis im Grunde kein traditionell medizinisches, sondern ein wissenschaftliches: Das Ziel der Analyse ist nicht die Heilung, sondern die Wahrheit. Dass dahinter die Überzeugung stand, die Wahrheit sei dem Menschen zuträglicher als die Lüge, weil die Wahrheit zwar schmerzen kann, die Lüge aber langfristig größeren Schaden anrichtet, ist die, wenn ich mich so ausdrücken darf, moralische Metaphysik hinter dieser Idee. Entsprechend wenig triumphalistisch war Freuds Ansicht darüber, was die Psychoanalyse beim Patienten bewirken könne – man müsse sich zufriedengeben, heißt ein berühmtes Zitat, neurotisches Elend in gewöhnliches Unglück zu verwandeln.

Und dennoch ginge man, denke ich, fehl, wenn man »das Eigentliche« der Psychoanalyse in dem Entwurf einer eigenen Kulturtheorie erblicken würde. Ich möchte mich zur Begründung dieser Behauptung, wissend, dass man bei jedem einigermaßen komplexen Denker zu jedem Zitat auch das Gegen-Zitat findet, auf einen Brief Freuds an Georg Groddek beziehen, der Freud im Mai 1917 angeschrieben und eine eigene, noch ganz rudimentäre, Theorie der Psychosomatik vorgestellt hatte, und nun den aus der Ferne verehrten Meister darum bat, seine Versuche nicht als Bemühung misszuverstehen, sich dem Kreis der Psychoanalytiker lege artis und von Freuds Gnaden unbescheidenerweise anzunähern: Er werde, wenn Freud dies wünsche, öffentlich klarstellen, dass er *kein* Psychoanalytiker sei. Worauf ihm Freud so antwortete: »Sehr geehrter Herr Kollege, ich habe seit langem keine Zuschrift mehr bekommen, die mich erfreut, so interessiert und so sehr gereizt hätte, die dem Fremden gebührende gemeine Höflichkeit durch analytische Offenheit in der Antwort zu ersetzen. Ich will es also versuchen: Ich merke, Sie bitten mich dringend, Ihnen doch amtlich zu bestätigen, daß Sie kein Psychoanalytiker sind, daß Sie nicht zur Schar der Anhänger gehören, sondern sich als etwas Besonderes, Eigenständiges ausgeben dürfen. Ich tue Ihnen offenbar einen großen Gefallen, wenn ich Sie von mir stoße, dahin wo die Adler, Jung u.a. stehen. Aber ich kann es nicht tun, ich muß Anspruch auf Sie erheben, muß behaupten, daß Sie ein prächtiger Analytiker sind, der das Wesen der Sache unverlierbar erfaßt hat. Wer erkennt, daß Übertragung und Widerstand die Drehpunkte der Behandlung sind, der gehört nun einmal rettungslos zum wilden Heer. Ob er das ›Ubw‹ auch ›Es‹ nennt, das macht keinen Unterschied.«[1]

Es geht hier Freud bei der Frage, wer dazugehört, nicht darum, eine größtmögliche ter-

1 Sigmund Freud am 5. 6. 1917 an Georg Groddek, in: Georg Groddek – Sigmund Freud, Briefe über das Es, hrsg. von Margaretha Honegger, München 1974, S. 14.

minologische Übereinstimmung festzustellen oder sich zu denselben theoretischen Modellen zu bekennen, sondern darum, die Besonderheit einer speziellen kommunikativen Situation erkannt zu haben und zu nutzen. Die Stichwörter sind »Übertragung« und »Abwehr«.

Übertragung: Die Erfahrung, dass die mit aktuellen psychischen Konflikten verbundenen Emotionen auf biographische Situationen verweisen, in denen diese Emotionen schon einmal eine bedeutende, vielleicht entscheidende Rolle gespielt haben, und dass der Patient, indem er (auf welche Weise auch immer) diese Emotionen ins kommunikative Spiel zwischen Analytiker und Analysand bringt, den Analytiker in eine Art Rollenspiel zu bringen versucht, das ebenjene biographische Episode auf die gegenwärtige Kommunikation überträgt.

Abwehr: Wäre dem Analysanden dieser Mechanismus bewusst, würde er nicht stattfinden, das Agieren in der Gegenwart dient im Gegenteil dazu, das Vergangene nicht bewusst werden zu lassen: es ist zu schmerzhaft. Das führt den Analytiker dahin, kommunikative Akte – und die psychoanalytische Kur ist Kommunikation und nichts weiter – nicht nur gemeinsam mit dem Analysanden daraufhin zu befragen, abzuhören, zu deuten, was in ihnen *gesagt* wird, sondern vor allem, was in ihnen *vermieden* werden soll.

Übertragung und Abwehr – Begriffe, gewonnen aus der Generalisierung von Erfahrungen in der analytischen Kommunikation – führen die Konzeptualisierung des Begriffs des Unbewussten mit sich; ein Begriff, der außerhalb der Psychoanalyse einen merkwürdig schlechten Ruf hat, obwohl es eine Alltagserfahrung, über die wir alle routiniert verfügen, ist, dass unser Leben meistens unbewusst abläuft: Niemand könnte sich Auto fahrend auf den Straßenverkehr konzentrieren, wenn die Bedienung des Autos nicht unbewusst verliefe. Ich darf auch darauf hinweisen, dass das Bewussteste, was wir können, nämlich denken, unbewusst abläuft, weil wir unsere Gedanken ja nicht denken, sondern sie einfach da sind und – trotz Kant – nicht mit dem permanenten Untertitel »Das denke ich jetzt« versehen sind. Das Unbewusste ist vielgestaltig, und in der Psychoanalyse hat man sich auf bestimmte psychodynamische Prozesse konzentriert, die ursprünglich bewusst Erlebtes unbewusst werden lassen – daraus folgen die Konzepte der Verleugnung und Verdrängung. Aus Analysen typischer Verläufe solcher Verleugnungs- und vor allem Verdrängungsprozesse ergibt sich der Erfahrungsschatz der Neurosenlehre. In dieser Weise kann man den Kernbestand der psychoanalytischen Theorie aus den wesentlichen Momenten einer besonderen Kommunikationssituation auf dem Wege der – immer wieder versuchsweisen und nie abzuschließenden – Systematisierung der Erfahrungen, die auf diese Weise gewonnen werden, verstehen, und die beiden »Drehpunkte«, aus denen das ganze theoretische Konzept in Bewegung gebracht werden kann, sind in der Tat »Übertragung« und »Abwehr« – wozu sich unter anderem die Erfahrung gesellt, dass kaum eine Analyse jemals wirklich abgeschlossen ist (allenfalls irgendwann beendet werden muss), vor allem die des Analytikers selbst nicht, das heißt, dass er ebenfalls in die Situation hineinrutschen kann, eine Übertragung kommunikativ zu agieren – man nennt das »Gegenübertragung« –, und um diese Gefahr zu minimieren, gibt es beispielsweise die Institute der Lehranalyse und der Supervision von Analysen. Die berufsethische Norm der Abstinenz folgt ebenso aus den beiden »Drehpunkten«, die Freud Groddek gegenüber als die entscheidenden nennt, und daraus ergeben sich ausgesprochen weitreichende Anforderungen an Analytiker, ihre Ausbildung und ihre berufsständische Verfasstheit.

Warum beschreibe ich das – wo es doch nicht darum geht, darzulegen, was Psychoanalyse »ist«, denn dazu wäre jede und jeder berufener, die und der in der Lage sind, durch eigene praktische Erfahrung mit diesem Beruf die dürren Abstraktionen mit Leben zu erfüllen. Aus einem Grund: Wer immer also Psychoanalyse und Sozialwissenschaften zusammenbringt – als Analytiker oder als Freud-

(oder Klein- oder Lacan-)Rezipient –, überträgt Erfahrungen, die in einem bestimmten und sehr scharf definierten kommunikativen Setting gewonnen sind, auf Kommunikationen, Interaktionen etc., die grundsätzlich anders beschaffen sind. Er tut dabei zunächst nichts anderes als jeder, der irgendwo gemachte Erfahrungen irgendwo anders nutzbringend anzuwenden hofft: mal klappt's, mal nicht. Psychoanalytiker pflegen der Ansicht zu sein, ihre Tätigkeit lehre sie etwas, das man anderswo nicht bekommen kann – und sie haben recht damit. Nur gibt es einige, die zusätzlich meinen, sie wüssten darum etwas, dass anderes Wissen um den Menschen und seine Verhältnisse gleichsam zu fundieren in der Lage sei. Und das ist Unsinn. So funktioniert unser Wissenschaftsbetrieb nicht mehr, seit die Theologie aus dieser Rolle entlassen worden ist, und die Philosophie kann diesen Anspruch innerhalb ihrer Seminargrenzen nur darum aufrechterhalten, weil ihn außerhalb dieser Grenzen keiner ernst nehmen muss.

So groß Freuds persönliche Ambitionen gewesen sein mögen, als Theoretiker der menschlichen Seele und der Kulturentwicklung in die Geistesgeschichte einzugehen – in seinen Schriften betont er immer wieder, um eine originelle Theorie gehe es ihm nicht, sondern nur um die Systematisierung von Erfahrungen, die in der analytischen Situation gemacht werden. Freud legte immer Wert darauf, zu betonen, dass es darüber hinaus allenfalls darum gehen könne, ein bereits vorhandenes intuitives Wissen auf Grund dieser Systematisierung zu rekonstruieren. So weist er ausdrücklich darauf hin, dass das Wissen um die ödipalen Wünsche – Inzest und Vatermord – nicht nur im Mythos von Ödipus symbolisiert werden, sondern in der dichterischen Bearbeitung des Stoffes bereits als psychologisches Wissen vorkomme. So beruhigt Iokaste, die Mutter/Ehefrau des Ödipus, ihn, der sich über die Prophezeiung, er werde einmal seinen Vater töten und seine Mutter heiraten, beunruhigt, mit dem Hinweis, das träume doch jeder Junge mal.

Noch einmal: Die Psychoanalyse sei lediglich die Systematisierung und technische Fundierung dessen, was die Menschheit intuitiv seit je von sich gewusst habe und was die Philosophen, aber vor allem die Dichter von Rang immer schon gesagt bzw. gestaltend gezeigt hätten.[2] »Wer kann was Dummes, wer was

2 Nicht immer hat Freud sich enthalten können, jene Ambivalenzen, die mit einem solchen Selbstverständnis einhergehen mögen, wenigstens andeutungsweise zu formulieren. Als er das Ende eines durchaus komplizierten Gedankenganges mit einem Vierzeiler Goethes aus dem »Wilhelm Meister« zusammenfasst, kommentiert er dies so: »Und man darf wohl aufseufzen bei der Erkenntnis, daß es einzelnen Menschen gegeben ist, aus dem Wirbel

Kluges denken, was nicht die Vorwelt schon gedacht?« Mit diesen asketischen Worten von Goethes Mephistopheles hat es Freud – fast – immer gehalten. Mit dem Insistieren auf dieser Sichtweise mag Freuds Zurückhaltung zusammenhängen, die menschliche Fähigkeit der Kreativität, die er immer wieder explizit ein »Geheimnis« genannt hat, der psychoanalytischen Interpretation zu unterwerfen. Wohl mag das Wie und die Frage, welche Richtung individuelle Kreativität einschlägt, interpretierbar sein, das Dass aber doch nicht. Freud hat sich dem Drang vieler seiner Schüler verschlossen – ihn oft deutlich kritisiert –, Ausnahmebegabungen als Neurotiker, ja, man muss wohl sagen: zu denunzieren. Sie mögen im Einzelfall Neurotiker gewesen sein, aber dieser Umstand hat mit ihrer Fähigkeit, Kunstwerke zu schaffen, die das Leben ihrer Schöpfer vielleicht um Jahrhunderte überdauern, nichts zu tun. Freud war kein Philister, wie man zu Beginn des 19. Jahrhunderts gesagt hätte, kein Spießbürger – solche gab es aber unter seinen Schülern, und denen war

der eigenen Gefühle die tiefsten Einsichten doch eigentlich mühelos heraufzuholen, zu denen wir anderen uns durch qualvolle Unsicherheit und rastloses Tasten den Weg zu bahnen haben.« (Sigmund Freud, Das Unbehagen in der Kultur, in: ders., Gesammelte Werke, Bd. 14, Frankfurt am Main 1976, S. 493) die Psychoanalyse willkommenes Instrument, ihrem Ressentiment gegen den Künstler, der ja sowieso ein Spinner ist, ein wissenschaftliches Kleid zu geben.[3]

II

Wie hat man, ausgehend von der Psychoanalyse, deren Verhältnis zur Analyse des Sozialen zu bestimmen gesucht? Wie sind aus einer spezifischen Kommunikationssituation gewonnene Einsichten auf den Bereich des Sozialen zu beziehen? Die Ansicht, die Psychoanalyse sei als »Individualpsychologie« dazu schlechthin nicht in der Lage, ist ebenso sehr bestritten wie als gleichsam a priori gegeben angesehen worden – das gilt auch für die Gegenposition: nur als Theorie des Sozialen könne die Psychoanalyse als Theorie der Individualität reüssieren. Nimmt man von diesen beiden im Kern dogmatischen und nicht gut begründbaren Positionen Abstand, ergeben sich drei Möglichkeiten, die kommunikative Technik der Analyse und ein Verständnis sozialer Zusammenhänge und Prozesse zusam-

3 Wer sich zu diesem Thema weiter umtun möchte, dem seien die sogenannten »Mittwochsprotokolle« zur Lektüre empfohlen. Vgl. Protokolle der Wiener Psychoanalytischen Vereinigung, hrsg. von Herman Nunberg und Ernst Federn, Frankfurt am Main 1977–1981.

menzubringen: erstens per analogiam, zweitens über die Behauptung, es gebe Kollektive, die sich tatsächlich wie Individuen verhielten, drittens über eine inhaltliche Pointe, die sich aus der formalen Struktur der sogenannten »Fallgeschichte« ergibt.

Erstens: per analogiam. Freud ist zuweilen so vorgegangen. In der späten Schrift »Der Mann Moses und die monotheistische Religion« beschreibt er die Entwicklung des jüdischen Monotheismus (das Wie muss uns hier nicht interessieren) und fährt dann fort: »Die einzige befriedigende Analogie zu dem merkwürdigen Vorgang, den wir in der jüdischen Religionsgeschichte erkannt haben, findet sich in einem scheinbar weit abgelegenen Gebiet; aber sie ist sehr vollständig, sie kommt der Identität nahe [...]. Diese Analogie trifft sich in der Psychopathologie bei der Genese der menschlichen Neurosen, also auf einem Gebiet, das der Einzelpsychologie angehört, während die religiösen Phänomene natürlich zur Massenpsychologie zu rechnen zu sind.«[4] Nun ist dies »scheinbar weit abgelegen« und als »einzige befriedigende Analogie« ein argumentativer Trick – wenn auch nicht »nur«. Freud hatte zuvor die Entwicklung der jüdischen Religion mit Termini wie Latenz, Zwang, Ver-

4 Freud, Der Mann Moses und die monotheistische Religion, in: ders., Gesammelte Werke, Bd. 16, Frankfurt am Main 1972, S. 176f.

drängung beschrieben, die er selbst im Laufe der Jahre für die Ätiologie individueller Neurosen eingeführt hatte, und es drängt sich dem skeptischen Leser der Eindruck auf, hier ziehe der Zauberer jenes Kaninchen aus dem Hut, das er hinter der Bühne mühsam hineingestopft hatte. Aber man kann auch anders argumentieren: Aus dem Umstand, dass sich ein kollektives Phänomen mit dem terminologischen Set der Individualpsychologie einleuchtend beschreiben lässt, ergibt sich, dass die Analogie zu Recht besteht. Andererseits besteht die Analogie genau besehen in nichts anderem als dieser Möglichkeit der Beschreibung, und es stellt sich die Frage, was mit dem Aufweis solcher Möglichkeit gewonnen ist. Ich kann ja zugestehen, dass es *möglich* ist, so zu beschreiben, aber dennoch bestreiten, dass es *sinnvoll* ist, das zu tun. Ich kann die Welt so beschreiben, dass sie aussieht, als wäre sie ein geschaffenes Uhrwerk, aber habe ich damit schon bewiesen, dass sie von einem Gott geschaffen worden ist?[5] Letztlich überzeugt man dadurch nur den, der bereits überzeugt ist, das heißt, wenn man die Analogie auch für den Nichtgläubigen überzeugend gestalten will, muss man die eigene Terminologie verlassen und zeigen, dass auch eine andere Beschreibungssprache zu den gewünsch-

5 Vgl. David Hume, Dialoge über die natürliche Religion, Stuttgart 1981.

ten Resultaten führt – dann aber zeigt sich, dass die Analogie nicht in den *context of justification*, sondern in den *context of discovery* gehört: Derjenige, der per analogiam argumentiert, sagt uns im Grunde nur, wie er darauf verfallen ist, das soziale Phänomen, um das es ihm geht, so zu beschreiben, wie er es tut. Damit sagt er eigentlich nur, für wie nützlich er seine eigene Profession (in diesem Falle die Psychoanalyse) hält, und das kann uns interessieren, muss es aber nicht.[6]

Zweitens kann ich behaupten, dass sich – jenseits der bloßen Analogie – Kollektive tatsächlich wie Individuen verhalten. Freud hat dies im Falle der von ihm in Nachfolge Le Bons so genannten »Massen« getan. Massen sind für Freud besonders gefügte Kollektive – Heere, Religionsgemeinschaften bzw. Kirchen und vor allem Massen im engeren Sinne: Ansammlungen von Menschen, die von sich aus (oft spontan) ein gemeinsames Ziel verfolgen. Interessanterweise hat Freud die Psychologie der Masse am Phänomen der Panik untersucht, also gerade am Phänomen des Zerfalls einer Masse. Er kehrte dabei die gewöhnliche

6 Freud übrigens setzte auf die Möglichkeit des Analogieschlusses, allerdings auf Grund der Hypothese, die individuelle und die kulturelle Entwicklung würden sich als Spielarten derselben biologischen Entwicklungsgesetze herausstellen (vgl. Freud, Das Unbehagen in der Kultur, S. 505).

Ansicht, eine Panik entstehe, weil die Menschen in Angst gerieten, um: Die Menschen gerieten in Angst, weil die Masse zerfalle, das Kollektiv sie nicht mehr trage. Auf diese Weise konnte er aus der Analyse, was denn da plötzlich fehle, folgern, was die ursprüngliche Bindungskraft ausmache. Sehr grob gesprochen erlauben Massen – besonders solche mit Führer, aber das ist keine notwendige Bedingung – den Menschen ihrer Individualität einen gewissen Dispens zu geben. Sie müssen, respektive sie können, ja dürfen, nicht nur (wenigstens auf Zeit) die Selbstverantwortung, das Finden eigener Handlungsziele, die Wahl, welchen Umgang sie pflegen wollen, die Individualität der emotionalen Bindung zu anderen Individuen aufgeben, sie können auch Teile der eigenen psychischen Struktur dem Angebot der Masse entnehmen. In diesem Sinne sagte Freud, die Religion erspare es dem religiösen Neurotiker, eine individuelle Neurose auszubilden: Die Religion offeriere ein Ensemble von Zwangshandlungen – Gebete, Rituale wie gemeinsames Aufsagen von Formeln, gemeinsam ausgeführte Gesten usw. –, denen sich der Neurotiker überlassen könne und sich so die Herausbildung individueller Ticks und Zwangshandlungen erspare. Entfalle dieser kollektive Kontext, so wisse der Neurotiker buchstäblich nicht, wohin mit sich, und verfalle in Desorientierung und Panik. Tatsächlich kann man solche Verwirrungszustände bei Menschen betrachten, die plötzlich aus dem bergenden Kontext einer Sekte, deren Führer sich vielleicht mit der Kasse aus dem Staube macht, oder dem einer Armee, die führerlos wird, herausfallen.

Aber, so wäre zu fragen: Ist diese Beobachtung eine genuin psychoanalytische, das heißt, braucht es, um sie zu machen, Erfahrungen aus dem psychoanalytischen Setting? Allenfalls wohl in einer Hinsicht. Freud stellt in erster Linie eine Hypothese über die Bindung eines Individuums an auf besondere Weise strukturierte Kollektive auf, und diese Hypothese ist – teilweise – aus Beobachtungen gefolgert, die im psychoanalytischen Setting gewonnen wurden. Ob aber das Phänomen »Masse« bzw. »Religion« aus dieser Hypothese – unterstellt, sie erwiese sich als haltbar (und es spricht allerhand für sie) – zureichend erklärt oder, was meistens dasselbe ist, beschrieben ist, darüber ließe sich lange streiten, und der Streit wäre einer, in dem die spezifisch analytische Erfahrung eher eine Nebenrolle spielen könnte.

Drittens: die Fallgeschichte als Form. Bekannt ist Freuds eine gewisse Befriedigung verratende Bemerkung, seine Fallgeschichten läsen sich wie Novellen. Das ist eine Charakterisierung ihrer Form: ein bedeutungsvolles Ereignis, seine Vor- und Nachgeschichte. Damit ist zweierlei gesagt. Einmal, dass die individuelle Neurose selbst die Form aufweist, die

die Fallgeschichte zeigen muss, um dem Fall gerecht zu werden: Ein Leben kristallisiert sich um (wenigstens) ein bedeutungsvolles Ereignis herum. Zum anderen ist das Leben wie das Ereignis zwar in sich einzigartig, aber dennoch exemplarisch. Wir lesen die Fallgeschichte wie eine Novelle, das heißt, auch wenn wir ein ganz anderes Leben, geprägt durch ganz andere Ereignisse, geführt haben, können wir doch sagen, dass dieses geschilderte Leben in einem gewissen Sinne auch unser eigenes ist. »In einem gewissen Sinne« – in welchem?

An dieser Stelle setzt jenes theoretische Projekt ein, das als »analytische Sozialpsychologie« in die Wissenschaftsgeschichte eingegangen ist. Der Grundgedanke ist literaturtheoretischer Provenienz: In jeder individuellen Geschichte schlägt sich gerade in dem, was individuell in ihr ist, das Allgemeine nieder. Nur ist das im Falle der Literatur darum so (oder kann darum so gelesen werden), weil wir um die Fiktivität des Erzählten wissen und wir durch die Formkunst dahin geleitet werden, das Fiktive als eine gewissermaßen höhere Form von Wirklichkeit wahrzunehmen. In der psychoanalytischen Fallgeschichte dient die Formkunst dazu, etwas am Tatsächlichen wahrzunehmen, was über das bloß Zufällige eines Einzelschicksals hinausgeht. Nun ist jedes Einzelleben das Resultat von Zufällen – wir sollten, so Freud in einem weiteren seiner vielen charmanten Aphorismen, den Zufall nicht für unwürdig erachten, über unser Leben zu herrschen – aber wie uns die Zufälle treffen, ist kein Zufall. »Nothing hits you harder than life«, sagt Sylvester Stallone als »Rocky«, und im Leben ist es wie im Boxring: Wo die Schläge einen treffen, weiß man nicht, aber man kennt die K.-o.-Punkte. Anders gesagt, was im Einzelleben als zufälliges, aber prägendes, Ereignis erscheint, geschieht gleichwohl in einer alles andere als zufälligen sozialen Institution – der Familie –, und Familien haben ihrerseits ein typisches neurotisches Profil, und was in Familien geschieht, geschieht eben darum alles andere als zufällig. Wie auch immer der Einzelfall beschaffen sein mag, am Ende wird sich eine typische Konstellation ergeben (etwa auf Grund des ödipalen Konfliktes die Unterwerfung des Sohnes unter die Autorität des Vaters nebst Identifikation mit dem Aggressor), die es unter weiter zu untersuchenden Umständen wahrscheinlich macht, dass der Sohn, einmal erwachsen, ungefähr so eine Familie gründen wird wie die, die ihn prägte, gewesen ist. So liegen im scheinbar Zufälligen des Einzelschicksals die Determinanten des Sozialen zutage und umgekehrt: Das Soziale wird in der Neurose des Einzelnen biographisches Ereignis.

Das war eine interessante Idee – wenn auch natürlich der Sohn manchmal etwas ganz anderes macht als der Vater (Trotz der Familie?

Wegen der Familie?) – und sie schien eine intellektuelle Chance zu bieten, sich etwas begreiflich zu machen, was ganz unbegreiflich schien: dass die Massen so hartnäckig revolutionsabstinent blieben, ja sich sogar offen reaktionären Parteien oder Regimen begeistert anschließen konnten. Aber jede Theorie, die aufgeboten wird, um sich gegen eine Desillusionierung zu wehren, taugt nichts. Es hat bedeutende Intellektuelle gegeben, die sich mit dieser Illusion herumgeschlagen haben – Wilhelm Reich, Erich Fromm, Herbert Marcuse, Theodor W. Adorno, in unseren Tagen als einer der Letzten etwa Helmut Dahmer, der Mitglied des Gründungsbeirats des Hamburger Instituts für Sozialforschung gewesen ist –, sie hat auch viele intellektuell anregende Arbeiten hervorgebracht, gleichwohl ist sie nie eine wirklich ausgearbeitete Theorie geworden, die es etwa erlaubt hätte, ein Forschungsprogramm aus ihr zu gewinnen. Ihre Vertreter haben im Grunde Prolegomena in Permanenz verfasst. Der meines Wissens letzte Versuch in dieser Richtung war ein von Alfred Krovoza geplanter Sammelband zur analytischen Sozialpsychologie, an dem mitzuarbeiten mir angeboten wurde. Ich gab für meinen Beitrag als Arbeitstitel an: »Analytische Sozialpsychologie oder die unendliche Vorlust« – es ist aus dem Buch nie etwas geworden.

Dieser Exkurs ist einerseits notwendig gewesen, weil die analytische Sozialpsychologie der vielleicht wenigstens in quantitativer Hinsicht wichtigste Versuch gewesen ist, aus der Psychoanalyse eine Gesellschaftstheorie zu machen, andererseits kann man die analytische Sozialpsychologie (auch wenn etwas aus ihr geworden wäre) nicht gut unter dem Titel »Wie weiter mit Freud?« abhandeln, denn sie ist einen Weg gegangen, den Freud nicht mitgegangen wäre. Freud war kein Denker der radikalen Gesellschaftsveränderung, und überhaupt war ihm die Vorstellung einer Gesellschaft, in der der Mensch ein glückliches Wesen sei, fremd. Dass der Mensch glücklich sei, sei im Plan der Schöpfung nicht vorgesehen, heißt es in der Schrift »Das Unbehagen in der Kultur«.[7] Auch die Vorstellung, dass die moderne Gesellschaft den Menschen neurotisch mache, er diese Neurose überwinden könne und sich so zur Rebellion gegen die repressiven Strukturen der Gesellschaft befreien könne, war Freud fremd – er dachte nicht in der Tradition Rousseaus, sondern in der von Thomas Hobbes. Nahezu plakativ deutlich wird das in dem Brief, den er 1932 an Albert Einstein schrieb, der ihn zur Mitarbeit an einem Band aufgefordert hatte, in dem führende Intellektuelle niederschreiben sollten, was gegen das Übel des Krieges zu tun sei. In diesem Brief zeigt sich, dass Freud ganz ähnlich wie Hobbes den Krieg aller gegen alle für

7 Freud, Das Unbehagen in der Kultur, S. 434.

den Naturzustand des Menschen hält, und dass diesem Naturzustand nur abzuhelfen ist durch »Übertragung der Macht an eine größere Einheit« – nur setzt er, anders als Hobbes, nicht *allein* auf Macht bzw. Gewalt, ausgeübt durch den Souverän, der diese Einheit repräsentiert, als ihr Bindemittel, sondern auf »Gefühlsbindungen ihrer Mitglieder«.[8] Krieg sei nur dann überwindbar, wenn sich auf internationaler Ebene derselbe Vorgang wiederhole. Die Einrichtung des Völkerbundes sei der Versuch, eine »größere Einheit« zu bilden, allerdings unter Verzicht auf eine zentrale Gewalt, in der Hoffnung, die »Gefühlsbindungen« reichten aus, das heißt das gemeinsame Bewusstsein, welchen Schaden ein neuer Krieg allen Staaten gemeinsam zufügen würde.

Ausgeschlossen sei das nicht – jedenfalls für eine gewisse Zeit –, aber man müsse bedenken, dass die Aggressionsneigung des Menschen nicht zu überwinden sei, sie gehöre zu seiner Triebausstattung und also zu seinem Leben. Die aggressiven Neigungen der Menschen abzuschaffen, sei eine unrealistische Utopie. Gerade die russische Revolution zeige, dass die Hoffnung, die menschliche Aggression durch verbesserte Bedürfnisbefriedigung zum Verschwinden zu bringen, eine Illusion sei: »Vor-

8 Sigmund Freud, Warum Krieg?, in: ders., Gesammelte Werke, Bd. 16, Frankfurt am Main 1972, S. 16.

läufig sind sie auf das sorgfältigste bewaffnet und halten ihre Anhänger nicht zum mindesten durch den Haß gegen alle Außenstehenden zusammen.«[9]

Dann aber folgt eine interessante Volte. Freud fragt: »Warum empören wir uns so sehr gegen den Krieg, Sie und ich und viele andere, warum nehmen wir ihn nicht hin wie eine andere der vielen peinlichen Notlagen des Lebens? Er scheint doch naturgemäß, biologisch wohl begründet, praktisch kaum vermeidbar. Entsetzen Sie sich nicht über meine Fragestellung.«[10] Es gebe natürlich viele auf der Hand liegende Gründe gegen den Krieg, so plausible, dass man sich wundere, dass überhaupt noch Kriege geführt würden. Andererseits gebe es doch für manche Kriege sehr gute Gründe – es ist, als ob Freud ein paar Jahre in die Zukunft blickt, eine Zukunft, in der Albert Einstein den amerikanischen Präsidenten auffordern wird, die Nuklearrüstung zu beginnen. Aber er will auf etwas anderes hinaus: »Der Hauptgrund, weshalb wir uns gegen den Krieg empören, ist, daß wir nicht anders können. Wir sind Pazifisten, weil wir es aus organischen Gründen sein müssen. Wir haben es dann leicht, unsere Einstellung durch Argumente zu rechtfertigen.«[11] Das Wort »orga-

9 Ebenda, S. 23.
10 Ebenda, S. 24f.
11 Ebenda, S. 25.

nisch« heißt so viel wie: Wir sind Teil einer Entwicklung, die uns eine solche Einstellung aufnötigt. Freud spricht hier von einem »Prozeß der Kulturentwicklung« – »(Ich weiß, andere heißen ihn lieber: Zivilisation).« »Diesem Prozeß verdanken wir das Beste, was wir geworden sind, und ein gut Teil von dem, woran wir leiden. Seine Anlässe und Anfänge sind dunkel, sein Ausgang ungewiß.«[12]

Die Abneigung gegen den Krieg sei Folge eines der Elemente des Prozesses der Kulturentwicklung, der »Erstarkung des Intellekts, der das Triebleben zu beherrschen beginnt, und die Verinnerlichung der Aggressionsneigung mit all ihren vorteilhaften und gefährlichen Folgen. Den psychischen Einstellungen, die uns der Kulturprozeß aufnötigt, widerspricht nun der Krieg in der grellsten Weise, darum müssen wir uns gegen ihn empören, wir vertragen ihn einfach nicht mehr, es ist nicht bloß eine intellektuelle und affektive Ablehnung, es ist bei uns Pazifisten eine konstitutionelle Intoleranz, eine Idiosynkrasie gleichsam in äußerster Vergrößerung. Und zwar scheint es, daß die ästhetischen Erniedrigungen des Krieges nicht viel weniger Anteil an unserer Auflehnung haben als seine Grausam-

12 Ebenda, S. 25f. Hier folgen einige uns heute ein wenig unangenehm berührende Überlegungen, die Konrad Lorenz' Gedanken zur »Verhaustierung« des Zivilisationsmenschen vorwegnehmen.

keiten.«[13] Es scheint, dass Freud hier beinahe weniger über sich, der schließlich zu Beginn des Ersten Weltkrieges von patriotischen Anfechtungen nicht ganz frei gewesen ist, als über Karl Kraus, den großen Gegner der Psychoanalyse, spricht, dem er hier respektvoll den der Kulturentwicklung angemessenen Affekthaushalt zuspricht. Diese wenigen Bemerkungen mögen dunkel, auch angesichts dessen, was die Geschichte der nächsten 13 Jahre aufzubieten hatte, fast weltfremd wirken. Sie sind es, wenn man sie in den Kontext stellt, aus dem sie stammen – die schon erwähnte Schrift über das »Unbehagen in der Kultur« nämlich –, nicht nur nicht, sondern die Frage »Wie weiter mit Freud?«, wenn sie denn aus gesellschaftstheoretischer Sicht gestellt wird, wird sich vornehmlich mit diesem Kontext befassen müssen.

III

»Das Unbehagen in der Kultur« ist Freuds wichtigste kultur- oder zivilisationstheoretische Schrift; in ihrem Zentrum steht die Frage nach der Beschaffenheit jener Gefühlsbindungen, die notwendig seien, damit es jenseits der staatlichen (oder vorstaatlichen) Gewaltpotentiale einen sozialen Zusammenhalt gebe. Man könnte sagen, jene Schrift

13 Ebenda, S. 26.

stelle die spezifisch Freudsche Antwort auf die Frage dar, die nach Simmel und Luhmann die Grundfrage der Soziologie ist: Wie ist Gesellschaft möglich? Ich will hier nicht die zuweilen verschlungenen Wege nachgehen, auf denen Freud zu seiner Antwort kommt, vielmehr, auch um den Preis einer gewissen Vergröberung, sie kurz skizzieren. Macht und Vernunft – oder auch nur Einsicht in den gemeinsamen Vorteil einer friedlichen Vergemeinschaftung – reichen nach Freud darum nicht aus, eine Gesellschaft (in welcher Gestalt auch immer) zusammenzuhalten, weil bei einer solchen Vorstellung eines übersehen werde: die Aggressionsneigung des Menschen, die als selbständig und nicht abgeleitet aufzufassen sei – also anders als etwa bei Wilhelm Reich, der aggressives Verhalten als Resultat der Behinderung befriedigender Sexualität auffasste. »Das gern verleugnete Stück Wirklichkeit hinter alledem ist, daß der Mensch nicht ein sanftes, liebebedürftiges Wesen ist, das sich höchstens, wenn angegriffen, auch zu verteidigen vermag, sondern daß er zu seinen Triebbegabungen auch einen mächtigen Anteil von Aggressionsneigung rechnen darf. Infolgedessen ist der Nächste nicht nur möglicher Helfer und Sexualobjekt, sondern auch eine Versuchung, seine Aggression an ihm zu befriedigen, seine Arbeitskraft ohne Entschädigung auszunützen, ihn ohne seine Einwilligung sexuell zu gebrauchen, sich in den Besitz seiner Habe zu setzen, ihn zu demütigen, ihm Schmerzen zu bereiten, zu martern und zu töten. Homo homini lupus; wer hat nach all den Erfahrungen des Lebens und der Geschichte den Mut, diesen Satz zu bestreiten?«[14] Der Satz »Liebe deinen Nächsten wie dich selbst« und der Satz »Liebe deine Feinde« bedeuteten übrigens dasselbe – unser Nächster ist unser Feind (und jeder, der sich einmal mit der Dynamik von Nachbarschaftskonflikten beschäftigt hat, wird das bestätigt finden[15]). Um diese Aggressionsneigung im Zaum zu halten, bedarf es sozialer Kontrolle, moralischer und religiöser Aufwand wird betrieben, vor allem aber versuchen die Menschen untereinander Gefühlsbindungen, das heißt ein Gefühl des Zusammengehörens aufzubauen, gleichsam als Gegengewicht gegen die Neigung, einander an die Gurgel zu fahren. Aber: »Es wird den Menschen offenbar nicht leicht, auf die Befriedigung dieser ihrer Aggressionsneigung zu verzichten; sie fühlen sich nicht wohl dabei.« Darum wird die Aggression vom Nächsten gewissermaßen auf den Übernächsten verschoben – die Klassenkameraden kann man dann einigermaßen ertragen, wenn man die Parallelklasse hasst, wenn eine Partei sich spaltet,

14 Freud, Das Unbehagen in der Kultur, S. 470f.

15 Vgl. Jan Philipp Reemtsma, »Nachbarschaft als Gewaltressource«, in: *Mittelweg 36*, 13. Jg. (2004), Heft 5, S. 103–120.

kann man den einen Freund von gestern herzhaft hassen und den anderen wieder lieben, Nachbarländer haben es oft besonders schwer miteinander, und was die fortschreitende europäische Einigung uns diesbezüglich noch eintragen wird, werden wir sehen. Freud spricht vom »Narzißmus der kleinen Differenzen«, der in einer Art psychischen Tricks bestehe: »eine bequeme [...] Befriedigung der Aggressionsneigung, durch die den Mitgliedern der Gemeinschaft das Zusammenhalten erleichtert wird«. Und es folgt eine atemberaubend sarkastische Bemerkung: »Das überall versprengte Volk der Juden hat sich in dieser Weise anerkennenswerte Verdienste um die Kulturen seiner Wirtsvölker erworben; leider haben alle Judengemetzel des Mittelalters nicht ausgereicht, dieses Zeitalter friedlicher und sicherer für seine christlichen Genossen zu gestalten. Nachdem der Apostel Paulus die allgemeine Menschenliebe zum Fundament seiner christlichen Gemeinde gemacht hatte, war die äußerste Intoleranz des Christentums gegen die draußen Verbliebenen eine unvermeidliche Folge geworden.« Und dann ein Blick nur scheinbar zurück: »Es war [...] kein unverständlicher Zufall, daß der Traum einer germanischen Weltherrschaft zu seiner Ergänzung den Antisemitismus aufrief« – und ein weiterer Blick hinüber zur russischen Revolution und ihren Folgen: »und man erkennt es als begreiflich, daß der Versuch, eine neue kommunistische Kultur in Rußland aufzurichten, in der Verfolgung der Bourgeois seine psychologische Unterstützung findet. Man fragt sich nur besorgt, was die Sowjets anfangen werden, nachdem sie die Bourgeois ausgerottet haben.«[16]

Die Aggression nach außen zu lenken, ist also nicht nur ein unerfreuliches, sondern auch unsicheres Mittel, den sozialen Frieden zu bewahren, und so führt jede Vergemeinschaftung – egal, wie sie es mit der Verfolgung der Übernächsten hält – dazu, dass neben den positiven Gefühlsbindungen der Menschen untereinander eine Art psychischer Trick die Einzelnen bei der sozialen Stange halten muss. Sie wenden die Aggression nach innen – in einer anderen Theoriesprache: »Internalisierung der Normen«. Wieder anders gesagt, sie bilden so etwas wie ein Gewissen aus – und das ist, so Freud, im Grunde ein permanent schlechtes. Der sozialen Kontrolle sind nur unsere Taten zugänglich, dem Gewissen – psychoanalytisch: Über-Ich – auch unsere Gedanken und Wünsche. Jeder, sagte Schopenhauer, blicke in sich und wage dann zu behaupten, er sei nicht hängenswert. Diesen Blick tut aber kaum einer. Freud rekurriert auf die Erfahrungen aus dem analytischen Setting und spricht vom Gewissen der Neurotiker – die können ihr Unbehagen an

16 Freud, Das Unbehagen in der Kultur, S. 473f.

sich selbst als Schuldgefühl nicht verstehen, weil sie sich zuvor ihre Wünsche und Gedanken eingestehen müssten, aber das tun sie nicht, weil sie nicht der Wucht des Schuldgefühls ausgesetzt sein wollen. Sie verdrängen Wünsche und Gedanken, nehmen das dennoch vorhandene Schuldgefühl als solches nicht wahr, erleben dafür seine Präsenz als ein anderes Gefühl: Angst.[17] Diese Angst als diffuses Unbehagen in der Kultur ist für Freud das Phänomen, das er in seiner Schrift zu deuten versuchte: dass es nicht nur die Aggression gegen den Nächsten und den, wie ich ihn genannt habe, Übernächsten gibt, sondern die Aggression gegen die Kultur (respektive Zivilisation) selbst. Eine Aggression, die im Namen der Freiheit auftritt. »Was sich in einer menschlichen Gemeinschaft als Freiheitsdrang rührt, kann Auflehnung gegen eine bestehende Ungerechtigkeit sein und so einer weiteren Entwicklung der Kultur günstig werden, mit der Kultur verträglich bleiben. Es kann aber auch dem Rest der ursprünglichen, von der Kultur ungebändigten Persönlichkeit entstammen und so Grundlage der Kulturfeindseligkeit werden. Der Freiheitsdrang rich-

17 Hier lohnt sich ein Gedanke an Kierkegaards »Der Begriff Angst«: Angst als die Gefühlspräsenz der Möglichkeit der Tat, die aber ihrerseits noch gar nicht als real-mögliche im Bewusstsein ist, sondern nur als abstrakte Möglichkeit – als Freiheit.

tet sich also gegen bestimmte Formen und Ansprüche der Kultur oder gegen Kultur überhaupt.«[18] – Das »oder« ist oft nicht trennscharf, war es schon bei Rousseau nicht; Pol Pot gab dem philosophischen Traum die Wirklichkeit des Massenmords; auf die Frage von Günter Gaus, wie denn Christian Klars Weg in die RAF begonnen habe, antwortete der damit, dass er Gefühlsbindungen ersehnt habe, die ihm die bürgerliche Familie nicht beschert habe, sein Ziel war die Kleingruppe, zusammengehalten durch die Gewalttat. Was passiert, wenn eine Gruppe, die sich auf ein solches Rezept einigt, auf sich zurückgeworfen ist und für eine Weile nicht mehr morden und entführen kann, zeigt sich in den Kassibern der RAF – verbale Aggressionen schlimmster Art, Bekenntniszwang, Selbstquälereien, Selbstmord.

Zurück zu Freud. »Wer kann was Dummes, wer was Kluges denken, das nicht die Vorwelt schon gedacht?« – ich habe Mephisto schon zitiert, und es nimmt nicht wunder, dass Freud, als er sich diese alteuropäischen Themen noch einmal vornahm, seufzte: »Ich habe bei keiner Arbeit so stark die Empfindung gehabt, dass ich allgemein Bekanntes darstelle, Papier und Tinte, in weiterer Folge Setzerarbeit und Druckerschwärze aufbiete, um eigentlich selbst-

18 Freud, Das Unbehagen in der Kultur, S. 455.

verständliche Dinge zu erzählen.«[19] Aber ist das tatsächlich so? Gewiss, der Mensch ist gar nicht gut, dem werden die meisten zustimmen, aber sie werden hinzufügen, dass das keine weltbewegende Einsicht ist. Doch wie kommt es dann, dass sich eine Schrift wie die von Harald Welzer, in der noch einmal die Frage aufgeworfen wird, wie es sein könne, dass ganz normale Familienväter ausgesprochen grässliche Dinge tun, und viel Mühe auf die Antwort verwendet wird, die doch letztlich nur heißen kann: na, wer denn sonst?, derartigen Erfolg hat? Wie kommt es, dass jemand, der sich Jahre seines Lebens mit den Massenverbrechen des 20. Jahrhunderts beschäftigt hat, wie Jacques Sémelin, in einem Aufsatz, übertitelt »Elemente einer Grammatik des Massakers«, dieses schreibt: Das Phänomen des Massakers sei darum so schwierig zu verstehen, weil man nicht verstehen könne, »warum Menschen Menschen töten, die man als ›unschuldig‹ oder wehrlos betrachtet«; zudem seien »die Opfer ihren Henkern nicht nur nicht unbekannt«, sondern gehörten »manchmal derselben Gemeinschaft, ja demselben Dorf« an. »Daß es zwischen Menschen, die zuvor vielleicht jahrelang über gutnachbarschaftliche Beziehungen verfügten, zu diesem plötzlichen Umschlag in ein Massaker kommt, ist schlechterdings verblüffend [...]. Schließlich verbin-

19 Ebenda, S. 476.

det sich das Massaker – verstanden als eine aus der Nähe zwischen Henkern und Opfern geborene Praxis – oftmals mit Grausamkeiten, die jede Vorstellung übersteigen. Solche Akte betäuben den Verstand.«[20] Gewiss – wer, heißt es in der »Emilia Galotti«, über gewisse Dinge den Verstand nicht verlieren könne, habe keinen. Dennoch weiß das psychoanalytisch geschulte Sensorium in der Formulierung vom »betäubten Verstand« den Wunsch zu erkennen, gerade angesichts des schlechthin Wirklichen, das doch den Schluss oder wenigstens den Gedanken als Möglichkeit nahelegt, diese Grausamkeiten hätten *nicht trotz, sondern auf Grund* der Nähe von Tätern und Opfern stattgefunden, an einer Illusion festzuhalten. Man erkennt in diesem »betäubten Verstand« die Mühen der Derealisierung.

Sich Illusionen zu machen, vor allem über sich selbst, gehört zu den Fähigkeiten des Menschen, und selbst die Konjunkturen der intellektuellen Illusionslosigkeit, wie etwa bestimmte Phasen der Renaissance, erfassten schließlich nur wenige. Außerdem ist die Illusionslosigkeit mancher, vor allem: Politiker der Renaissance, gar keine Illusionslosigkeit, sondern Zynismus, das heißt, der illusionäre Glaube an die Eindimensionalität der Welt. Freud war –

20 Jacques Sémelin, Elemente einer Grammatik des Massakers, in: *Mittelweg 36*, 15. Jg. (2006), Heft 6, S. 18.

sich selbst gegenüber und in der Wendung hin zu seinen Lesern – ein großer Desillusionierer. Obwohl er diese Haltung auch genossen haben mag, Zyniker war er nie. Man muss die Menschen nicht für liebenswert halten, um ihnen von Herzen alles Gute zu wünschen. Der Realist ist kein Misanthrop; Misanthropen – als Prototyp Timon von Athen – rächen an den Menschen ihre verlorenen Illusionen. Den Realisten mag eine verlorene Illusion schmerzen, aber er wird ihr nicht zu lange nachtrauern, und er wird für den Schmerz nicht die Wirklichkeit verantwortlich machen, sondern die eigene Anfälligkeit für Illusionen, und er wird diese Anfälligkeit, wenn sie nicht über die Stränge des allgemein oder individuell Erwartbaren schlägt, nicht zum Anlass eines selbstbestrafenden Exerzitiums machen, sondern sie, mit einem Seufzer vielleicht, aufs Humanum schieben.

IV

Nun also das Soziale, das Individuelle, das Anthropische – bzw., wie traditionsgemäß zitiert: das Humanum –, was wäre das denn? Der Rekurs auf diese Ebene hat einen schlechten Ruf, er steht unter Verdacht, dann ins Spiel zu kommen, wenn jemand einem anderen nicht nur Revolutionen, sondern sogar Reformen auszureden versucht – man vergisst dabei gern den Satz von Bertolt Brecht, dass man alles ändern könne, nur den Menschen nicht, und dass Karl Marx' sechste These ad Feuerbach, »das menschliche Wesen sei kein dem einzelnen Individuum innewohnendes Abstraktum«, in »seiner Wirklichkeit« sei es das »Ensemble der gesellschaftlichen Verhältnisse«, der anthropologische Grund-Satz par excellence ist. Aber ich rede über Freud. Freud setzt in seinen zivilisationstheoretischen Schriften – besonders in der hier behandelten – stets drei Ebenen miteinander in Beziehung. Da ist – als mittlere Ebene – die des (wahlweise) Sozialen, Politischen, Kulturellen (wie immer wir den jeweiligen Aspekt nennen wollen), da ist – als untere Ebene – die des Individuellen, des (im Einzelfall) Autobiographischen, und schließlich als oberste Ebene die des Anthropischen (also das, worüber man spricht, wenn man anthropologisch spricht).

Die grundlegende anthropologische Einsicht ist, dass der Mensch ein Kulturwesen ist und wir ihn nicht anders denn als Kulturwesen verstehen können. Aber um ihn – um uns – als Kulturwesen zu verstehen, müssen wir die Kultur, der wir entstammen, transzendieren können. Mit Zygmunt Bauman: Um die Brille zu erkennen, durch die wir sehen, müssen wir sie abnehmen. Ernst Tugendhat hat die These aufgestellt, dass die traditionelle Rolle der Metaphysik als prima philosophia heute die Anthropologie übernehmen müsse. Der Gedanke ist im Grunde einfach: Um die Geltungsansprüche unserer eigenen Kultur befragen und kritisieren zu können, müssen wir uns auf eine Ebene »über« den Kulturen beziehen. Es steht schon in Lessings »Nathan«: Als der Sultan Saladin Nathan fragt, was für ein Glaube, was für ein Bekenntnis ihm am meisten eingeleuchtet habe, versucht der sich zunächst durch die Berufung auf eine traditionsgegründete Zugehörigkeit aus der Affäre zu ziehen (»Sultan, ich bin ein Jud'«), aber Saladin lässt das nicht gelten: »Ein Mann wie du bleibt da nicht stehn, wo der Zufall der Geburt ihn hingestellt, und bleibt er, bleibt er aus Einsicht, Wahl des Bessern.« Das etwa ist es, was Tugendhat »philosophische Anthropologie« nennt. Aber woher die Einsichten beziehen? Tugendhat nennt die philosophische Reflexion und die empirische Anthropologie (sive Ethnologie, ich ergänze: und Historiographie), das heißt, die Information über die verschiedenen Wege, in denen die Menschheit in Gegenwart und Vergangenheit versucht hat, ihre Probleme zu lösen. Irgendwie könne man so auf den Weg kommen, der uns zeigt, was allen Menschen frommt.

Die Idee, das könne man irgendwie heraustüfteln, ist natürlich Unsinn, und was Tugendhat glaubt, ist der Irrtum, der das Fach »Philosophie« konstituiert: dass, wenn man – angefangen beim Hain des Akademos in Athen, wo Platon seine Seminare abhielt, bis zum Phil-Turm der Universität – ein Milieu schafft, das nur künstlich, das heißt abgelegen genug ist, werde man den Kern der Dinge schon aufknacken. Nun könnte man von der Warte dieser gegen die Philosophie gerichteten Kritik ebenso kritisch auf die Psychoanalyse schauen, auch dort findet sich ein künstliches, abgeschottetes Milieu, in dem irgendwelche Wahrheiten, abgetrennt von den kommunikativen Erfahrungen des Sozialen und Politischen, produziert werden sollen. Der Unterschied ist, dass die philosophischen Wahrheiten eigentlich jeden etwas angehen sollen (wenn sich auch kaum jemand etwas aus ihnen macht), die in der analytischen Situation gefundenen nur die an dieser Situation Beteiligten. Wenn im kommunikativen Milieu des philosophischen Seminars Illusionen erzeugt werden – über die Natur des Menschen, die Reichweite der Vernunft, die Bedeutung des Sprachlichen in der Kommunikation, die Bedeutung philosophischer Autoren in der Geschichte der Literatur –, so ist das (und ich weiß, wie sehr gerade das meine philosophischen Freunde kränkt) harmlos. Wenn im kommunikativen Milieu der Analyse Illusionen erzeugt werden, ist das alles andere als harmlos, betrifft aber vor allem die an dieser Situation Beteiligten. Wenn allerdings im Bereich des Sozialen und der Politik Illusionen erzeugt werden und zur Herrschaft gelangen – wie im Fall der Religionen, der ungezügelten Utopien, der Über- oder Unterschätzung des anthropisch und individuell Möglichen –, wird die Angelegenheit möglicherweise mörderisch.

Warum ist das so? Die anthropologische Reflexion kann sich zwar vom Bereich des Sozialen isolieren, beeinflusst es aber nicht weiter – es sei denn, es gelänge, den Bereich des Sozialen und der Politik ähnlich zu einem isolierten Raum zu machen wie Platons Akademie, und ebendas war ja seine Utopie in der »Politeia«: eine Gesellschaft ohne Vergangenheit und Zukunft, in der jeder den Platz erhält, den ihm die Spekulation über das Wesen des Menschen zuweist. Es hat sich glücklicherweise nicht machen lassen. Ähnlich bizarr nähme sich eine Gesellschaft aus, die als Ganzes Objekt psychoanalytischer Therapie wäre – dass Freud mit dem Gedanken an die künftige Möglichkeit einer solchen Vermischung der Sphären gespielt hat, spricht nicht dafür, dass seine Illusionslosigkeit konstitutionell war.[21] Beide Abschließungen, die es erlauben, über das Wesen des Menschen jenseits des Sozialen und handlungsentlastet über die eigene Biographie zu reflektieren, geschehen auf Zeit und entlassen diejenigen, die diese Reflexionsräume betreten haben, bald wieder in die gewohnten Unübersichtlichkeiten des Sozialen.

Aber man kann natürlich in der Gesellschaft, in der Politik, in Religions- und anderen Gemeinschaften agieren, *ohne jemals diese*

21 Freud, Das Unbehagen in der Kultur, S. 505.

Reflexionsräume zu betreten – ja vor allem auch, ohne überhaupt anthropologische und autobiographische Reflexionen anzustellen. Ideologien, Moralen, politische Programme, sozialreformerische oder -revolutionäre Konzepte, religiöse Heilsversprechen etc., die sich dieser Reflexion – und das heißt der Reflexion auf das dem Menschen als Gattungs- und Einzelwesen Mögliche – verschließen, haben zumindest ein totalitäres *Potential.* Nicht, dass ein für alle Mal ausgemacht wäre, was »der Mensch« kann und was er nicht kann, was ihm zuträglich ist und was nicht. Da der Mensch uns immer nur im Medium des Sozialen gegenübertritt, lebt er als Gattungswesen ebenso mit einem historisch offenen Horizont, wie mir als Einzelnem der Raum des Möglichen erst durch den Tod endgültig begrenzt ist. Gleichwohl wissen wir von uns selbst doch ungefähr, was uns zuzutrauen ist (Überraschungen sind immer möglich), und so verhält es sich mit der Sphäre des Anthropischen auch.

Wir haben erlebt, dass es möglich ist, in wenigen Jahren eine jahrhundertelange »Erbfeindschaft«, wie es hieß, so zu beenden, dass es einer heutigen Jugend unmöglich geworden ist, sich in die überwundenen Zeiten einzufühlen. Warum soll es nicht möglich sein, den Krieg als Mittel der Politik weltweit abzuschaffen? Aber zu meinen, die Aggressionsneigung des Menschen, seine Fähigkeit, die Macht über andere – besonders die gewaltsam ausgeübte – *genießen zu können,* sei abschaffbar (und nicht nur kontrollierbar), dürfte eine Illusion, präziser: ein Wahn sein. Eine gelingende Sozialpolitik wird wirksam bestimmte Verbrechen, solche, die aus Not begangen werden, bekämpfen können. Das Verbrechen abschaffen? Ein Wahn. Man kann lange über das richtige Maß von familiärer und öffentlicher Erziehung diskutieren – man wird den Wunsch der meisten Eltern, wenigstens einige Zeit, und wohl aller Kinder, viel Zeit mit ihren Eltern zu verbringen,[22] nicht aus der Welt schaffen können, ebenso wenig wie im Namen der Freiheit das Bedürfnis der meisten Menschen, wenigstens eine gewisse Zeit im Leben eine exklusive sexuelle Beziehung einzugehen oder im Namen der Moral die Versuchungen, diese durch Seitensprünge zu gefährden, zum Verschwinden bringen. Man kann sehr klar den Zusammenhang von Sexualität und Herrschaft erkennen, und dieser Zusammenhang ist gewiss nicht gottgegeben, wie manche Christen meinen, aber man wird ihm nicht über den Weg, bestimmte Formen des Koitus unter politischen Verdacht zu stellen, beikommen können. Das war ein Wahn. Es ist kein Wahn, daran zu arbeiten, dass kein Mensch mehr in Not leben muss, aber es ist ein Wahn, eine Gesellschaft glücklicher Menschen herbeipolitisieren zu wollen. Man wird immer neue

22 Ich setze einigermaßen intakte Familien voraus.

Krankheiten heilen können, nur nicht die, an der man schließlich stirbt.

Wo immer eine Illusion die Chance hatte, politische Macht zu gewinnen, *erwies sie sich alsbald* auch als Illusion. In der Regel ist die Wut, die dann seitens derjenigen, die diese Illusion gepflegt hatten, immens. Es ist Enttäuschung, die Wut erzeugt – aber die wendet sich gegen die angeblich wirklich Schuldigen, gegen die, die nicht so sind, wie man sie machen wollte.

Ich hatte oben en passant aus Lessings »Nathan« zitiert. Dieses Stück gilt ja als eines, das mit einer gewissen Emphase das Ideal des »Menschen« über den Religionen predigt, und ist von manchen (unter anderem von Hannah Arendt) wegen dieses realitätsarmen Idealismus kritisiert worden. Man sollte das Stück vielleicht anders lesen – so, dass man Freuds Insistieren darauf, dass sich das Soziale nicht zureichend denken lasse ohne Reflexion auf das Anthropische und das Individuelle, sich mit ihm illustrieren lässt. Ja, es ist richtig, Nathan wünscht sich den Tempelherrn als einen, dem es genüge, ein Mensch (statt eines Christen oder Juden oder Moslems) zu sein, aber dem Klosterbruder, der emphatisch ausruft: »Nathan, Ihr seid ein Christ!«, antwortet er kühl, was ihn dem Klosterbruder zum Christen mache, mache den Klosterbruder ihm, Nathan, zum Juden. Man muss sein kulturelles Ambiente nicht verlassen. Lessing lässt seinen Nathan weniger ein Ideal verbreiten, als eine kommunikative Atmosphäre schaffen, eine Atmosphäre, in der es uns gelingt, über uns als Menschen nachzudenken – nicht mit dem Ziel, unsere sozialen Identitäten aufzuheben, sondern ihr gleichsam primärprozesshaftes Agieren zu behindern. Nathan tut das vor einem biographischen Hintergrund, den er erst gegen Ende des Stückes enthüllt, und nur einem, einer im Sozialen nicht verankerten Existenz übrigens, ebenjenem Klosterbruder: Seine Familie ist während eines antijüdischen Pogroms ermordet worden. Er kennt den Totalitarismus des reflexionslosen Sozialen, er kennt auch die eigenen Reaktionen auf diese Katastrophe, den Wunsch nach Rache. Nichts ist an diesem Wunsch zu tadeln; ihn zu verwirklichen aber nützt nicht nur nichts, sondern schadet. Das ist die autobiographische Einsicht. Die anthropologische Einsicht, die Absage an religiöse Schwärmerei etwa, folgt später, ohne Eifern, in der Ruhe der anthropologischen Reflexion: »Glaube mir, Daja, dem Menschen ist ein Mensch doch immer lieber als ein Engel!« Das ist natürlich nicht der Fall; meistens: im Gegenteil, *aber man kann so reden, dass das, wenigstens für einen Moment, wahr wird. Auch diese Art des Redens stets zu üben und zu erneuern wäre eine Antwort auf die Frage: »Wie weiter mit Freud?«*

Schließlich eine Schlussbemerkung

Wer immer es mit kleinen Kindern zu tun hat, wird sich an Freuds Bemerkung erinnern, man möge doch die strahlende Intelligenz eines Vierjährigen mit der Stupidität der meisten Erwachsenen vergleichen. Seine Intention dabei war die Denunziation religiöser Erziehung – kein Einwand –, aber dass es *nur darum* gehe, ist – war – eine Illusion. Die Gesichter einigermaßen gewaltfrei aufwachsender Kinder heißen einfach die Welt in einer einen Erwachsenen verblüffenden Weise willkommen, obwohl die Kinder ja schon wissen, dass man sich in dieser Welt zum Beispiel ziemlich wehtun kann. Aber der Erwachsene, der sich an einem solchen Gesicht zu freuen versteht, weiß doch auch, dass wir alle – Eltern, Großeltern, Freunde, Verwandte, Unbekannte – gemeinsam daran arbeiten werden, das Strahlen in so einem Gesicht zum Erlöschen zu bringen, es auszuwischen und das Kind auf den Weg zu einem Erwachsenen zu bringen, der nicht unbedingt stupide sein muss, aber der es gründlich verlernt hat, die Welt als solche willkommen zu heißen. Aber so ist das eben mit dem Erwachsenwerden, und ein Erwachsener, der wie ein Kind in die Welt blickte, wäre kein reizender Anblick, sondern ein pathologischer Fall. Kurz, dieses Strahlen muss verschwinden, weil wir nicht anders können, als es zum Verschwinden zu bringen, weil es so ist, war und sein wird. Und auch, weil es so sein muss. Aber es ist ziemlich traurig – und schmerzlich, darüber nachzudenken.

Es ist, bei aller Einsicht in den Gang der Dinge, richtig, glaube ich, sich die Empfindung des Schmerzes auch über den *notwendigen* Gang der Dinge nicht abzugewöhnen. Dazu aber braucht es Kontakt zu jenen individuellen Bereichen, zur jenen eigenen biographischen Episoden, in denen man dann die Momente erkennt, in denen einem selbst dieses Strahlen aus dem Gesicht gewischt worden ist. Der Kontakt zur eigenen Biographie ist die Voraussetzung für Empathie und zum Sich-selbst-Verstehen als Gattungswesen.

Aber dazu gehört auch noch ein anderes Erleben, zum Beispiel dies. Ein Kind sieht am Finger des Erwachsenen ein Pflaster – das interessiert immer ungemein, und in der Regel folgt die Frage, was man denn da habe, »ein Aua?«. Und dann, plötzlich, streckt das Kind seinen Finger aus, drückt so kräftig es kann auf das Pflaster, die Augen werden schmal, der Unterkiefer schiebt sich vor, dann ein triumphierender Blick auf den Erwachsenen. Ja, was uns zu Angehörigen derselben Gattung macht: die Fähigkeit, denselben Schmerz und also Mitleid zu empfinden, ebenso wie die Lust daran, einem anderen Körper aus eigener Machtvollkommenheit Schmerz zuzufügen.[23]

23 Der Einwand gegen diese Deutung, der darin besteht, die Aggressionshandlung vielmehr als Ab-

Und um das als Möglichkeit des Anthropischen zu verstehen – *als Möglichkeit des Anthropischen, das man nie verleugnen darf,* wenn man die Wahrnehmung der Realität des Sozialen nicht zu Illusion und die Praxis seiner Gestaltung nicht zum Wahn werden lassen will –, muss man es nachempfinden können, und man wird es nachempfinden *können*, wenn man sich, das eigene Leben, die Autobiographie nicht verleugnet.

Das Unbehagen in der Kultur wird uns erhalten bleiben, denn es führt kein wünschbarer Weg an der Kultur vorbei, und es sind ihre Agenten, die uns, und wir sind es als ihre Agenten, die unseren Kindern und Enkeln das

wehr bzw. Kompensation eigener Schmerz- und Ohnmachtserfahrungen zu deuten, trifft nicht die Abfolge der Erfahrungen: Erst wird die Möglichkeit der Zufügung erfahren, dann der sekundäre kompensatorische Gewinn. Richtig ist, dass das Kind noch nicht weiß, was »der Schmerz eines anderen« ist, auch nicht, was es heißt, wenn es sagt: »Den Käfer trampel ich jetzt tot!« – wohl aber hat es eine Vorstellung von der eigenen Fähigkeit zu zerstören (totzutrampeln) und den anderen dazu zu bringen, Schmerzlaute zu äußern. Über diese Fähigkeit wird dann auch gelernt, was im anderen vorgeht: Über die äußeren Kriterien wird der innere Vorgang erschlossen (vgl. Wittgenstein, Philosophische Untersuchungen, Frankfurt am Main 1971). Ob daraus Empathie wird, ist ein komplexer Vorgang sozialen Lernens.

Strahlen aus dem Gesicht wischen, aber diese Agenten versuchen auch, uns und unseren Kindern und Enkeln Einhalt zu gebieten, wenn wir grausam sind. Bei wenigen Denkern finden wir die Einsicht, dass beides zusammengehört, so illusionslos und *ohne jeden Anflug von Zynismus oder Misanthropie* – und zusätzlich den literarischen Ausdruck des Schmerzes, dass das so ist, und wie wir an den Folgen dieser Einheit zu tragen haben: Freud: »Wie gewaltig muß das Kulturhindernis der Aggression sein, wenn die Abwehr derselben ebenso unglücklich machen kann wie die Aggression selbst!«[24]

Aber dazu gehört noch etwas. Der Kolumnist des Magazins der *Süddeutschen Zeitung* Axel Hacke hat in zwei verdienstvollen kleinen Büchern kindliche Hörfehler gesammelt, die bekannte Lieder oder unverstandene Floskeln aus der Konversation der Erwachsenen aufs Wunderbarste entstellen. Der schönste Hörfehler ist titelgebend geworden: »Der weiße Neger Wumbaba«. Dahinter verbirgt sich natürlich Mathias Claudius' »Der Mond ist aufgegangen / Die goldnen Sternlein prangen / Am Himmel hell und klar« – »höllenklar« singt manches Kind – »Der Wald steht schwarz und schweiget / Und aus den Wiesen steiget / Der weiße Nebel wunderbar« – nun eben: »Der weiße Neger Wumbaba«. – Ein anderes Kind

24 Freud, Das Unbehagen in der Kultur, S. 504.

versteht in den Abendnachrichten das rätselhafte Wort »Ohrschinken« und es vergehen Jahre, bis es merkt, dass es eigentlich »Washington« heißt. Ein weiteres ist stolz darauf, dass man ein Land nach seiner Mutter, die Hedwig heißt, benannt hat: »Hedwig-Holstein«, und sehr gut gefällt mir jenes, das zur Adventszeit das Lied »Laßt uns froh und Monster sein« schmettert.

Was macht diese Verhörer so unvergleichlich komisch? Wohlgemerkt: für uns komisch, für Kinder sind sie ja allenfalls rätselhafte Wörter und Texte, manchmal beunruhigende. Wer in »Das Wandern ist des Müllers Lust« statt »das muß ein schlechter Müller sein« hört »das muß der Schlächter Müller sein«, der wird sich nicht schlecht über diesen blutigen Herrn Müller grausen, und wer statt »Kinderlähmung«, vor der man sich hüten soll, sich vor einem rätselhaften, aber gewiss nicht weniger gefährlichen »Kinder-Lehmann« fürchtet, hat auch sein Päckchen zu tragen. Auch wer im schon erwähnten »Laßt uns froh und munter sein« statt »Dann stell ich den Teller auf / Niklaus legt gewiß was drauf« versteht: »Niklaus legt den Wiswas drauf« – was in aller Welt stellt er sich unter einem »Wiswas« vor, das der Nikolaus jedes Jahr verspricht, das aber auf dem Teller niemals zu sehen ist? Alles ziemlich sinistre Angelegenheiten.

Also noch einmal: Warum finden *wir* das so komisch? Mit Freud können wir einmal annehmen, dass es die Tabuverletzung, oder etwas kleinformatiger formuliert, die plötzliche Entlassung aus der Atmosphäre des Feierlichen oder auch nur traditionell Verbindlichen ist. Wir können zweitens eine anarchische Lust genießen, wenn wir aus dem Bereich geregelter Semantik entlassen werden – darum freuen wir uns an Kalauern und Wortspielen. Aber es kommt ein Drittes hinzu: Wir freuen uns, dass wir dem Bereich des nur Halbverstandenen, des Rätselhaften, des Magischen entwachsen sind; auf uns lauert kein Kinder-Lehmann, uns irritieren keine Ohrschinken mehr, und wir warten nicht mehr ängstlich auf das dieses Jahr möglicherweise sich doch einstellende Wiswas. Was im Prozess des Erwachsenwerdens geschieht, geschieht auch im Zivilisationsprozess. Wir lernen, die Welt nicht mehr als einen im Wesentlichen rätselhaften Ort wahrzunehmen und die magischen Ängste nehmen ab, zwar bleiben genug reale Bedrohungen, aber die gab es stets. Zwar droht auch stets der Rückfall oder die neue Verstrickung ins Archaische: Der Zwangsneurotiker versucht, die bedrohliche Welt mit Ritualen zu bändigen, ebenso macht es der Religiöse, und ganze Kollektive können sich in neurotische oder paranoide Geisteszustände, in denen man jüdische Weltverschwörungen oder magische Attacken von nebenan fürchtet, fallen lassen. So können wir Freud mit Norbert Elias verbinden: Der Zivilisationsprozess ist eine permanente Anstrengung – und Freud wies darauf hin, ich habe es eingangs schon erwähnt, dass die Lehranalyse, der sich der Psychoanalytiker zu unterziehen hat, im Grunde nie endet. Aber wie schön, dass wir über das, dem wir entkommen sind, im wachen Bewusstsein, dass es nur auf Zeit sein könnte, nicht oft, aber zuweilen – und dann eben: doch! – so herzlich lachen können. Wie heißt es im »Vater unser«?:

»Vergib uns unsere Schuld,
wie auch wir vergeben unseren Schulkindern.«

Ja, so wollen wir es halten.

Jan Philipp Reemtsma, Prof. Dr. Dr. h.c. mult.; Studium der Germanistik und Philosophie in Hamburg; 1981 Gründung und seit 1983 Vorstand der Arno Schmidt Stiftung; Mitherausgeber der Bargfelder Ausgabe der Werke Arno Schmidts.

1984 Gründung des Hamburger Instituts für Sozialforschung, dessen Vorstand er bis heute ist. Seit 1996 lehrt Reemtsma als Professor für neuere deutsche Literatur an der Universität Hamburg.

Forschungsschwerpunkte:
Literatur des 18. und 20. Jahrhunderts, Zivilisationstheorie, Geschichte der menschlichen Destruktivität.

Ausgewählte Veröffentlichungen:
»Vertrauen und Gewalt. Versuch über eine besondere Konstellation der Moderne«, Hamburg 2008; »Lessing in Hamburg. 1766–1770«, München 2007; »Über Arno Schmidt. Vermessungen eines poetischen Terrains«, Frankfurt am Main 2006; »Die Natur der Gewalt als Problem der Soziologie«, in: *Mittelweg 36*, 15. Jg. (2006), Heft 5, S. 2–25; »Alexander Mitscherlichs Thesen über die Grausamkeit – wieder gelesen«, in: Sibylle Drews (Hg.), Freud in der Gegenwart. Alexander Mitscherlichs Gesellschaftskritik, Frankfurt am Main 2006, S. 84–93; »Folter im Rechtsstaat?«, Hamburg 2005.

Sigmund Freud, geboren am 6. Mai 1856 in Freiberg; österreichischer Arzt und Begründer der Psychoanalyse.

Freud war nach seiner Habilitation 1885 als Dozent für Neuropathologie, seit 1902 als Professor in Wien tätig und eröffnete dort eine psychiatrische Praxis. Ebenfalls 1902 gründete er die »Psychologische Mittwochs-Gesellschaft«, aus der 1908 die »Wiener Psychoanalytische Vereinigung« hervorging. 1910 gründete Freud die »Internationale Psychoanalytische Vereinigung« (IPV), der 1911 bzw. 1919 entsprechende Zusammenschlüsse in den USA und Großbritannien folgten. Nach dem Einmarsch deutscher Truppen in Österreich und dem »Anschluss« an das Deutsche Reich emigrierte er 1938 er nach London, wo er am 23. September 1939 starb.

Hamburger Institut für Sozialforschung (Hg.)
»Wie weiter mit …?«

www.Hamburger-Edition.de
Gestaltung: Jan Enns/Wilfried Gandras
Foto: ullstein bild – Granger Collection
Satz: Dörlemann Satz, Lemförde
Druck und Bindung: Langebartels Druck, Hamburg
Printed in Germany
ISBN 978-3-936096-97-2 (8 Bände)

Wie weiter mit

Theodor W. Adorno?

Hannah Arendt
Émile Durkheim
Michel Foucault
Sigmund Freud
Niklas Luhmann
Karl Marx
Max Weber

Hamburger Edition

Die Frage »Wie weiter mit Adorno?« ist weder einheitlich noch eindeutig zu beantworten – dagegen spricht schon die Breite des Adornoschen Werkes, aber auch die Vielfalt der Rezeptionsgeschichte. Denn Theodor Wiesengrund Adorno, geboren 1903 in Frankfurt und 1969 während eines Urlaubs in der Schweiz verstorben, war nicht nur Philosoph und Soziologe. Er arbeitete ebenso als Musiktheoretiker und Komponist und war auf allen Gebieten höchst produktiv. Sein publiziertes Werk umfasst bislang 20 Bände mit mehr als 10 000 Druckseiten. Hinzu kommt ein Nachlass, der noch einmal auf 16 Bände veranschlagt wird und sich ebenfalls auf die gesamte Bandbreite der Kultur- und Sozialwissenschaften bezieht. Dass man diesem beeindruckenden Werk im Rahmen eines Essays nicht gerecht werden kann, versteht sich von selbst. Aber mit dieser eingrenzenden Fragestellung tritt uns Adorno glücklicherweise nicht in seiner vollen Breite entgegen. Er interessiert vielmehr in einer eingeschränkten Perspektive, nämlich allein und ausschließlich unter dem Gesichtspunkt seiner *gesellschaftstheoretischen* Aktualität.

Was also bleibt von Adorno als Soziologe und Gesellschaftstheoretiker? Aus der Fokussierung auf die Aspekte Soziologie und Gesellschaftstheorie ergeben sich zwangsläufig Selektivitäten. So werde ich Adorno weniger als Philosoph und Musiktheoretiker behandeln. Zwar sind diese Aspekte für seine soziologisch-gesellschaftstheoretischen Überlegungen durchaus von Bedeutung, aber sie stehen dort nicht im Zentrum und sind nur insofern zu berücksichtigen, als sie zur Beantwortung der folgenden Fragen beitragen: Inwiefern sind Adornos Thesen zu den Formen und Möglichkeiten sozialwissenschaftlicher Erkenntnisbildung, zur Charakterisierung der modernen Gesellschaft sowie zur »Dialektik der Aufklärung« noch aktuell? Wo und wie werden diese Thesen in den heutigen Diskussionen aufgegriffen? Wo bieten sich darüber hinaus in theoretischer Hinsicht Anknüpfungspunkte, und welche Rolle können seine Argumentationen unter den Bedingungen einer globalisierten Moderne überhaupt spielen?

Fragen dieser Art sind nicht neu, sondern werden seit längerem gestellt, so in dem von Georg Kohler und Stefan Müller-Dohm herausgegebenen Sammelband »Wozu Adorno? Beiträge zur Kritik und zum Fortbestand einer Schlüsseltheorie des 20. Jahrhunderts«. Vor fünf Jahren gab es sogar eine wahre Publikationsflut zum Thema. Anlass war der 100. Geburtstag des »Meisters«. Laut Gustav Auernheimer hat dieser Gedenktag mehr publizistische Wellen geschlagen als der 250. Geburtstag Goethes 1999 oder der 100. Todestag Nietzsches im Jahre 2000.[1] Die Feuilletons der großen Tageszeitungen veröffentlichten etliche Artikel zu Adornos Leben und Werk und zugleich erschienen drei mehr oder weniger abschließende Biographien von Detlev Claussen, Stefan Müller-Dohm und Lorenz Jäger.[2] Und schließlich fanden allein im deutschsprachigen Raum mindestens fünf Tagungen von überregionaler Bedeutung – zwei in Frankfurt am Main, eine in Freiburg, eine in Bremen und eine (nach wie vor unpublizierte) in Salzburg statt. Allerdings waren diese Tagungen keineswegs ergänzend – im Gegenteil. Sie nahmen sich wechselseitig zum Teil gar nicht wahr und zielten auch nicht unbedingt auf die Rekonstruktion eines übergreifenden Adorno-Bildes, sondern feierten jeweils »ihren« Adorno

1 Gustav Auernheimer, Der Kritiker im Projekt der Aufklärung: Zu Theodor W. Adorno, http://www.praxisphilosophie.de/auadorno.pdf (18. März 2008).

2 Detlev Claussen, Theodor W. Adorno. Ein letztes Genie, Frankfurt am Main 2003; Stefan Müller-Dohm, Adorno, Frankfurt am Main 2003; Lorenz Jäger, Adorno. Eine politische Biographie, München 2003.

(oder auch nur sich selbst). Dass dies nicht unbedingt die beste Voraussetzung für eine Reaktualisierung Adornos war, ist naheliegend. Im Nachhinein werden die Folgen der Jubiläumsfeiern auch eher skeptisch beurteilt. So schreibt Georg Auernheimer: »Fast entsteht der Eindruck, dass mit der Feier von Adornos Geburtstag die Aktualität seiner Theorie symbolisch erledigt werden soll.«[3] Ähnlich argumentiert Axel Honneth, wenn er feststellt: »Theodor W. Adorno [...] wurde anlässlich seines 100. Geburtstags zum kollektiven Über-Ich der Nation erhoben« – allerdings »um den Preis der beinahe vollständigen Ignorierung seines theoretischen Ichs«.[4] Oder anders ausgedrückt: Adornos Gedanken werden qua Musealisierung zum Verschwinden gebracht, wobei er weder der Erste noch der Einzige ist, dem so etwas widerfährt; Karl Marx beispielsweise wird in ähnlicher Weise zitiert und zugleich vergessen, und vielleicht ist es ja auch eine durchaus typische Strategie, die nach wie vor aktuell, aber »irgendwie« auch veraltet zu sein scheint.

Gleichwohl ist die Geschwindigkeit des Bedeutungsverlusts im Falle Adornos bemer-

3 Auernheimer, Der Kritiker im Projekt der Aufklärung, S. 1.

4 Axel Honneth, Dialektik der Freiheit. Frankfurter Adorno Konferenz 2003, Frankfurt am Main 2005, S. 7f.

kenswert. Obwohl er zum Zeitpunkt seines Todes der wohl wichtigste und einflussreichste Vertreter der Kritischen Theorie seiner Generation war, spielte er wenige Jahre später jenseits des Feuilletons kaum noch eine Rolle. Dies war in mancher Hinsicht den Spezifika des Wissenschaftssystems geschuldet und hatte in diesem Sinn auch wissenschaftsorganisatorische Gründe. So arbeiteten die Schüler Adornos oft außerhalb des etablierten Wissenschaftsbetriebs. Ihre akademischen Netzwerke waren vergleichsweise schwach entwickelt, und vor diesem Hintergrund wurde Adornos theoretisches Erbe in mancher Hinsicht regelrecht verschleudert. Schon die Wiederbesetzung seines Lehrstuhls erfolgte beispielsweise in einer ganz anderen Tradition (und letztlich unter Wert). Darüber hinaus verloren seine Argumentationen ungeachtet seiner Stilisierung zu einem »Klassiker« auch deshalb an Bedeutung, weil weder Adorno noch die meisten seiner Schüler gesteigerten Wert darauf legten, ihre eigenen Gedanken in andere sozialwissenschaftliche Sprachspiele zu übersetzen; als Ausnahme ist hier allein Jürgen Habermas zu nennen, der aber genau deshalb von manchen Erben in Hannover, Lüneburg und anderswo zur Persona non grata erklärt wurde.

Aber es sind nicht nur wissenschaftsorganisatorische Gründe, die Adorno eher an den Rand, wenn nicht darüber hinaus gedrängt haben. Es liegt auch an der Spezifik eines Denkens, das quer zu den sozialwissenschaftlichen Einzeldisziplinen stand und sich selbst als unabschließbar begriff. So schrieb Adorno in der »Negativen Dialektik«: Philosophie, so wie er sie betreibe, sei »wesentlich nicht referierbar«.[5] Sie lässt sich nicht in klaren Merksätzen, möglichst noch in nomologisch-deduktiver Form, zusammenfassen. Dies aus gutem Grund: Denn wäre sie »referierbar«, dann würde sie nur Bekanntes wiederholen und nichts Neues mehr aufdecken. Es geht Adorno jedoch genau darum, scheinbare Selbstverständlichkeiten in Frage, in andere Kontexte zu stellen und irritierende Lesarten zu formulieren. Genau diese Orientierung macht Adorno schwierig und spannend zugleich. Seine Texte sind nur selten unmittelbar einleuchtend und wirken auch keineswegs zu allen Zeiten. So erklärt Michael Rutschky in einer Rezension zur Neuausgabe der »Minima Moralia« die ungeheure Wirkung dieser Texte insbesondere auf die Generation der Studentenbewegung aus der »unendlichen Traurigkeit« dieser »Reflexionen aus dem beschädigten Leben« – so der Untertitel der »Minima Moralia«. Das Lebensgefühl, das Adorno als 40-Jähriger in den USA zum Ausdruck brachte, war damals das eines Außenseiters; 20 Jahre später passte es über-

5 Theodor W. Adorno, Negative Dialektik, in: ders., Gesammelte Schriften, Bd. 6, Frankfurt am Main 1966, S. 44.

raschend genau zur Lebenswelt der 20- bis 30-Jährigen in einer Gesellschaft des »Wirtschaftswunders«, die anscheinend unendliche Möglichkeiten bereithielt, aber mit ihren schnellen Wechseln auch Unbehagen, Unsicherheit und weitergehende Kritik hervorrief.

Vor diesem Hintergrund hat Heinz Bude vorgeschlagen, nicht nur Adorno, sondern die gesamte Kritische Theorie als »Bewusstseinsstoff für soziale Aufsteiger« zu lesen, die durch ihren eigenen Aufstieg überrascht und verunsichert waren. Diese These mag zum Teil erklären, warum Adorno in den 1970er Jahren für bestimmte Rezipientengruppen immer weniger als Leitfigur dienen konnte. Denn mit der Ölkrise 1973 kam die Wachstumskrise, das Ende des Traums von den unendlichen Möglichkeiten, und mit der Rückkehr der Arbeitslosigkeit als »Normalerfahrung« wurde der Typus des sozialen Aufsteigers zu einer Minderheit. Aber mit ihrer rezeptionsästhetischen Akzentuierung der Generationenspezifik greifen die Beschreibungen von Bude wie Rutschky gleichwohl zu kurz. Denn hieraus lässt sich der Hype um Adorno zum 100. Geburtstag im Jahre 2003 kaum erklären, und erst recht liefert diese Deutung keine Antwort auf die uns interessierende Frage: Wie weiter mit Adorno? – und zwar, wie gesagt, unter soziologischen und gesellschaftstheoretischen Perspektiven.

Um hierauf eine zumindest vorläufige Antwort geben zu können, möchte ich im Folgenden auf zwei Aspekte des Adornoschen Werks eingehen, die für eine gesellschaftstheoretische Aktualisierung von Bedeutung sind: Zum einen auf seinen spezifisch »modernen« *methodologischen* Ansatz, wie er ihn erstmals in der Vorlesung »Zur Aktualität der Philosophie« im Jahre 1931 entwickelte. Zum zweiten auf Adornos *Konzept der Gesellschaft* und auf die damit verknüpfte Frage nach den Grenzen sowohl der vollständigen Integration als auch der »Individualisierung« – ein Stichwort, das von Adorno zwar kaum verwandt wurde, das aber heute zu einem Schlüsselbegriff gesellschaftstheoretischer Reflexion avanciert ist.

Spuren, Splitter, Trümmer – Konstellation und Fragment als Grundlage gesellschaftstheoretischer Reflexion

Im Jahr 1931 wurden in Frankfurt gleich zwei akademische Vorträge zur Frage der Weiterentwicklung »kritischer« Gesellschaftsanalyse gehalten, die beide auch mehr als ein Dreivierteljahrhundert später nicht in Vergessenheit geraten sind. Den Anfang machte Max Horkheimer, der im Frühjahr 1931 seine Antrittsrede über »Die gegenwärtige Lage der Sozialphilosophie und die Aufgaben eines Instituts für Sozialforschung« zur Übernahme des Direktorats am Frankfurter Institut für Sozialforschung hielt. Wenige Monate später lud Theodor W. Adorno zu seiner Antrittsvorlesung als Privatdozent an der Universität Frankfurt ein. Adorno sprach über »Die Aktualität der Philosophie«; unter dieser Überschrift entfaltete er im Prinzip eine Art Gegenentwurf zum Horkheimerschen Programm. Dieser fand jenseits der Öffentlichkeit der philosophischen Fakultät der Universität Frankfurt zwar zunächst keine große Beachtung, dies änderte sich jedoch in der zweiten Hälfte der 1930er Jahre, in der er das Selbstverständnis der Kritischen Theorie gleichsam schleichend unterwanderte und zunehmend bestimmte.

Zwar kreisten beide Vorträge um die Frage der Bedingung der Möglichkeit von Gesellschaftstheorie, gleichwohl wurde die gesellschaftliche Situation selbst in ihnen nur indirekt thematisch. Denn sowohl Horkheimer als auch Adorno sprachen zunächst und vor allem über die Situation der Erkenntnisbildung; sie argumentierten in erster Linie erkenntnistheoretisch. Allerdings wurde Erkenntnistheorie als Gesellschaftstheorie verstanden und die Lage der Wissenschaft in unmittelbarer Parallelität zur Lage der Gesellschaft gesehen. Erkenntnisfortschritt und gesellschaftliche Entwicklung erschienen dementsprechend einander wechselseitig bedingend, und hier wie dort konstatierten Horkheimer und Adorno eine prinzipiell *krisenhafte* Situation. Denn sowohl auf der Ebene der Gesellschaft als auch in der Wissenschaft zeigte sich eine widersprüchliche Mixtur von »vorwärts strebenden« und retardierenden Momenten, deren weitere Entwicklung offen erschien und positiv wie negativ gedacht werden konnte.

Bei Horkheimer liest sich das so: »Die wissenschaftlichen Erkenntnisse teilen das Schicksal der Produktivkräfte und Produktionsmittel anderer Art: Das Maß ihrer Anwendung steht in fürchterlichem Mißverhältnis zu ihrer hohen Entwicklungsstufe und zu den wirklichen Bedürfnissen des Menschen; dadurch wird auch ihre weitere quantitative und qualitative Entwicklung gehemmt.«[6] Der von Marx beschriebene Widerspruch von Produktivkräften und Produktionsverhältnissen schlägt sich in den Sozialwissenschaften für Horkheimer in der Trennung von totalitätsbezogener Philosophie und einzelwissenschaftlicher Forschung nieder, und genau hier sah Horkheimer auch das entscheidende Problem. Zwar werden die einzelwissenschaftlichen Analysen in den Sozial- wie in den Naturwissenschaften immer präziser, aber die positivistische Detailforschung, so seine These, verliert das über-

6 Max Horkheimer (Hg.), »Die gegenwärtige Lage der Sozialphilosophie und die Aufgaben eines Instituts für Sozialforschung« (1931), in: ders., Sozialphilosophische Studien, Frankfurt am Main 1931, S. 2.

greifende Ganze aus dem Blick. Umgekehrt verkommt die Philosophie, sofern sie sich von der einzelwissenschaftlichen Forschung abkoppelt, nicht selten zu einer haltlosen Metaphysik. Aus dieser Krisendiagnose ergab sich fast zwangsläufig eine spezifische Lösung. Die anvisierte kritische Theorie der Gesamtgesellschaft war für Horkheimer weniger ein methodologisches als ein wissenschaftsorganisatorisches Problem; sie schien für ihn in genau dem Maße realisierbar, wie es gelang, die prekäre Trennung von Philosophie und Wissenschaft zu überwinden, bzw. genauer: allgemeine *Sozialphilosophie* und einzelwissenschaftliche *Sozialforschung* arbeitsteilig zu vereinen und prozessual zu verknüpfen.

Von dieser Variante Kritischer Theorie, die für das Frankfurter Institut in der ersten Hälfte der 1930er Jahre leitend war, hielt Adorno zeitlebens nicht sehr viel. Für ihn stand auch als Soziologe stets die Philosophie im Vordergrund, und statt einer wissenschaftsorganisatorischen Lösung plädierte er von Anfang an für eine andere Methodologie. Diese Akzentsetzung prägt schon die einleitenden Worte seiner Antrittsvorlesung, die eine scharfe Kritik am gesellschaftlichen Irrationalismus mit der Absage an die konventionellen Formen philosophisch-systematischen Denkens verbindet: »Wer heute philosophische Arbeit als Beruf wählt, muß von Anfang an auf die Illusion verzichten, mit der früher die philosophischen Entwürfe einsetzten: Daß es möglich sei, in der Kraft des Denkens die Totalität der Wirklichkeit zu ergreifen. Keine rechtfertigende Vernunft könnte sich selbst in einer Wirklichkeit wiederfinden, deren Ordnung und Gestalt jeden Anspruch der Vernunft niederschlägt; allein polemisch bietet sie dem Erkennenden als ganze Wirklichkeit sich dar, während sie nur in Spuren und Trümmern die Hoffnung gewährt, einmal zur richtigen und gerechten Wirklichkeit zu geraten.«[7]

Mit dieser Absage an die großen philosophischen Systeme in der Tradition von Kant und Hegel stand Adorno keineswegs allein. Sein späterer Gegner im Positivismusstreit, Karl Raimund Popper, sprach 1934 in der Erstausgabe seiner »Logik der Forschung« ebenfalls von einem unwiderruflichen Ende der philosophischen Systementwürfe des 19. Jahrhunderts. Allerdings begründete Popper dies wissenschafts- und nicht gesellschaftstheoretisch. Für Adorno hingegen – und hier traf er sich mit Horkheimer – stand die gesellschaftstheoretische Begründung im Vordergrund. Das Etikett der Gesellschaftstheorie (und dies war für die kritischen Intellektuellen der Weimarer Republik schon fast eine Selbstverständlichkeit) wurde wei-

7 Theodor W. Adorno, Zur Aktualität der Philosophie (1931), in: ders., Gesammelte Schriften, Bd. 1, Frankfurt am Main 1973, S. 325.

terführend mit materialistischer bzw. marxistischer Theorie gleichgesetzt. Ähnlich wie Alfred Sohn-Rethel ging Adorno von einer Parallelität von »Warenform und Denkform« aus. Die Krise des (sozial-)philosophischen Denkens zu Beginn des 20. Jahrhunderts war für ihn dementsprechend eine notwendige Konsequenz aus der Universalisierung von Warenform und Kapitalismus. In dem Maße, wie alles zur Ware wird, deutet sich nicht nur eine neue Epoche der Entfremdung an, sondern es verändern sich auch die Denkformen, die nicht mehr an der systematischen Rekonstruktion »absoluter« Wahrheiten orientiert sein können, sondern die Wahrheitssuche anders konzeptualisieren und betreiben müssen.

Indirekt und eher unfreiwillig war dieser Strukturwandel bereits von Marx selbst angedeutet worden. Zwar glaubte Marx die »endgültigen« Bewegungsgesetze gesellschaftlicher Entwicklung entdeckt zu haben, und er ging davon aus, dass Letztere durch den weiteren wissenschaftlichen Fortschritt eher präzisiert als widerlegt werden würden. Auf der anderen Seite schrieb er schon im »Kommunistischen Manifest«, dass die Durchsetzung der bürgerlichen Gesellschaft »die ununterbrochene Erschütterung aller gesellschaftlichen Zustände, die ewige Unsicherheit und Bewegung [bedeutet]. [...] Alle festen eingerosteten Verhältnisse [...] werden aufgelöst, alle neugebildeten veralten, ehe sie verknöchern können.«[8]

Geht man mit Adorno (und letztlich gegen Marx) davon aus, dass diese Feststellung auch für die Erkenntnisbildung gilt und folgenreich ist, so heißt dies, dass es gerade unter den Bedingungen einer durchgesetzten bürgerlichen Gesellschaft keine überdauernd-endgültigen Erkenntnisse mehr gibt und geben kann. Vielmehr sind »die Bilder unseres Lebens nur noch durch Geschichte verbürgt«.[9] Dies bedeutet für Adorno keineswegs eine Absage an die Möglichkeit »wahrer« Erkenntnisse. Aber wenn »die Bilder unseres Lebens nur noch durch Geschichte verbürgt sind«, dann verändern sich die Bedingungen der Möglichkeit der Produktion »wahrer« Erkenntnisse entscheidend.

Sofern durch die Universalisierung von Warenform und Kapitalismus die Möglichkeiten zur positiven Gestaltung von Gesellschaft und Geschichte schwinden, ist zunächst festzuhalten, dass der emphatische Anspruch der Aufklärung, wie er von Kant formuliert wurde, für Adorno verfällt und sich zunehmend in sein Gegenteil verkehrt; es kommt zu dem, was später als »Dialektik der Aufklärung«[10] be-

8 Karl Marx/Friedrich Engels, Werke, Bd. 4, Berlin 1972, S. 465.

9 Adorno, Zur Aktualität der Philosophie, S. 335.

10 Theodor W. Adorno/Max Horkheimer, Dialektik der Aufklärung (1947), Frankfurt am Main 1969.

schrieben werden sollte. Unter den Bedingungen der »Dialektik der Aufklärung« lassen sich die gesellschaftlichen Verhältnisse nicht mehr als Resultat subjektiv-vernünftigen Handelns begreifen; stattdessen treten sie als ein dem Subjekt äußerlicher, quasi naturhafter Zwang in den Blick, der herrscht, ohne gewollt werden zu können. Genau deshalb ist es auch nicht mehr möglich, »in der Kraft des Denkens die Wirklichkeit zu ergreifen«.[11] Denn der Idee der Vernünftigkeit entspricht kein sichtbares Substrat mehr und Wahrheit und Wirklichkeit treten auseinander. Abgelöst von ihren sozialen Trägern und eingebunden in die Entwicklung der Aufklärung zur Unvernunft lässt sich die Totalität des gesellschaftlichen Prozesses nicht mehr als ein »positives« System im Sinne Hegels entfalten. Unter den Bedingungen der »Dialektik der Aufklärung« (die Adorno 1931 eher erahnt als präzise zu benennen vermag) wird diese Form der Rekonstruktion vielmehr selbst ideologieverdächtig – verdeckt sie doch die Spaltung zwischen der positiv beschreibbaren Totalität, die unvernünftig geworden ist, und den Möglichkeiten eines vernünftigen Lebens, auf das es nur »flüchtige, verschwindende Hinweise in den Rätselfiguren des Seienden«[12] gibt. Was die Welt ist und was sie sein könnte, scheint allenfalls in Spuren, Splittern

11 Adorno, Zur Aktualität der Philosophie, S. 325.
12 Ebenda, S. 334.

und Trümmern auf, und dies bedeutet nichts anderes, als dass auch ihre Analyse nur noch als Spurensicherung verlaufen kann.

Vor diesem Hintergrund (und vorab mancher desillusionierter Verengungen der Nachkriegsjahre) bedeutet »Dialektik der Aufklärung«, dass die Erfahrung des Seienden sich spaltet und die Welt zum »Rätsel« wird. Die Rede von den »Rätselfiguren« bzw. vom »Rätsel«, die bei Adorno in der Antrittsvorlesung von 1931 eine entscheidende Rolle spielt, ist dabei in methodischer wie inhaltlicher Hinsicht aufschlussreich. Denn die Figur des Rätsels steht sowohl für eine spezifische Problemkonstellation als auch für eine spezifische Erkenntnisstrategie. Rätsel im Adornoschen Sinne sind nicht einfach Aufgaben, die allein durch Denken bewältigt werden können. Als verschlüsselte Umschreibungen eines Gegenstandes, einer Person oder eines Vorgangs verweisen sie auf Denkaufgaben, die zur Lösung reizen, aber für deren Lösung es kein Patentrezept gibt. Eine verrätselte Welt ist eine spezifisch strukturierte Welt; sie zeichnet sich nicht durch eindeutige Widersprüche und Gegensätze aus, sondern verweist auf einen undurchsichtig gewordenen, sinnentstellten Zusammenhang, der aber nicht undurchsichtig und unerklärlich bleiben muss.

Zwar kann man darüber streiten, ob die Welt nicht immer ein Rätsel gewesen ist. Gleichwohl nimmt sie für Adorno erst im entwickelten Kapitalismus die Gestalt eines Rätsels an, dessen Erscheinung immer weniger mit seinem Wesen zu tun hat. Erst unter dieser Voraussetzung macht es auch Sinn, Rätsel und »Rätsellösung« als erkenntnistheoretische Strategie einzusetzen. Denn trotz der wachsenden Widersprüche von Produktivkräften und Produktionsverhältnissen geraten die an der Aufhebung dieses Gegensatzes interessierten Kräfte zunehmend in die Defensive. In ebendiesem Sinne wird die einstige Eindeutigkeit der Klassen- und Interessengegensätze unscharf und scheint abzuflachen. Dies bedeutet keineswegs, dass die seit Marx diagnostizierten Gegensätze und Grenzziehungen tatsächlich verschwinden. Aber in einer verrätselten Welt werden sie verdeckt, überlagert, in den Hintergrund gedrängt und in mancher Hinsicht auch unsichtbar.

Was aber heißt es, Gesellschaftstheorie als »Rätsellösung« zu betreiben? Um hierauf eine Antwort zu erhalten, muss man noch etwas genauer auf das Konzept des Rätsels eingehen, das auch in neueren Diskussionen um Wissenschaftstheorie und Wissenschaftsgeschichte eine Rolle spielt. Thomas F. Kuhn beispielsweise charakterisiert die wissenschaftliche Arbeit über weite Strecken ebenfalls als das Lösen von Rätseln.[13] Allerdings

13 Vgl. Thomas F. Kuhn, Die Struktur wissenschaftlicher Revolutionen, Frankfurt am Main 1973, S. 49ff.

macht der vergleichende Blick sehr schnell deutlich, dass hier das Bild in einem ganz anderen Sinne verwandt wird. Für Kuhn gehört die Phase des Rätsellösens zur »normalen« Wissenschaft, die über ein unbestrittenes Paradigma und einen hierauf bezogen eindeutigen Problembestand verfügt. Wissenschaftliche Rätsel haben die Gestalt technisch lösbarer Geduldsspiele; sie sind Fleißarbeiten, die für die wissenschaftliche Solidität unverzichtbar sind, aber zu keiner »unerwarteten Neuheit« führen, sondern etwas bestätigen (oder widerlegen), was vorher als theoretische Vermutung bereits bekannt war.

Adorno hingegen operiert mit einem völlig anderen Konzept. Für ihn sind Rätsel keine Geduldsspiele wie Puzzles oder Kreuzworträtsel; sie werden eher wie Sinnsprüche oder Orakel verstanden, deren Auflösung zu »unerwarteten Neuheiten führt« und damit zu dem, was Kuhn als »Paradigmenwechsel« charakterisiert. Ähnlich wie die Deutung von Orakeln ist die rätsellösende Spurensicherung daher nicht im Rahmen der »normalen« Wissenschaft mit ihren erwartbaren Ergebnissen zu verorten. Ihr Ziel ist stattdessen (in der Terminologie Kuhns) die Überwindung von Anomalien und die Neuordnung von einander scheinbar ausschließenden Elementen, die so anzuordnen und miteinander in Beziehung zu setzen sind, dass ein neues, übergreifendes Bild entsteht.

Solche innovativen Rätsellösungen liegen nicht einfach in der Geschichte bereit, sondern sind für Adorno Deutungen, die erst durch die aktive Deutungsarbeit »wahr« werden. Bei derartigen »wahren« Deutungen geht es darum, »Chiffren in einen Text zu verwandeln«,[14] »dialektische Bilder als Schrift zu offenbaren«[15] und »an Zügen sozialer Gegebenheit der Totalität gewahr zu werden«.[16] »Wahre« Deutungen (die wir heute eher als »passend« und »überzeugend« kennzeichnen würden) verweisen in diesem Zusammenhang auf Verstehensprozesse, die »vom Menschen hergestellt werden« und sich »bilden, indem die singulären und versprengten Elemente der Frage solange in verschiedene Anordnung gebracht werden, bis sie zu der Figur zusammenschießen, aus der die Lösung hervorspringt«.[17]

In der »Negativen Dialektik« hat Adorno diese Herstellung von Versuchsanordnungen weiterführend mit einem anderen Konzept erläutert, nämlich mit dem (von Walter Benjamin übernommenen) Konzept der »Konstellation«, das er in Anlehnung an den astronomischen Konstellationsbegriff verstand. In der Astronomie bezeichnet Konstellation die ge-

14 Adorno, Zur Aktualität der Philosophie, S. 334.

15 Adorno/Horkheimer, Dialektik der Aufklärung, S. 30.

16 Adorno, Negative Dialektik, S. 315.

17 Ebenda, S. 314, 355.

genseitige Stellung der Gestirne, die sich aufgrund der unterschiedlichen Umlaufbahnen um die Sonne fortwährend verändert. Genau dieses Bild permanenter Bewegung und doppelter Relationierung schwebt Adorno vor, wenn er die deutende Herstellung von Versuchsanordnungen beschreibt als einen Aufbau von Konstellationen, die den Gegenstand *in* den sich historisch verändernden Konstellationen sichtbar werden lassen: »Der Konstellation gewahr werden, in der die Sache steht, heißt soviel wie diejenige entziffern, die es als Gewordenes in sich trägt. [...] Als Konstellation umkreist der theoretische Gedanke den Begriff, den er öffnen möchte, hoffend, daß er aufspringe etwa wie die Schlösser wohlverwahrter Kassenschränke: nicht nur durch einen Einzelschlüssel oder eine Einzelnummer sondern eine Nummernkombination.«[18]

Der Gesellschaftstheoretiker als Panzerknacker, der sein Ohr an den Kassenschrank der Erkenntnis hält und viele Nummernkombinationen ausprobiert – das ist ein gerade für Adorno durchaus bemerkenswertes Bild, das allerdings in mindestens einer Hinsicht schief ist. Denn für den Panzerknacker sind alle nicht passenden Nummernkombinationen umsonst und Zeitverschwendung; für Adorno hingegen sind sie ein notwendiger Schritt, der immer auch etwas über Struktur-

18 Ebenda, S. 165f.

aspekte des Schlosses bzw. des Gegenstands »Gesellschaft« aussagt. Ob und wann der Kassenschrank der Erkenntnis aufspringt, lässt sich dabei ebenso schwer vorhersagen wie ein Paradigmenwechsel im Sinne Kuhns. Seine Öffnung kann jedoch nur gelingen, wenn der Gegenstand als ein sich verändernd-widersprüchlicher begriffen und in verschiedenen Konstellationen reflektiert wird. Denn die richtige Nummernkombination setzt die Betrachtung verschiedener Konstellationen voraus, die wie ein »Ensemble von Modellanalysen« zusammenzusetzen und in ihrem Verhältnis zueinander »in gewissem Sinne erst zu komponieren«[19] sind.

Die Rede vom Komponieren, die für Adorno als Musikwissenschaftler durchaus nahelag, findet sich übrigens auch bei Max Weber, der davon spricht, dass soziologische Begriffe nicht dem Material deduktiv oktroyiert werden dürfen, sondern aus ihren »einzelnen, der geschichtlichen Wirklichkeit zu entnehmenden Bestandteilen allmählich komponiert werden müssen«.[20] In der »Negativen Dialektik« bezieht sich Adorno ausdrücklich auf diese Stelle, und jenseits seiner Kritik am positivistischen Selbstmissverständnis Webers

19 Ebenda, S. 39.

20 Max Weber, Die protestantische Ethik und der Geist des Kapitalismus. Religionssoziologische Schriften I (1905), Tübingen 1978, S. 30.

hebt er dessen materiale Analysen auch als ein Beispiel dafür hervor, wie Gegenstände durch Konstellation zu erschließen sind. So seien die zahlreichen Definitionen in »Wirtschaft und Gesellschaft« keine operativ-identifizierenden Kategorien; sie markieren vielmehr »Versuche, durch die Versammlung von Begriffen um den gesuchten zentralen auszudrücken, worauf er geht«.[21] Was hierdurch bei Weber entsteht, ist ein Netz von aufeinander verweisenden Begriffen mit idealtypisierendem Charakter, die gemeinsam um einen einzelnen, nämlich den des Kapitalismus kreisen und somit das Zentrum des bürgerlichen Universums gleichermaßen prozessual wie indirekt erschließen.

Dass Adorno zwischen seinem Vorgehen und dem Max Webers trotz aller Kritik Parallelen zieht, hat Axel Honneth kürzlich dazu veranlasst, beide Ansätze in methodologischer Hinsicht geradezu kurzzuschließen. So behauptet Honneth, »dass sich in der Antrittsvorlesung Adornos kaum ein methodologischer Gedanke findet, der nicht schon beim Autor von *Wirtschaft und Gesellschaft* formuliert worden wäre«.[22] Dem möchte ich mich zwar nicht umstandslos anschließen, zumal

21 Adorno, Negative Dialektik, S. 168.

22 Axel Honneth, Eine Physiognomie der kapitalistischen Lebensform. Skizze der Gesellschaftstheorie Adornos, in: ders. (Hg.), Dialektik der Freiheit, S. 170.

der Philosoph Adorno seine Argumentation aus anderen gedanklichen Hintergründen heraus formuliert als der Staatswissenschaftler Weber und die Kategorie des Idealtypus nicht unter Produktions-, wohl aber unter Anwendungsperspektiven anders gedacht wird, gleichwohl ist die Parallelisierung nicht zuletzt unter Aktualisierungsperspektiven interessant, wobei es allerdings nicht nur spannend ist, Adorno durch eine »Weber-Brille« zu lesen. Mindestens ebenso interessant und weiterführend wäre umgekehrt eine Reformulierung (und vielleicht auch Präzisierung) der Weberschen Idealtypenkonstruktionen aus der Perspektive der Adornoschen Konzeption von Konstellationen und Konfigurationen.

Aber noch einmal zurück zur Rätselmetaphorik – hier sind noch mindestens zwei Punkte offen. Die Lösung von Rätseln, so hatten wir festgestellt, erfolgt über die Herstellung von begrifflichen Versuchsanordnungen im Sinne der Herstellung von Konstellationen. Dieser Prozess gelingt am besten über die Analyse von Fallbeispielen, nämlich über die exemplarische »Auskonstruktion kleiner und intentionsloser Elemente«.[23] In mancher Hinsicht ähnlich wie in Husserls Phänomenologie werden diese kleinen und intentionslosen Elemente in ihren Beziehungen, Differenzen und Widersprüchlichkeiten so lange experimentell

23 Adorno, Zur Aktualität der Philosophie, S. 336.

ausgedeutet, bis sich auf einmal eine Lesart einstellt, die den Fall und seine verschiedenen Aspekte stimmig aufschließt. Die Plötzlichkeit der Lösung und der hiermit einhergehende visuelle Gestaltwandel sind für Adorno ein wichtiger Ansatzpunkt, um den Prozess der Rätsellösung weiterführend zu charakterisieren. So spricht er, ähnlich wie Walter Benjamin, davon, dass bei gelungener Dechiffrierung das richtige Bild »aufspringt«,[24] die Rätselgestalt »blitzhaft erhellt wird«[25] und das Objekt »sich öffnet«.[26] Auf einmal passen alle Aspekte zusammen und die Lesart überzeugt, wobei dies nicht planbar ist, sondern soziologische Phantasie, begriffliche Strenge und exemplarisches Lernen auf der Grundlage eigener Leidenserfahrungen erfordert.

Neben ihrer Plötzlichkeit kennzeichnet die Rätsellösung aber noch ein weiterer Punkt. Rätsellösungen zeichnen sich dadurch aus, dass sie im Moment ihres Auftauchens das Rätsel selbst zum Verschwinden bringen. Oder in Adornos eigenen Worten: Es ist »die Funktion der Rätsellösung [...], die Rätselgestalt blitzhaft zu erhellen und aufzuheben. [...] Und wie Rätsellösungen sich bilden, indem die singulären und versprengten Elemente

24 Ebenda, S. 340.

25 Ebenda, S. 325, sowie Adorno, Negative Dialektik, S. 26.

26 Adorno, Negative Dialektik, S. 165.

der Frage so lange in verschiedene Anordnungen gebracht werden, bis sie zur Figur zusammenschießen, aus der die Lösung hervorspringt, [...] so hat Philosophie ihre Elemente, die sie von den Wissenschaften empfängt, so lange in wechselnde Konstellationen [...] oder [...] Versuchsanordnungen zu bringen, bis sie zur Figur geraten, die als Antwort lesbar wird, während zugleich die Frage verschwindet«.[27]

Im Besonderen das Allgemeine experimentell entdecken, in den Brechungen des Einzelfalls das Ganze aufzuspüren und in der faktischen Unvernunft die Möglichkeit von Vernunft wahrzunehmen – mit diesen Formeln lässt sich die Adornosche Grundidee einer den Bedingungen der Dialektik der Aufklärung angemessenen, kritisch spurensichernden Erkenntnis wohl am knappsten umreißen. Als zentrales Beispiel für die Umsetzung dieser Prinzipien einer gesellschaftstheoretisch orientierten »Rätsellösung« können vor allem die »Minima Moralia«[28] gelten.

Die »Minima Moralia« bestehen aus insgesamt 163 Miniaturen, die wie Stichworte arrangiert sind und damit auf jene seit den An-

27 Adorno, Zur Aktualität der Philosophie, S. 335.

28 Theodor W. Adorno, Minima Moralia. Reflexionen aus dem beschädigten Leben (1951), in: ders., Gesammelte Schriften, Bd. 4, Frankfurt am Main 2003.

fängen der Aufklärung vertraute »enzyklopädische Form« verweisen, »die systemlos, diskontinuierlich darstellt, was durch Einheit der Erfahrung zur Konstellation zusammenschießt«.[29] Ihr Blick richtet sich mit Vorliebe auf kleinste alltägliche Situationen und Begebenheiten – zum Beispiel auf die Prozedur des Schenkens, auf das Schließen einer Tür oder auf alltägliche Kommunikationssituationen aller Art. An diesen scheinbar willkürlich herausgegriffenen Fallbeispielen wird mit soziologischer Phantasie zum einen das darin liegende Scheinhafte und die darunterliegende Gewalt entlarvt: wie »die Fähigkeit miteinander zu sprechen erstickt« wird, wie die »Möglichkeit unreglementierten Glücks« verschwindet und die Individualität »liquidiert« wird. In immer wieder neuen Variationen wird der fortschreitende Verfall der bürgerlichen Welt im Sinne der Verfehlung einer Lebensform nachvollzogen, zugleich aber auch in Spuren und Splittern die Ethik eines möglichen Andersseins angedeutet. Ein solches mögliches Anderssein wäre dann gegeben, wenn die Gesellschaft von ihrer inneren Gewalt sowie von der Beschränkung auf das So-Sein erlöst und der Kapitalismus durch einen »gerechten Tausch« ersetzt werden würde. Dies war für Adorno allerdings

29 Theodor W. Adorno, Stichworte. Kritische Modelle 2, in: ders., Gesammelte Schriften, Bd. 10.2, Frankfurt am Main 1969, S. 598.

keine realistische, sondern allenfalls eine reflexive Möglichkeit, die überdies nach 1945 mit der Entwicklung der Thesen zur »verwalteten Welt« immer blasser wurde.

Liest man die »Minima Moralia« mit einem Abstand von über 50 Jahren, so erscheinen manche Beobachtungen veraltet und durch die veränderte Realität in den Schatten gestellt worden zu sein. Aber dies ändert nichts an der Aktualität ihrer methodologischen Konzeption, die präziser und tiefschürfender ist als manches, was heute unter Etiketten wie »cultural studies«, »qualitative Soziologie« oder auch »Zeitdiagnose« angeboten wird. Denn gerade unter den Bedingungen der modernisierten Moderne muss gesellschaftskritisches Denken mehr denn je die Gestalt von Spurensicherung und Stichworten annehmen. Es muss die selbstsichere Fassade der gesellschaftlichen Selbstwahrnehmung durchbrechen, sich auf die Brüche, Unschärfen und Uneindeutigkeiten konzentrieren, auf das nicht Passende und Fremde, und vor diesem Hintergrund alternative Lesarten andeuten, ohne sie auszupinseln.

Gesellschaft – Soziale Strukturierung und Grenzen vollständiger Integration

Dieser Suchstrategie korrespondiert ein Begriff der Gesellschaft, der in den Augen vieler überholt erscheint, aber nicht vorschnell ad acta gelegt werden sollte. Die Probleme des Adornoschen Gesellschaftskonzepts hat Thomas Assheuer einmal wie folgt umrissen: »Wer sich eine Theorie des Kapitalismus basteln möchte, der findet in Adornos Baukasten außer groben Keilen kaum ein Werkzeug, das ein Soziologenherz heute noch zu erfreuen vermöchte. Bereichert man aber den Baukasten mit neuen Instrumenten [...] kann es passieren, dass er zwar glänzt und glitzert, vom alten Adorno aber nichts mehr übrig bleibt.«[30] Zwar hat sich Adorno entgegen der Feststellung Assheuers mit soziologischen Klassikern wie Durkheim, Weber oder Simmel ebenso auseinandergesetzt wie mit der Systemtheorie Parsons und mit anderen amerikanischen Ansätzen. Aber dies geschah vor allem unter erkenntnistheoretischen Gesichtspunkten, und sofern Adorno die kategorialen Differenzierungen der einzelwissenschaftlichen Soziologie eher kritisch kommentierte als weiterentwickelte, werden seine Überlegungen jenseits von gelegentlichen Anmerkungen in Einlei-

30 Thomas Assheuer, »Das Beste kommt noch«, *Die Zeit*, 2. Oktober 2003, S. 49.

tungen und Zwischenbetrachtungen von der soziologischen Theorie im engeren, sprich: einzelwissenschaftlichen Sinne kaum noch wahrgenommen.

Dies ist umso bedauerlicher, als sein Denken über Gesellschaft Züge aufweist, die in der soziologischen Fachdiskussion selbst verloren gegangen sind. Denn vor dem Hintergrund seiner Spurensuche nach einem möglichen Anderssein bedeutete das Reden über Gesellschaft für Adorno immer auch Kritik, und dies heißt genauer: Herrschaftskritik. So sprach er in der »Dialektik der Aufklärung« von »der undurchdringlichen Einheit von Gesellschaft und Herrschaft«,[31] die es zum Thema zu machen gilt, und zwar vor allem unter der Perspektive ungerechtfertigter Herrschaft. Mit dieser Akzentuierung stand er in der Tradition der Aufklärung von deren Anfängen bis hin zu Marx. Gesellschaftliche Funktionszusammenhänge, so Adornos Grundüberzeugung, sind keineswegs durch ihr bloßes Funktionieren gerechtfertigt. Sie können insofern Fassade und Verblendungszusammenhang sein, als sie das Leiden an der Gesellschaft und die Entfremdung zwischen Individuum und Gesellschaft nur überdecken. Zwar mögen Entfremdung und Leiden

31 Theodor W. Adorno, Dialektik der Aufklärung. Begriff der Aufklärung, in: ders., Gesammelte Schriften, Bd. 3, Frankfurt am Main 1981, S. 38.

durch die Oberfläche der gesellschaftlichen Tatsachen hindurch nur noch vage spürbar und unbewusst geworden sein, gleichwohl dürfen sie im Kontext eines kritischen Denkens nicht unbenannt bleiben oder gar abgeleugnet werden. Auch wenn Entfremdungserfahrungen weder manifest noch eindeutig sein mögen, so sind sie doch aufzuspüren und anzudeuten. Wie dies funktionieren kann, lässt sich wiederum an den »Minima Moralia« studieren: Vor dem Hintergrund der Gewissheit oder der unbewussten Ahnung des eigenen Leidens zielen sie auf eine solche kritische Rekonstruktion und Andeutung am Einzelfall, über die Analyse von Details bzw. anhand von Modellen, und zwar in möglichst pointierter und irritierender Form.

Derartige »kritische« Rekonstruktionen und Andeutungen kreisten bei Adorno stets um das Verhältnis von Individuum und Gesellschaft, das in seinen Augen keineswegs eindeutig war. Gleichwohl war eine Soziologie ohne einen Begriff der Gesellschaft für Adorno ein Unding. In dieser Hinsicht traf er sich mit Georg Simmel, der im Unterschied zu Max Weber in seiner Begründung der Soziologie ebenfalls den Begriff der Gesellschaft ins Zentrum rückte. Während Weber Soziologie in erster Linie als eine Wissenschaft vom sozialen Handeln begriff (und sich energisch vom »spukenden Betrieb« der »Kollektivbegriffe« abgrenzte[32]), ging Simmel davon aus, dass »der Begriff der *Gesellschaft* als solcher [...] die gesellschaftlich-geschichtlichen Gegebenheiten einer neuen Abstraktion und Zusammenordnung unterwerfen« müsse.[33] Allerdings gestand auch Simmel der Gesellschaft keine eigenständige Existenz zu; für ihn war Gesellschaft ein nur im Denken existierender Allgemeinbegriff und in letzter Instanz nichts anderes als eine Sammelbezeichnung für die vielfältigen Wechselwirkungen zwischen den Individuen, die den zentralen Gegenstand der Soziologie bildeten.

Adorno hingegen setzt von Anfang an anders an. In seinen Augen war Gesellschaft keine gedankliche Abstraktion, sondern ein Synonym für die hinter dem Rücken der Handelnden prozessierenden Strukturen. So schrieb er in einem Vortrag über »Gesellschaft«: »Mit Gesellschaft meint man eine Art von Gefüge zwischen Menschen, in dem alles und alle von allen abhängen.«[34] Dieses »Gefüge« verwies für

32 Max Weber, Brief an Robert Liefmann vom 9.3. 1920, in: ders., Gesamtausgabe, Bd. II.10 (in Vorbereitung).

33 Georg Simmel, Das Problem der Soziologie (1908), in: ders., Soziologie. Untersuchungen über die Formen der Vergesellschaftung, Frankfurt am Main 1992, S. 17.

34 Theodor W. Adorno, Gesellschaft (I), in: ders., Gesammelte Schriften, Bd. 8, Frankfurt am Main 1972, S. 143.

ihn weniger auf Wechselbeziehungen zwischen den Individuen wie bei Simmel, sondern auf eine eigenständige Realität, die den Menschen äußerlich und durch »das Moment des Undurchsichtigen und Opaken«[35] gekennzeichnet ist. Genauer noch besteht »das spezifisch Gesellschaftliche im Übergewicht von Verhältnissen über die Menschen, deren entmächtigte Produkte diese nachgerade sind«.[36] Dementsprechend gilt, dass sich die Gesellschaft, über die Köpfe der Menschen hinweg durchsetzt. Von den soziologischen Klassikern hatte dies am klarsten Émile Durkheim gesehen, den Adorno zwar als Positivisten kritisierte, der ihn aber zugleich faszinierte, weil er soziale Tatsache über den Zwang definierte, denen die Subjekte unentrinnbar ausgesetzt sind. Aber nicht nur Durkheim hebt »die Unabhängigkeit und Abgesetztheit des gesellschaftlichen Systems hervor, das auf seiner eigenen Ebene, nicht als bloße Resultante der Handlungen von Individuen begriffen werden müsse«.[37] Ähnliches gilt für Talcott Parsons, an dem Adorno ebenfalls hervorhebt, dass er Gesellschaft zunächst und vor allem als einen

35 Theodor W. Adorno, Zum gegenwärtigen Stand der deutschen Soziologie, in: ders., Gesammelte Schriften, Bd. 8, S. 503.

36 Adorno, Gesellschaft (I), S. 9.

37 Theodor W. Adorno, Zum Verhältnis von Soziologie und Psychologie, in: ders., Gesammelte Schriften, Bd. 8, S. 43.

den Individuen äußerlichen Zwangszusammenhang beschreibt.

Allerdings bleibt Adorno bei der Charakterisierung von Gesellschaft als ein den Individuen äußerlicher Zwangszusammenhang nicht stehen. Daneben gibt es auch noch einen zweiten, erheblich weiteren und in mancher Hinsicht emphatischen Begriff von Gesellschaft, den man zur besseren Unterscheidbarkeit als »Gesellschaft 2« kennzeichnen sollte. Im Unterschied zu »Gesellschaft 1» bezeichnet »Gesellschaft 2« mehr als den stummen Zwang der Verhältnisse und wird positiv wie negativ, prozessual und in letzter Instanz unabschließbar gedacht. Oder anders ausgedrückt: »Gesellschaft 2« ist nicht nur ein Zwangs-, sondern auch ein Gestaltungszusammenhang, bei dem das Verhältnis zwischen Zwangs- und Gestaltungsmomenten immer wieder neu ausgehandelt werden muss. Bei Adorno selbst klingt dies freilich besser und in mancher Hinsicht auch geheimnisvoller. So schreibt er in der Abhandlung über den Begriff der Gesellschaft: »Weil Gesellschaft weder als Begriff nach der gängigen Logik sich definieren noch ›deiktisch‹ sich demonstrieren läßt, während doch die sozialen Phänomene unabweislich ihren Begriff fordern, ist dessen Organ die *Theorie*. Bloß eine ausgeführte der Gesellschaft könnte sagen, was Gesellschaft ist«[38] bzw. sein könnte.

38 Ebenda, S. 11.

Freilich lässt sich darüber streiten, ob eine solche ausgeführte Theorie der Gesellschaft überhaupt formulierbar ist. Für Adorno war sie es offensichtlich nicht. Denn eine ausgeführte Theorie setzt in letzter Instanz eine andere Praxis ebenso voraus wie eine andere Gesellschaft (im Sinne von »Gesellschaft 2«). Erst in Letzterer werden die Individuen nicht mehr durch eine fremde, eigenständige Realität im Sinne des stummen Zwangs der Verhältnisse beherrscht, sondern die Entfremdung von Individuum und Gesellschaft ist überwunden bzw. aufgehoben. Eine solche »rational durchsichtige, wahrhaft freie Gesellschaft« war für Adorno zwar durchaus vorstellbar, wobei er davon ausging, dass auch diese »so wenig der Verwaltung entraten [könnte] wie der Arbeitsteilung überhaupt«.[39] Verwaltung und Arbeitsteilung sind also keineswegs per se die Quelle allen Übels. Aber sofern vor dem Hintergrund der Dynamik der kapitalistischen Entwicklung und der durch sie gesetzten ökonomischen Zwänge »auf der gesamten Erde die Verwaltungen [...] dazu [tendieren], sich gegen die Verwalteten zu verselbständigen und sie zu Objekten abstrakt normierter Verfahren herabzusetzen [...] wird sie [die Gesellschaft, W.B.] irrational für die Subjekte«.[40]

39 Adorno, Gesellschaft I, S. 17.

40 Ebenda.

Angesichts dieses Befundes konzentriert sich Adorno im Fortgang seiner Argumentation vorrangig auf die Analyse von »Gesellschaft 1«, also auf die Gesellschaft als Zwangszusammenhang. Wozu dient sie, und warum bedarf es überhaupt der Gesellschaft als eines eigenständigen Realitätsbereichs? Bei der Antwort auf diese Frage lautet das entscheidende Stichwort: »Integration«. Integration bedeutet die An- und Einpassung der Individuen in einen übergreifenden Kontext – ein Zusammenhang, der in den 1930er Jahren bereits von Karl Mannheim zum Thema gemacht worden war. Später beschrieb vor allem Talcott Parsons soziale Integration als primäre Funktion von Gesellschaft und wies darauf hin, dass Integration im Wesentlichen über Werte, Normen und Kultur erfolge. Adorno bezog sich auf beide Autoren, wobei er Parsons mehr abgewinnen konnte als Mannheim. Wenn Parsons Integration als einen Prozess der Anpassung der Individuen an soziale Ordnungsschemata und gesellschaftliche Erwartungen beschrieb, so stimmte Adorno dieser Darstellung in deskriptiv analytischer Hinsicht durchaus zu. Aber im Unterschied zu Parsons sah er Integration von Anfang an herrschaftskritisch. Denn die von Parsons positivierte Anpassung der Individuen war für Adorno immer auch Entfremdung, Kontrolle und Freiheitseinschränkung. An Parsons kritisierte er dementsprechend, dass sein »Begriff der Integration

[ein] positivistisches Nachbild der Identität von Subjekt und Objekt [sei und] einem unvernünftigen Zustand der Gesellschaft Raum« ließe,[41] wobei dieser »unvernünftige Zustand« um so eher zu erwarten sei, als die potentielle Diskrepanz und das Spannungsverhältnis zwischen Individuum und Gesellschaft eingeebnet werde.

Wie zentral der Integrationsbegriff für Adornos Gesellschaftsverständnis war, zeigt sich nicht zuletzt dran, dass er noch kurz vor seinem Tod beabsichtigte, die Quintessenz seiner soziologischen Analysen in einem Band mit dem Titel »Integration – Desintegration« zusammenzustellen.[42] Dieser Doppeltitel ist insofern bemerkenswert, als er erneut auf den »doppelten« Gesellschaftsbegriff Adornos verweist. So wie Gesellschaft sich nicht auf »Gesellschaft 1« reduzieren lässt, sondern zumindest in Spuren, Splittern und Trümmern die Möglichkeit von »Gesellschaft 2« erahnen lässt, so ist in die Integration ihr Gegenteil eingeschrieben: »Desintegration wohnt im Innersten von Integration und scheint durch« diese hindurch.«[43] Zwar mag sie verdeckt,

41 Adorno, Zum Verhältnis von Psychologie und Soziologie, S. 45f.

42 Rolf Tiedemann, Editorische Nachbemerkung, in: Theodor W. Adorno, Gesammelte Schriften, Bd. 9.2, Frankfurt am Main 1975, S. 404.

43 Theodor W. Adorno, Ästhetische Theorie, in:

verborgen und kaum sichtbar sein; gleichwohl ist sie dialektisch unabweisbar. Denn die Zuspitzung der Integration führt gleichsam als eine Art nicht intendierte Nebenfolge zu einer gleichzeitigen Ausdehnung der Desintegrationstendenzen, die allerdings bei genauerer Betrachtung keineswegs auf ein mögliches Anderssein verweisen.

Dass die Dialektik von Integration und Desintegration anders verstanden wird als das Spannungsverhältnis von »Gesellschaft 1« und »Gesellschaft 2», zeigt das folgende Zitat: »Was nur von außen unter einen Hut gebracht wird, strebt auseinander: Desintegration ist der Integration immanent, als der Einheit von Unverbundenem.«[44] Desintegration ist also nicht ein in die kapitalistische Entwicklungsdynamik unfreiwillig eingebauter Verweis auf ein mögliches Anderssein im Sinne einer Überwindung von Entfremdung, Kontrolle und Fremdbestimmung. Die Rede von der »Einheit von Unverbundenem« deutet vielmehr auf die These eines ebenso irreparablen wie irreversiblen Verfalls von Gesellschaftlichkeit im Sinne von »Gesellschaft 2«; und sofern dies im Vordergrund steht, verändert sich die Perspektive

ders., Gesammelte Schriften, Bd. 7, Frankfurt am Main 1984, S. 450.

44 Theodor W. Adorno, Form in der neuen Musik, in: ders., Gesammelte Schriften, Bd. 16, Frankfurt am Main 1978, S. 616.

auch entscheidend. Angesichts der Erfahrung von Auschwitz und des damit verknüpften »Zivilisationsbruchs« trat die Idee eines in der Entwicklungsdynamik moderner Gesellschaften zumindest in Schwundstufen bzw. in Spuren, Splittern und Trümmern angelegten möglichen Andersseins zurück; stattdessen gewann die Überzeugung an Bedeutung, dass Entfremdung, Kontrolle und Fremdbestimmung in dem Maße weiter steigen, wie die Beziehungen zwischen den Menschen versachlicht und auf die Zweckrationalität von Organisation, Ware und Markt reduziert werden.

Diese Überzeugung war für Adorno seit Ende der 1930er Jahre zusehends leitend. So schrieb er in den »Minima Moralia«: »Der Doppelcharakter des Fortschritts, der stets zugleich das Potential der Freiheit und die Wirklichkeit der Unterdrückung entwickelte, hat es mit sich gebracht, daß die Völker immer vollständiger der Naturbeherrschung und gesellschaftlichen Organisation eingeordnet wurden«.[45] Aus der Aufklärung wird somit die »Dialektik der Aufklärung«. Die Beziehung zur Natur transformiert sich in instrumentelle Naturbeherrschung, die zweckrationale Organisation avanciert zum dominanten Modell für soziale Beziehungen, und parallel dazu werden die Menschen »vermöge des Zwangs,

45 Adorno, Minima Moralia, S. 167.

den Kultur ihnen antat, unfähig [...], das zu verstehen, womit Kultur über solche Integration hinausging«.[46] Angetreten mit dem Versprechen der Emanzipation wird die Kultur der Aufklärung somit selbst zur Instanz der Unterdrückung; vor dem Hintergrund der Parallelität von »Warenform und Denkform« (Alfred Sohn-Rethel) wird die emanzipatorische Vernunft auf den rechenhaften Verstand reduziert, und in dem Maße, wie die Integration zu einer totalen wird, schwindet die Fähigkeit, die gesellschaftlich produzierte Entfremdung überhaupt noch wahrzunehmen: »Die zweckrationale Vergesellschaftung, die keine unerfaßte Regung mehr übrig läßt und alles einfängt, wird als Naturmacht wahrgenommen.«[47] Ähnlich wie die »unendliche Entzauberung« bei Max Weber erscheint sie unabweisbar und unabänderbar, und je mehr sie sich durchsetzt, desto deutlicher zeigt sich eine »verwaltete Welt«, a world caught by administration,[48] die an Kafka, Huxley und Orwell gleichermaßen erinnert.

Die radikalisierte Zweckrationalität der »verwalteten Welt«, so Adorno, hat sich mit der Dynamik der kapitalistischen Entwicklung »so

46 Ebenda.

47 Theodor W. Adorno, Individuum und Organisation, in: ders., Gesammelte Schriften, Bd. 8, S. 443.

48 Theodor W. Adorno, The Stars Down to Earth, in: ders., Gesammelte Schriften, Bd. 9.2, S. 109.

tief in die lebendigen Menschen hinein [...] fortgesetzt, daß sie jener Spontaneität kaum mehr fähig scheinen, von der alles abhinge.«[49] Unter den Bedingungen einer modernisierten Moderne sind die Menschen nicht immer weniger in der Lage, sich unmittelbar, unvoreingenommen und direkt gegen die Entfremdung zur Wehr zu setzen. Alle Proteste werden vielmehr im Keim erstickt, und dies umso erfolgreicher, wie es gelingt, die Individuen über die Versprechungen des Konsumismus ruhigzustellen. Gegen diesen Befund wird auf der anderen Seite die Idee einer »spontanen« Gegenreaktion gesetzt, die freilich, genau besehen, höchst abstrakt und unscharf bleibt. Dies zeigt sich nicht zuletzt in Adornos kritischer Haltung gegenüber den »spontanen« Protesten der Studentenbewegung, mit denen er sich weniger systematisch als situativ auseinandersetzte. Letztlich war das Stichwort der Spontaneität auch eher eine leere Chiffre. Zwar suchte Adorno stets nach dem »möglichen Anderssein«, aber dies war für ihn keine konkrete Utopie im Sinne von Ernst Bloch, sondern ein abstrakter Bezugspunkt, an dem er festhalten musste, um nicht in jenen totalen Pessimismus zu verfallen, dem er letztlich kaum entkommen konnte.

Allerdings ist diese Feststellung in einem Punkt zu relativieren. Denn die These von

49 Adorno, Gesellschaft I, S. 18.

der Gesellschaft als übermächtigem Zwangszusammenhang – und dies wird oft übersehen – wurde von Adorno gerade in seinen letzten Lebensjahren immer stärker zu einer empirisch zu überprüfenden These erklärt. So sagte er in der »Einleitung in die Soziologie« von 1968: »Wir sind alle bis zu einem gewissen Grad davon ausgegangen, daß die gegenwärtige Kulturindustrie, zu der man alle Mächte der gesellschaftlichen Integration [...] hinzurechnen muß, tatsächlich die Menschen so macht, so prägt oder zum mindesten so erhält wie sie es nun einmal sind. Es steckt darin aber wirklich etwas Dogmatisches und etwas Unüberprüftes [...]. Und es wäre eigentlich [...] die wichtigste Aufgabe der empirischen Sozialforschung heute, im Ernst einmal dahinter zu kommen, wie weit denn nun wirklich die Menschen so sind und so denken, wie sie von den Mechanismen gemacht werden.«[50] Auch wenn man darüber streiten kann, ob Adorno diese qua Tonbandmitschnitt überlieferte Äußerung auch schriftlich aufrechterhalten hätte, so ist es bemerkenswert (und ohne die Erfahrung der Studentenbewegung wohl kaum zu erklären), dass er ausgerechnet in seiner letzten Vorlesung die empirische Sozialforschung zur Überprüfung der These von der verwalte-

50 Theodor W. Adorno, Einleitung in die Soziologie, in: Christoph Gödde/Theodor W. Adorno-Archiv (Hg.), Nachgelassene Schriften, Bd. 15, Frankfurt am Main 1976, S. 255.

ten Welt aufforderte. Allerdings ist diese Hypothesenüberprüfung nur begrenzt erfolgt, und heute stellt sich auch eher die Frage, ob die Überprüfung im Vergleich zur Situation von vor rund 40 Jahren nicht kategorialer Differenzierungen bedarf. Zwar leben wir immer noch in einer kapitalistischen Gesellschaft und es geht nach wie vor um das Spannungsverhältnis von Determiniertheit und Freiheit, also um die Frage, »wie weit denn nun wirklich die Menschen so sind und so denken, wie sie von den Mechanismen gemacht werden«, aber die Konstellationen, in denen die Menschen leben, haben sich verändert, und dies betrifft sowohl die Identitäten als auch die Interaktionsformen und Integrationsmuster und damit die Struktur der Subjekte und der Gesellschaft insgesamt.

Von der Ersten zur Zweiten Moderne

Im Jahr 1968 hielt Adorno als scheidender Vorsitzender der Deutschen Gesellschaft für Soziologie den Einleitungsvortrag zum 16. Deutschen Soziologentag. Thema des Kongresses war die Frage, wie moderne Gesellschaften in ihrem Kern zu charakterisieren seien: als »Industriegesellschaft« oder als »Spätkapitalismus«. Adornos Antwort lautete, »daß die gegenwärtige Gesellschaft durchaus Industriegesellschaft ist nach dem Stand ihrer Produktiv*kräfte*, also unter der Perspektive der technologischen Entwicklung«. Zugleich sei sie aber auch »Kapitalismus in ihren Produktions*verhältnissen*, also unter der Perspektive der gesellschaftlichen Organisation der Produktion«.[51] Beide Beschreibungen hätten somit ihr Recht, wobei das Etikett »Industriegesellschaft« in funktionalistischer Hinsicht zutreffend sei, das Etikett »Spätkapitalismus« hingegen unter herrschaftskritischen Perspektiven unverzichtbar. Denn zwischen dem Stand der Produktivkräfte und ihrer gesellschaftlichen Organisation bestehe nach wie vor ein grundlegender Widerspruch insofern, als nicht die Menschen die Maschinen beherrschen, sondern sie umgekehrt als »Anhängsel an die Maschinerie [...] bis in ihre intimsten Regungen hinein genötigt [sind], dem Gesellschaftsmechanismus als Rollenträger sich einzuordnen und ohne Reservat nach ihm sich zu modeln«.[52]

Zwar ist der von Adorno angesprochene Widerspruch von Produktivkräften und Produktionsverhältnissen keineswegs passé. Aber seine Gestalt hat sich verändert, und im Abstand von vier Jahrzehnten wirken Adornos Formulierungen veraltet und unterkomplex.

51 Theodor W. Adorno, Spätkapitalismus oder Industriegesellschaft?, in: ders., Gesammelte Schriften, Bd. 8, S. 361.

52 Ebenda.

Dies gilt zunächst auf der Ebene der Produktivkräfte. Angesichts der Dynamik der Produktivkraftentwicklung ist das Etikett der »Industriegesellschaft« mit seiner impliziten Orientierung an einer tayloristischen Arbeitsorganisation und einer Dominanz der Schwerindustrie zunehmend in den Hintergrund getreten. Vor allem entwickelte kapitalistische Gesellschaften werden stattdessen als postindustrielle Dienstleistungs-, Informations- und Wissensgesellschaften charakterisiert, die sich im Detail unterschiedlich beschreiben lassen. Die divergierenden Konzepte treffen sich jedoch in der Feststellung, dass unter der Perspektive der Produktivkraftentwicklung die klassische Schwerindustrie an Bedeutung verliert, die wissensbasierten Branchen in den Vordergrund drängen und die tayloristische Arbeitsteilung durch posttayloristische Arbeitsformen überlagert wird. Letztere sind sicherlich nicht die Regel. Aber sofern die Arbeitsmotivation als Produktivitätsressource entdeckt worden ist, sofern industrielle durch postindustrielle Produktivitätskonzepte ersetzt werden und an die Stelle einer zeitbezogenen eine ergebnisbezogene Strukturierung der Arbeit tritt, scheint es fraglich, ob die Menschen nach wie vor ein bloßes »Anhängsel der Maschinerie« sind.

Dass sich das Verhältnis der Menschen zur »Maschinerie« in den letzten vier Jahrzehnten verändert hat, ist unübersehbar. Die in den

1960er Jahren gängige und auch für Adorno leitende These, dass die fortschreitende Rationalisierung und Automatisierung der Produktion zu einer wachsenden Dequalifizierung und Entfremdung der Arbeit führe, ist auf keinen Fall bestätigt worden. Zwar sind Entfremdung und Ausbeutung in der Arbeit nicht verschwunden – im Gegenteil. Angesichts der steigenden Qualifikations- und Motivationsanforderungen muss die Frage nach der Identifikation mit und Entfremdung von der Arbeit jedoch neu gestellt werden.Und dies nicht erst seit heute. Die einschlägigen Diskussionen ziehen sich vielmehr schon über ein Vierteljahrhundert hin. Erstmals explizit zum Thema wurde die »Krise der Arbeitsgesellschaft«[53] in den Verhandlungen des 21. Soziologentages 1982 in Bamberg. Die damals angestoßenen Debatten können im Nachhinein als Trendwende in den einschlägigen Thematisierungen angesehen werden, die nach wie vor vielfältig sind, aber immer weniger »Adorno-kompatibel« zu sein scheinen.

Neben dem Stichwort der »Industriegesellschaft« steht aber auch das Etikett des »Spätkapitalismus« zur Disposition. Dass es inzwischen durch Begriffe wie »Zweite Moderne«, »Reflexive Moderne« oder »Postmoderne«

53 Vgl. Joachim Matthes, Krise der Arbeitsgesellschaft? Verhandlungen des 21. Deutschen Soziologentages in Bamberg 1982, Frankfurt am Main 1983.

verdrängt worden ist, hat durchaus Gründe. Denn auch wenn es immer später wird – betrachtet man die Entwicklungen insbesondere nach 1989 –, so ist der Kapitalismus keineswegs am Ende, sondern hat sich, ungeachtet aller Nebenfolgen und Folgeprobleme, als höchst expansiv erwiesen. Zwar darf hieraus nicht geschlossen werden, dass kapitalistische Wirtschaftsstrukturen auf Dauer überlebensfähig sein werden – hier sind insbesondere aus ökologischen Gründen Zweifel angebracht –, aber dies ändert nichts daran, dass sich der Widerspruch zwischen Produktivkräften und Produktionsverhältnissen heute nicht mehr so darstellt, wie von Marx und Engels beschrieben und auch von Adorno angenommen. So werden die kapitalistischen Produktionsverhältnisse (ungeachtet aller Klagen über zu geringes Risikokapital) keineswegs per se zur »Fessel« der Produktivkraftentwicklung. Zugleich läuft die kapitalistische Entwicklungsdynamik trotz aller Ausgrenzung »überflüssiger« Arbeitskraft nicht unbedingt auf eine Vergrößerung der klassischen »industriellen Reservearmee« hinaus. Angesichts des Zerfalls der Großgruppengesellschaft und der parallelen Individualisierung der Lebensläufe lässt sich die »postindustrielle« mit der »industriellen« Reservearmee vielmehr nur begrenzt vergleichen; sie ist individualisierter und wohl auch turbulenter, da Auf- und Abstiegschancen gleichermaßen wachsen. Sofern darüber hinaus eine partielle Entkoppelung von ökonomischer und sozialer Lage zu konstatieren ist, stellt sich die Frage nach der Strukturierung sozialer Chancen und sozialer Ungleichheiten in veränderter Form.

Auch dieser Aspekt ist keineswegs neu, sondern wird schon länger diskutiert. Allerdings sind die einschlägigen Debatten hier weit weniger konsensuell. Dennoch ist unbestritten, dass in allen modernen Gesellschaften parallel zu den Veränderungen der Produktivkraftentwicklung und im Verhältnis zur Arbeit auch ein sukzessiver Strukturwandel der sozialen Beziehungen und Einbindungen zu beobachten ist. Zwar sind die sozialen Strukturierungen nach wie vor ökonomisch geprägt, aber mit den Kategorien von Stand und Klasse nur noch begrenzt beschreibbar. Stattdessen zeichnen sich Strukturbildungen »jenseits von Stand und Klasse« (Ulrich Beck) ab, die auch Familien und Primärgruppen betreffen und auf eine Individualisierung sozialer Beziehungen ebenso verweisen wie auf wachsende Offenheit und Unsicherheit der Lebensläufe. Dass die sozialen Einbettungen vielfältiger, flüchtiger und subjektorientierter geworden sind, darf freilich nicht mit einem Abbau von Herrschaft und Entfremdung gleichgesetzt werden. Aber Herrschaft baut zunehmend auf der Selbstdisziplinierung der Subjekte auf, und sofern die äußere Reglementierung durch »Technologien des Selbst« (Michel Foucault/Martin Rux/Martin H. Luther) ergänzt und manchmal auch ersetzt werden, entsteht ein »Regime der Selbstformung«,[54] das Herrschaft unsichtbar werden lässt und in der gesellschaftstheoretischen Diskussion daher zu Umakzentuierungen und neuen Ortsbestimmungen zwingt.

Auf Versuche derartiger neuer Ortsbestimmungen verweisen gesellschaftstheoretische Schlagworte wie das der »nachindustriellen Gesellschaft« (Daniel Bell), der »Risikogesellschaft« (Ulrich Beck), der »Erlebnisgesellschaft« (Gerhard Schulze) oder der »Multioptionsgesellschaft« (Peter Gross). So unterschiedlich die genannten Stichworte auch sein mögen, sie alle behaupten kein Ende der grundlegenden »Organisations-« bzw. »Strukturprinzipien« des Kapitalismus.[55] Es geht vielmehr um Veränderungen auf nachgelagerten Ebenen, die für die soziale Strukturierung gleichwohl von erheblicher Bedeutung sind und deren

54 Zygmunt Bauman, Flaneure, Spieler und Touristen, Hamburg 1997, S. 185.

55 Zu den Stichworten »Organisations-« und »Strukturprinzipien« vgl. Jürgen Habermas, Legitimationsprobleme des Spätkapitalismus, Frankfurt am Main 1973, S. 16ff.; Anthony Giddens, Die Konstitution der Gesellschaft. Grundzüge einer Theorie der Strukturierung, Frankfurt am Main 1988, S. 218f sowie Jürgen Ritsert, Gesellschaft, Frankfurt am Main 2000, S. 95ff., S. 107ff.

(relative) Autonomie oft übersehen wird. In Anknüpfung an eine Unterscheidung von Anthony Giddens kann man in diesem Zusammenhang von einem Wandel der »Strukturen« und »Strukturmomente« bei gleichbleibenden »Strukturprinzipien« sprechen.[56] Auch wenn die grundlegenden »Strukturprinzipien« – Giddens nennt hier das Privateigentum, Adorno würde eher vom Prinzip der Selbstverwertung des Werts sprechen – gleichbleiben, steigen aufgrund der verlängerten »Interdependenzketten« (Norbert Elias) die Freiheitsgrade. Oder anders ausgedrückt: Mit einem »Strukturprinzip« können unterschiedliche »Strukturen« und »Strukturmomente« verknüpft sein, wobei dies oft erst realisiert und sichtbar wird, wenn empirische Entwicklungen auftreten, die entweder neu und unvorhergesehen sind oder den ursprünglichen Strukturierungs- bzw. Determinierungsannahmen teilweise widersprechen und zu Differenzierungen sowie theoretischen Akzentverschiebungen zwingen.

Zwar mögen Adornos Aussagen auf der Ebene der Strukturprinzipien nach wie vor aktuell sein – angesichts der Entwicklungsdynamik kapitalistischer Gesellschaften steht jedoch kaum zu erwarten, dass die von ihm unterstellten Entwicklungserwartungen unter der Perspektive von Strukturen und Struktur-

56 Zu dieser Unterscheidung vgl. Giddens, Die Konstitution der Gesellschaft, S. 240ff.

momenten ungebrochen gültig sind. Fraglich ist insbesondere, ob die empirisch beobachtbare »Individualisierung der Gesellschaft« mit Adorno zureichend begriffen werden kann. Adorno selbst sprach bezeichnenderweise höchst selten von Individualisierung – mit positiven Konnotationen fand dieser Begriff bei ihm ausschließlich bei Kunst- und Musikanalysen Verwendung. Gesellschaftliche Individualisierungsprozesse hingegen wurden pauschal als »Pseudo-Individualisierung« etikettiert, wobei dieser Terminus wie folgt definiert wurde: »By pseudo-individualization we mean endowing cultural mass production with the halo of free choice or open market on the basis of standardization itself.«[57] Pseudo-Individualisierung ist also eine durch die Kulturindustrie erzeugte Individualisierungsillusion, die auf einer tiefgreifenden Standardisierung der Produktions- und Konsumtionsmuster aufbaut und auf dieser Grundlage die Illusion einer freien Wahl ermöglicht.

Dass Individualisierungsprozesse Standardisierungen voraussetzen, ist auch in den aktuellen Diskussionen Konsens. Allerdings wird dieser Befund inzwischen ganz anders interpretiert als bei Adorno. Adorno spielte Individualisierung und Standardisierung letzt-

57 Theodor W. Adorno, On Popular Music, in: ders., Studies in Philosophy and Social Science, Vol. IX, 1941, S. 25.

lich gegeneinander aus. In seinen Augen lief die (kulturindustriell produzierte) Standardisierung auf eine Art Gleichschaltung hinaus, die eine wirkliche Individualisierung per definitionem ausschließe. Wahre Individualisierung, wie sie in Meisterwerken der Kunst und Musik aufscheint, ist für Ador no nur denkbar, wenn es gelingt, sich den kulturindustriell produzierten Standardisierungszwängen zu entziehen. Genau dies erscheint heute freilich zweifelhaft. Denn angesichts des ungebrochenen Siegeszuges der Kulturindustrie wären ansonsten alle Individualisierungsbestrebungen »Pseudo-Individualisierung«. Zwar gibt es sehr wohl Individualisierungsillusionen. Aber nicht alles ist Illusion, und um dem gerecht zu werden, muss das Verhältnis von Individualisierung und Standardisierung offensichtlich anders konzeptualisiert werden.

Einen entsprechenden Interpretationsvorschlag hat Anthony Giddens mit seiner These der »Dualität von Handlung und Struktur« vorgelegt.[58] Was Giddens als Dualität von Handlung und Struktur beschreibt, ist gleichsam die grundlagentheoretische Variante des Verhältnisses von Individualisierung und Standardisierung. Standardisierungen und Strukturen, so Giddens Argument, »üben auf mensch-

58 Vgl. Giddens, Die Konstitution der Gesellschaft, S. 198.

liches Handeln nicht nur *Zwang* aus, sondern *ermöglichen* es auch«.[59] Zwar sind vorgegebene Strukturen und Standards stets insofern einschränkend, als sie die Kontingenz des möglichen in eine Komplexität des faktischen Handelns umdefinieren. Aber derartige Einschränkungen sind nicht per definitionem herrschaftskritisch zu werten. Vielmehr ist von einer spezifischen Dialektik von Handlung und Struktur bzw. Individualisierung und Standardisierung auszugehen. Auf der einen Seite wäre soziales Handeln ohne rahmende Strukturen, wie auch immer sie aussehen mögen, gar nicht möglich. Auf der anderen Seite werden die rahmenden Strukturen durch das Handeln selbst beeinflusst und verändert. Übertragen auf das Verhältnis von Individualisierung und Standardisierung bedeutet dies: Standardisierungs- und Individualisierungsprozesse dürfen nicht gegeneinander ausgespielt werden. Denn Standardisierungen eröffnen erst die Möglichkeit für Individualisierungen, die nicht in Gegensatz zu, sondern unter den Bedingungen von Standardisierungen betrachtet werden müssen.

Hiermit wird ein gesellschaftstheoretischer Perspektivenwechsel angedeutet, der noch konkretisiert werden muss. Denn wie ist die Dialektik von Individualisierung und Standardisierung im Einzelnen zu begreifen, wie

59 Ebenda.

verändern sich hierdurch die Muster sozialer Strukturierung, und wie ist die Entwicklungsdynamik unter herrschaftstheoretischen Gesichtspunkten zu beurteilen? Eine sicherlich unzureichende, aber zumindest vorläufige Antwort auf diese Fragen liefert die Theorie der reflexiven Modernisierung, in der die Veränderungen als Wechsel von der »Ersten« zur »Zweiten« Moderne und weitergehend als Übergang vom »Entweder-oder« zum »Sowohl-als-auch« beschrieben wird. Mit der These des Übergangs vom »Entweder-oder« zum »Sowohl-als-auch« wird nicht nur eine Veränderung des Blickwinkels auf die Gesellschaft, sondern auch der gesellschaftlichen Strukturierung selbst behauptet, der sich wie folgt zusammenfassen lässt: Während die klassische oder »Erste Moderne«, wie sie sich als soziokulturelles Projekt seit dem 18. Jahrhundert entwickelte, dominant ordnungs- und differenzierungstheoretisch orientiert war und auf die Einübung eindeutiger »Entweder-oder-Unterscheidungen« abzielte, bilden sich in der modernisierten oder »Zweiten Moderne« andere Strukturierungsmuster heraus. In der »Zweiten Moderne«, wie sie im letzten Viertel des 20. Jahrhunderts sichtbar wird, trägt das Denken in binären Schematisierungen und der Versuch, die Welt über Klassifikationen nach dem Modell »Entweder-oder« eindeutig zu machen, nur noch begrenzt. Es ist zwar nach wie vor dominierend, aber die damit verbundenen Nebenfolgen und Kosten steigen, da es immer schwerer wird, eindeutige Strukturbildungen und Problemlösungen zu bestimmen.

Vor diesem Hintergrund haben manche Autoren bereits die Frage gestellt, ob das differenzierungstheoretische Projekt der Herstellung von Eindeutigkeit nicht von Anfang an eine Illusion war. So behauptet beispielsweise Bruno Latour: »Wir sind nie modern gewesen.« Denn die Realisierung klarer »Entweder-oder-Unterscheidungen«, wie sie in der Moderne angestrebt wurde, war stets vergeblich und letztlich eine Illusion. Allerdings handelt es sich um eine höchst wirkungsmächtige Illusion, deren Folgen u. a. Zygmunt Bauman herausgearbeitet hat. Für ihn ist der Holocaust der grausige Höhepunkt eines »Entweder-oder«-Denkens, das Eindeutigkeit durch radikale Purifizierungsmaßnahmen zu realisieren versucht, die letztlich in dem Versuch einer Vernichtung des »Oder« gipfeln. Nach Bauman ist allerdings mit dem Ende des Nationalsozialismus auch das Ende der Eindeutigkeit gekommen. Durch den Zivilisationsbruch des Holocaust kann die Moderne das klassische Projekt der Herstellung von Eindeutigkeit nicht weiter verfolgen. Sie muss vielmehr Uneindeutigkeiten und Ambivalenzen zulassen, zumal diese in der gesellschaftlichen Wirklichkeit eine immer größere Rolle spielen.

Dass Uneindeutigkeiten und Ambivalenzen an Bedeutung gewinnen, lässt sich nicht zuletzt an den Debatten über neue Strukturbildungen jenseits von Stand und Klasse studieren. Diese laufen darauf hinaus, dass sich lieb gewonnene Dichotomisierungen wie die von Bourgeoisie und Proletariat zwar nicht auflösen – der Gegensatz zwischen »Oben« und »Unten« verschärft sich sogar eher –, aber in der numerisch entscheidenden Mitte werden die Grenzen zwischen den Schichten unschärfer, weshalb die Rhetorik des »Entweder-oder« unter Perspektiven der sozialen Strukturierung versagt. Besonders viele Beispiele hierfür finden sich im Konsumbereich. So lassen sich die Vorlieben für bestimmte Varianten der Popmusik kaum Schichten, sondern eher Szenen oder Generationen zuordnen. Ähnliches lässt sich beim Sport beobachten – wer welche Sportart betreibt, ist ebenfalls nur begrenzt eine schichtspezifische Angelegenheit. Wie die Konsumforschung gezeigt hat, gilt das auch für andere Produkte, vom Auto über die Wohnungseinrichtung bis hin zur Ernährung. Fraglich ist daher, inwieweit die tradierten Klassendifferenzen sich tatsächlich noch, wie Pierre Bourdieu es formuliert hat, in »feinen Unterschieden« bemerkbar machen. Denn die Pluralisierung der Lebensstile nimmt zu und die Konsistenzanforderungen an gesellschaftliche Rollenerwartungen sinken. Zwar ist keineswegs alles möglich. Aber die Individuen können unterschiedliche Lebensentwürfe miteinander koppeln, und sofern die Maximen des eindeutigen »Entweder-oder« durch ein uneindeutiges »Sowohl-als-auch« abgelöst werden, zeigt sich ein Strukturwandel der Produktion von Sozialität, der keineswegs auf die von Adorno befürchtete Liquidation des Individuums hinausläuft. Stattdessen zeichnet sich eher eine Neuerfindung des Subjekts jenseits der eingeschliffenen Dichotomien von außen und innen, Konformität und Nonkonformismus sowie Aufklärung und Abklärung ab, deren Entwicklungsdynamik offen ist.

Als Theoretiker der »Ersten Moderne« verfehlt Adorno allerdings nicht nur den Strukturwandel der Produktion von Sozialität. Korrekturen sind auch bei seiner Einschätzung der »Dialektik der Aufklärung« angebracht, die letztlich auf eine Überschätzung der wissenschaftlichen Rationalisierungskapazitäten verweist. Diese Überschätzung der wissenschaftlichen Rationalisierungskapazitäten findet sich übrigens nicht nur bei Adorno, sondern auch bei anderen Theoretikern von Marx über Weber bis hin zu Talcott Parsons. Sie alle gingen davon aus, dass der Siegeszug der »okzidentalen Rationalisierung« (Weber) unaufhaltsam sei. Zwar führe sie nicht unbedingt zu einer gerechten Wirklichkeit, aber zumindest zur Durchsetzung einer »instrumentellen Vernunft« (Adorno), die eine vollständige Beherrschung der inneren und äußeren Natur erlaube. Parsons sah diesen Prozess höchst positiv, Weber eher skeptisch und Adorno äußerst kritisch und negativ. Aber alle drei hatten keinen Zweifel daran, dass die Verwissenschaftlichung der modernen Welt eine Erfolgsgeschichte sei. Angesichts der tatsächlichen Verwissenschaftlichungsprozesse der letzten Jahrzehnte erscheint jedoch genau dieser Unterstellung zweifelhaft und revisionsbedürftig.

Weber, Adorno und auch noch Parsons entwickelten ihre Argumente zu einer Zeit, in der die Verwissenschaftlichung der Gesellschaft mehr programmatisch behauptet als tatsächlich realisiert war. Inzwischen ist die Moderne weit wissenschaftserfahrener und -abhängiger, und vor diesem Hintergrund wird die Erfolgsgeschichte skeptischer beurteilt. Was sich geändert hat, lässt sich exemplarisch an zwei Symbolen verdeutlichen, nämlich am Atomium der Brüsseler Weltausstellung von 1958 und an den Bildern vom Unglücksreaktor in Tschernobyl aus dem Jahre 1986. Stand das Atomium für den Traum von der Bändigung des »ewigen Feuers«, so war dieser knapp drei Jahrzehnte später weitgehend ausgeträumt. Dies bedeutet keineswegs, dass das Rad der Verwissenschaftlichung zurückgedreht wird – im Gegenteil. Aber die Erwartung einer gleichsam linearen Erfolgsgeschichte ist erschüttert worden. So häufen sich die Fälle, in denen die Kosten der Verwissenschaftlichung den Nutzen langfristig übersteigen oder zumindest übersteigen können. Zugleich wird gerade durch die Erfahrung der Realverwissenschaftlichung deutlich, dass wissenschaftliche Deutungsmuster weder eindeutig noch unangreifbar sind.[60]

Aus der »Dialektik der Aufklärung« scheint somit eine »Dialektik der Verwissenschaftlichung« zu werden, die zwei Charakteristika aufweist. Zum einen ist festzuhalten, dass die unbestreitbaren Verwissenschaftlichungsprozesse ungeachtet aller Informationsexplosionen keineswegs auf einen kumulativen Wissenszuwachs und eine wachsende Berechenbarkeit der Welt hinauslaufen. Wie die ökologische Selbstgefährdung der Menschheit in der Folge wissenschaftlich-technischer Großprojekte zeigt, können Verwissenschaftlichungsprozesse vielmehr in ihr Gegenteil umschlagen und potentiell destruktiv werden. In der Theorie reflexiver Modernisierung wird die Erfahrung der potentiellen Destruktivität wissenschaftsinduzierter Umgestaltungen unter dem Stichwort der *Nebenfolgen* diskutiert. Dass jede wissenschaftlich-technische Innovation neben intendierten Zielen auch nicht intendierte Folgen hat, ist an sich nicht neu, wie überhaupt jedes Handeln intendierte und nicht intendierte Konsequenzen aufweist. Unter den Bedingungen einer nicht nur programmatisch, sondern real verwissenschaftlichten Zivilisa-

60 Vgl. Ulrich Beck/Wolfgang Bonß, Weder Sozialtechnologie noch Aufklärung?, Frankfurt am Main 1989.

tion steigt die Möglichkeit unerwarteter Folgeprobleme, Nebenwirkungen und Unsicherheiten jedoch erheblich, und es verschiebt sich das Verhältnis zwischen intendierten und nicht intendierten Momenten. Wurde früher davon ausgegangen, dass Nebenfolgen durch mehr Forschung und komplexere Modelle langfristig stets in den Griff zu bekommen sind, so ist dies heute nicht mehr unbedingt der Fall. Sofern die Bearbeitung der Nebenfolgen oft aufwendiger wird als die Forschungen zu den intendierten Folgen, stellt sich vielmehr die Frage, ob die Kosten der Verwissenschaftlichung ihren Nutzen nicht zum Teil übersteigen. Denn die Realisierung der intendierten Effekte und Handlungsmöglichkeiten scheint stets mit der gleichzeitigen Erzeugung von Bedrohungspotentialen erkauft zu werden, die ungewollt und oft schwer einzuschätzen sind, da sie zunächst meist unsichtbar, umstritten und als Potentiale überdies kaum eindeutig fassbar sind.

Ein zweites Charakteristikum der »Dialektik der Verwissenschaftlichung« ist darin zu sehen, dass die Wissenschaft als zentrales Medium der Entzauberung selbst entzaubert wird. Diese Entwicklung ist letztlich in der Dynamik der Verwissenschaftlichung selbst angelegt und lässt sich vor allem an der Verwissenschaftlichung der sozialen Welt studieren. In dem Maße wie die gesellschaftlichen Diskurse mit wissenschaftlichen Begriffen und Begründungsfiguren überformt werden, setzen sich zwar veränderte Wirklichkeitswahrnehmungen durch, aber die Umstellung auf wissenschaftliche Argumentationsmuster läuft keineswegs auf eine lineare Steigerung ihrer Definitionsmacht und Eindeutigkeit hinaus. Sofern ihr Status als gesellschaftliches Sonderwissen verloren geht, ist vielmehr eine Art von »Vernutzung« der Wissenschaft zu beobachten, und zwar in kognitiver wie in sozialer Hinsicht. Denn jede gesellschaftlich relevante Gruppe verfügt über eigene »Hauswissenschaftler«, die anlass- und interessenbezogen produzieren und sich öffentlich bis hin in Talk-Shows streiten. Angesichts dessen haben wissenschaftliche Argumentationen nur noch begrenzt jene Exklusivität, wie sie in Gestalt akademischer Einrichtungen früher auch institutionell repräsentiert waren. Zugleich wird deutlich, dass wissenschaftliche Argumentationen nicht eindeutig und unbestreitbar sind, sondern vorläufig und bedingt. Zu jeder Expertise gibt es eine Gegenexpertise, und diese Erfahrung trägt nicht unbedingt zu einer Erhöhung der Autorität und Glaubwürdigkeit der Experten bei, sondern zu einem wachsenden Skeptizismus.

Dieser sollte freilich nicht mit einer wachsenden Anti-Science-Haltung verwechselt werden. Im Gegenteil: Die Tatsache, dass wissenschaftliche Aussagen nicht mehr sakrosankt sind, sondern bestritten werden können, bedeutet nichts anderes, als dass der systematische Zweifel als strukturtragendes Prinzip des wissenschaftlichen Diskurses kein Privileg desselben mehr ist. Oder anders ausgedrückt: Je mehr der systematische Zweifel die Grenzen des Wissenschaftssystems überschreitet, desto stärker schwindet die Differenz zwischen Laien und Experten und verwandelt sich in eine Konkurrenz unterschiedlicher Experten, die zwangsläufig an Autorität einbüßen. Denn sie verkünden keine unumstößliche Wahrheiten ex cathedra, sondern im günstigsten Fall methodisch kontrollierte und dementsprechend überprüfbare Aussagen, die, wie andere Urteile auch, durch Wertebeziehungen bestimmt sind und auch unter diesem Gesichtspunkt bezweifelt werden können.

Die angedeutete Veränderung der Wissensstrukturen im Übergang zur Dienstleistungs-, Wissenschafts- und Expertengesellschaft hat paradoxe Folgen. Auf der einen Seite zeichnen sich die Gesellschaften zu Beginn des 21. Jahrhunderts durch eine wachsende und in mancher Hinsicht irreversible Wissenschafts*abhängigkeit* aus. Sie sind soziale Formationen, für deren Entwicklung und Integration der Rekurs auf wissenschaftliches Wissen (im Unterschied zu Glaubensgewissheiten) von entscheidender Bedeutung ist. Auf der anderen Seite steigt hierdurch zugleich die Kontingenz, Unsicherheit und potentielle Selbstgefährdung der Gesellschaft. So wird mit der fortschreitenden Verwissenschaftlichung deutlich, dass die Umstellung auf wissenschaftliche

Deutungsmuster keineswegs zu dem erhofften Mehr an Eindeutigkeit, Sicherheit und Rationalität führt; stattdessen zeichnet sich eine »Rückkehr der Unsicherheit in die Gesellschaft«[61] ab, da immer weniger Fragen innerhalb der gesellschaftlichen Diskurse als Ordnungsprobleme mit eindeutigen Lösungen behandelt werden können, sondern als uneindeutige Risikoprobleme thematisch werden, für die es keine sicheren Lösungen gibt.

Für Adorno und seine Vision einer »verwalteten Welt« waren diese Paradoxien ebenso wenig antizipierbar wie der Strukturwandel von Arbeit und Sozialstruktur im Übergang zur »Zweiten Moderne«. Genau deshalb ist er als materialer Gesellschaftstheoretiker auch veraltet. Denn er denkt im »Entweder-oder« der »Ersten Moderne«, überschätzt den Erfolg wissenschaftlicher Rationalisierung und unterschätzt die Bedeutung der Subjekte als Produzenten von Sozialität. Aber auch wenn er längst kein Zeitgenosse mehr ist, bleibt er in seinem zeitdiagnostischen Potential, in seinen herrschaftskritischen Intentionen und unter methodologischen Perspektiven nach wie vor aktuell. Die Frage: Wie weiter mit Adorno? wäre somit zusammenfassend wie folgt zu beantworten: Zu bewahren ist die Idee der herrschaftskritischen Zeitdiagnose und anzu-

61 Nico Stehr, Die Zerbrechlichkeit moderner Gesellschaften, Weilerswist 2000, S. 299.

knüpfen ist an der Figur der gesellschaftstheoretischen Spurensicherung, wobei dies weit mehr bedeutet als ein bloßes Beschwören des Konzepts der »Rätsellösung«. Denn was »Rätsellösung« heißt, muss unter Bezug auf die avanciertesten gesellschaftstheoretischen Befunde immer wieder neu ausprobiert und erfunden werden, und dies heißt nichts anderes, als mit Adorno über Adorno hinauszugehen.

Wolfgang Bonß, Prof. Dr. sc. pol., studierte Sozialwissenschaften, Germanistik und Geschichte an der Universität München. Promotion über »Kritische Theorie und empirische Sozialforschung« (Bielefeld 1981); Habilitation über »Unsicherheit und Ungewißheit in der Moderne« (Bremen 1994). Seit 1976 tätig als Soziologe in Forschung und Lehre am Max-Plank-Institut in Starnberg, bei der Münchner Projektgruppe für Sozialforschung, an der Universität Bamberg sowie am Hamburger Institut für Sozialforschung. Seit 1995 Professor für Allgemeine Soziologie an der Universität der Bundeswehr in München.

Forschungsschwerpunkte:

Modernisierung moderner Gesellschaften; Risiko und Unsicherheit; Arbeit und Arbeitslosigkeit; Wissenschafts- und Verwendungsforschung.

Ausgewählte Veröffentlichungen:

»Globalisierung, Regionalisierung, Globalisierung. Zur Bedeutung des Regionalen in der modernisierten Moderne«, in: Jahrbuch für Regionalgeschichte 25 (2007), S. 15–28; »Beschäftigt – Arbeitslos«, in: Stephan Lessenich/Frank Nullmeier (Hg.), Deutschland – eine gespaltene Gesellschaft, Frankfurt am Main u.a. 2006, S. 53–72; »Warum ist die Kritische Theorie kritisch? Anmerkungen zu alten und neuen Entwürfen«, in: Alex Demirovic (Hg.), Modelle kritischer Gesellschaftstheorie. Traditionen und Perspektiven der Kritischen Theorie, Stuttgart 2003, S. 366–392; zus. mit Ulrich Beck (Hg.) »Die Modernisierung der Moderne«, Frankfurt am Main 2001; »Vom Risiko. Ungewißheit und Unsicherheit in der Moderne«, Hamburg 1995.

Theodor Wiesengrund Adorno, geboren am 11. September 1903 in Frankfurt am Main; Philosoph und Soziologe, Musiktheoretiker und Komponist.

Adorno gilt neben Max Horkheimer als Hauptvertreter der kritischen Theorie der Gesellschaft (»Frankfurter Schule«). Er studierte 1921 bis 1924 in Frankfurt am Main Philosophie, Psychologie, Soziologie, Musikwissenschaft sowie 1925/26 in Wien Kompositionslehre und Klavier; er war zeitweise als Musikkritiker tätig.

1931 habilitierte sich Adorno in Frankfurt bei Paul Tillich mit einer Arbeit über Søren Kierkegaard (»Konstruktion des Ästhetischen«). Nach dem Entzug der Lehrbefugnis durch die Nationalsozialisten 1933 emigrierte er 1934 nach Großbritannien und übersiedelte 1938 in die USA. Dort arbeitete er u.a. als Mitglied des von Frankfurt nach New York verlegten Instituts für Sozialforschung. 1949 kehrte Adorno nach Frankfurt am Main zurück, lehrte dort Philosophie und Soziologie und leitete mit Max Horkheimer das Institut für Sozialforschung.

Am 6. August 1969 starb Adorno in Visp (Kanton Wallis).

Hamburger Institut für Sozialforschung (Hg.)
»Wie weiter mit …?«

www.Hamburger-Edition.de
Gestaltung: Jan Enns/Wilfried Gandras
Foto: ullstein bild – AP
Satz: Dörlemann Satz, Lemförde
Druck und Bindung: Langebartels Druck, Hamburg
Printed in Germany
ISBN 978-3-936096-97-2 (8 Bände)